Rolf Peter Sieferle
Rückblick auf die Natur

Einleitung

An einem strahlenden Sommertag unternahm ich eine Expedition in eine abenteuerliche Landschaft. Am Horizont war ein wirres Gestänge zu erblicken, das sich abrupt aus einem Abgrund erhob. Das Terrain war flach, aufgegebene Felder waren von Unkraut überwuchert, dazwischen lagen Wäldchen, Kiefernhaine, Buschwerk und Gestrüpp. Dann führte die Straße durch ein Dorf. Kein Mensch war zu sehen, die Fensterscheiben waren zerbrochen, die Dächer zum Teil abgedeckt, die Türen standen offen, Scherben, Papierfetzen, zerbrochenes Gerümpel lagen vor den Häusern. An den Fundamenten einer gotischen Kirche waren die Spuren von Erdarbeiten zu beobachten, ausgehobene Gruben, entleerte Gräber. Kein menschlicher Laut war zu vernehmen. Weiter ging die Fahrt, eine sandige Piste hinab. Schließlich kam der Wagen nicht weiter. Der Weg mußte zu Fuß fortgesetzt werden, bergab, von Terrasse zu Terrasse, auf einem bröckligen, kahlen Untergrund. Keine Pflanzen waren mehr zu sehen, keine Tiere, es war ganz still, nur aus der Ferne vernahm man Motorengeheul. Zuweilen hatte das Wasser in die Hänge tiefe Erosionsgräben gefurcht. Betrachtete man sie aus der Nähe, so ergab sich der Eindruck einer gigantischen urtümlichen Wüstenlandschaft. Rinnen und Gräben im Sand, changierend in allen Farben, vom silbrigen Weiß bis ins tiefe Schwarz.

Weiter ging der Weg nach unten, bis die Sohle des Kessels erreicht war, über hundert Meter unter der Hochebene, auf der sich das verlassene Dorf und die verwilderte Vegetation befanden. Hier unten lag eine veränderte, belebte Landschaft. Schwarze Seen, mit Schilf bewachsen, über die Libellen schwirrten. Käfer,

Sandflöhe, vereinzelte Birken. Der Untergrund war flach, der Boden fest, zuweilen auch tückisch, saugend. In der Mittagssonne schimmerte weiß ein kristallener Strand. Wenn man auf ihn trat, hinterließen die Schuhe schwarze Eindrücke in der gleißenden Oberfläche. Weit und breit waren jedoch keine fremden Fußspuren zu entdecken, weder von Menschen noch von Tieren. Wie die ersten Astronauten auf dem Mond betrat man unberührtes Gelände. Und doch gab es unübersehbare Zeichen menschlichen Lebens: Es waren Schienen, Eisenstücke, undefinierbare Maschinenteile, die aus Sandverwehungen hervorragten.

Die Expedition hatte auf ein Schlachtfeld geführt, auf dem ein Krieg zu Ende gegangen war. Es handelte sich um das Braunkohletagebaugebiet bei Borna, südlich von Leipzig. Dort hatte man riesige, mehrere Kilometer lange und breite, über hundert Meter tiefe Gruben ausgehoben. Das Obere war nach unten gekehrt, die brennbaren Materialien hatte man entnommen und in archaischen Fabriken verarbeitet, die nun stillgelegt waren und ausgeschlachtet wurden. Die Arbeiten waren schon vor einigen Jahren eingestellt worden, und jetzt eroberte sich die Natur eine einstige Industrielandschaft zurück. Die Sohle des Kessels lag weit unter dem Grundwasserspiegel. Nachdem man aufgehört hatte, das Wasser abzupumpen, sickerte es von allen Seiten ein. Mir wurde erzählt, der Wasserspiegel steige jährlich um sechs Meter, so daß die neue Vegetation bald wieder ertränkt würde. In nicht weniger als zwanzig Jahren sollte dort ein großer See liegen, wo sich heute diese ausgekernte Landschaft befindet. Zu DDR-Zeiten war geplant, hier eine synthetische Erholungslandschaft entstehen zu lassen, die mit ungewohnter Selbstironie als »Südleipziger Seenplatte« bezeichnet wurde. In meiner Phantasie bildeten sich Visionen einer Szenerie, wie sie südlich von München zu finden ist: protzige Villen, Landungsstege, Segelboote, dazwischen Ausflugslokale, Campingplätze und Biergärten. Nur die Alpenkulisse am Horizont mußte fehlen.

Ich war in eine Zone hoher Dynamik geraten, in einen Wand-

ROLF PETER SIEFERLE
Rückblick auf die Natur

EINE GESCHICHTE DES MENSCHEN UND SEINER UMWELT

LUCHTERHAND

Die Deutsche Bibliothek – CIP-Einheitsaufnahme

Sieferle, Rolf Peter:
Rückblick auf die Natur : eine Geschichte des Menschen und seiner Umwelt / Rolf Peter Sieferle. – München : Luchterhand, 1997
ISBN 3-630-87993-4

1 2 3   99 98 97

© 1997 Luchterhand Literaturverlag GmbH, München
Satz: Fotosatz Amann, Aichstetten
Druck und Bindung: Freiburger Graphische Betriebe
Alle Rechte vorbehalten. Printed in Germany
ISBN 3-630-87993-4

Inhalt

EINLEITUNG 7

1. NATURZUSTÄNDE
Was ist Natur? 17
Jäger- und Sammlergesellschaften 28

2. KULTURARBEITEN
Die Entstehung der Landwirtschaft 53
Das agrarische Energiesystem 79
Die Agri-Kulturlandschaft 98

3. DIE GROSSE TRANSFORMATION
Die Wandlung des Energiesystems 125
Der industrielle Archipel 151
Die Beschleunigung 186
Die totale Landschaft 205

ANMERKUNGEN 225

lungsprozeß von geologischen Dimensionen. Die industrielle Produktion war aufgrund eines politischen Geschehens abrupt zum Halt gekommen, und nun vollzog sich spontan eine rasche Umwälzung. Die Spuren einer gewaltsamen Bemächtigung der Natur waren unübersehbar, doch hatten wenige Jahre gereicht, um dem Gelände den merkwürdigen Reiz einer fragilen, sich selbst erneuernden Natur zu verleihen. Es war eine Industrielandschaft ohne Industrie; ein erodierender Stillstand; eine Kombination von Verseuchung und Reinheit. Der Boden war an einigen Stellen unfruchtbar, da giftige Sedimente nach oben gebracht worden waren, die kein Pflanzenwachstum ermöglichten. Der Sand war mit feinen Partikeln von weicher, leichter Braunkohle gemischt. Wenn der Wind über diese Oberfläche strich, so verwehte er den Kohlestaub, und es blieben feine Kristalle, die in der Sonne schimmerten. Wenn man auf sie trat, so drückte man sie in tiefer gelegene Schichten von Braunkohlestaub, und so entstand das merkwürdige Schauspiel von schwarzen Spuren auf einer silbrigweißen Fläche. Die Unberührtheit dieses Geländes erneuerte sich permanent; der nächste Windstoß würde den Kohlestaub wieder davontragen, so daß die Fußspur wieder ausradiert war. Ähnliches galt auch für die Erosionsschluchten, deren schroffe Ränder der nächste Regenguß davonschwemmen würde, wobei an anderer Stelle neue Zerklüftungen mit ähnlichen Profilen entstehen würden. Diese Landschaft war so dramatisch bewegt wie die sie umgebenden Städte, wie Leipzig, das eine einzige große Baustelle bildete. In rasender Beschleunigung konnte hier die Umgestaltung der Physiognomie eines ganzen Landes erfahren werden.

Wenn man die Exkursion etwas ausdehnte, so bereicherte sich das Bild. Beim Tagebau mußten gewaltige Mengen von Erde bewegt werden, um an die Braunkohleschichten heranzukommen. Daher wurde das Gelände vollständig umgeschaufelt. Gigantische Bagger fraßen sich in den kompakten Boden ein, der sich in den Jahrtausenden nach dem Ende der letzten Eiszeit stabilisiert hatte, und warfen den Abraum zurück in die Gruben, die sich hinter ihnen auftaten. Dort wurde der Schutt locker zu einem Gebirge aufgetürmt, dessen Gestalt sich täglich änderte. Gelegentlich gab es hier Bergrutsche, und wer diese Hügel betrat, lief Gefahr, unter dem lockeren Erdreich begraben zu werden. Es war dies eine Landschaft in höchster Bewegtheit, fließend und wogend wie der Ozean. Schließlich kam man aber auch in Gebiete, wo der Tagebau schon vor Jahrzehnten abgeschlossen worden war. Hier hatte man die Schuttberge eingeebnet und sogenannte Bergbaufolgelandschaften geschaffen, auf denen sich bereits wieder eine fruchtbare Humusschicht gebildet hatte und wo monotone Koniferenplantagen wuchsen. Dieser Endzustand platter Nutzflächen bot einen trostlosen Anblick, und die forstliche Bepflanzung verschärfte seine Schrecken nur noch.

Zuweilen konnte es aber geschehen, daß nach einer Biegung der Straße plötzlich ein kleines Tal zu erblicken war, ein Abhang, ein altes Bauernhaus, eine Streuobstwiese, ein Garten. Diese Gebiete waren aus unerfindlichen Gründen von Abriß, Aushub und Umschüttung verschont geblieben. Sie bildeten kleine Inseln einer alten agrarischen Kulturlandschaft, inmitten der bewegten, durchwühlten Zwischenlandschaften und dem monotonen Endzustand. Befinden wir uns hier nicht in einem Landschaftsmuseum, fiel mir ein, begehen also einen Parcours, der die Stadien der Landschaftsentwicklung der letzten zweihundert Jahre sinnlich erfahrbar macht? Die Geschichtlichkeit der Landschaft und der Natur wird in einer Weise transparent, daß man mit einem Blick erfassen kann, was sonst umfangreicher Erläuterungen bedarf.

Die Erde ist in Bewegung. Umwälzungen von tellurischer Dimension können in unmittelbarer Nachbarschaft beobachtet werden, und sie machen aufgrund ihrer Beschleunigung sowie des ruckhaften Halts, zu dem dieser Prozeß in der Krise gekommen ist, einen Vorgang sichtbar, der sich nur ein wenig langsamer überall vollzieht. Diese Erfahrung ist seit etwa fünfundzwanzig Jahren in unser öffentliches Bewußtsein getreten, und sie wird in der Regel als Zerstörung der Umwelt und der Natur wahrgenommen. Damit ist eine neue Dimension in das Bewußtsein der Zeitgenossen eingerückt: Die Natur selbst ist dem historischen Wandel unterworfen.

Im ausgehenden 20. Jahrhundert wird dieser Tiefenvorgang allerdings wieder von aktuellen Ereignissen überschattet, die sich in der Wirtschaft und in der Politik vollziehen. Das Umweltproblem steht heute nicht mehr im Mittelpunkt des öffentlichen Interesses, und auch in Sachsen gehört die Gestaltung der Tagebaulandschaften nicht gerade zu den vordringlichen Fragen, mit denen sich die Menschen beschäftigen. Dennoch ist nicht zu erwarten, daß sich die verbreitete Rede über Umweltprobleme als bloße Modeerscheinung der saturierten Jahre der Bundesrepublik herausstellen wird, die in dem Augenblick an Bedeutung verliert, wo dringlichere, existenzbedrohendere Schwierigkeiten in den Vordergrund treten. Seitdem die prinzipielle Bedeutung des Problems der Umweltveränderung und Umweltzerstörung erkannt worden ist, besteht keine Möglichkeit mehr, daß dieser Themenkomplex wieder vollständig aus der öffentlichen Wahrnehmung verschwindet. Vielleicht liegt in der gegenwärtigen Windstille sogar eine Chance dafür, daß eine ruhigere, weniger von Emotionen und Katastrophenphantasien geprägte Diskussion möglich wird.

Wer über Umweltzerstörungen oder – etwas neutraler – über Umweltveränderungen redet, bezieht sich auf Vorgänge, die in der Zeit stattfinden. Im Alltag ordnet man solche Erfahrungen gerne durch eine Gegenüberstellung von »früher« und »jetzt«. Man unterscheidet also eine kompakte Vergangenheit von einer ebenso kompakten Gegenwart. Mit dieser Unterscheidung geht gewöhnlich die Vorstellung einher, »früher« hätten stabile, harmonische Zustände geherrscht, die »jetzt« vernichtet werden. Ein beliebtes Bild, in dem sich diese Sicht niederschlägt, ist das vom »natürlichen Gleichgewicht«: Gemeint ist damit ein ursprünglicher Zustand der Harmonie, der Ordnung, der Vielfalt und Schönheit, der dann von Eingriffen des Menschen gestört oder zerstört wird.

Nun lehrt die nähere Betrachtung, daß es zu jedem beliebigen historischen Zustand wiederum ein »Früher« gibt. In der Geschichte finden wir keine stabilen Ursprünge, sondern einen endlosen Ablauf von Prozessen, in denen letztlich alles in Fluß gerät. Dies gilt nicht nur für die bewegte Geschichte politischer Ereignisse, gesellschaftlicher Verhältnisse oder kultureller Formationen, sondern auch für Elemente der Natur, für Ökosysteme oder für Landschaften. Das Maß der Stabilität oder Wandelbarkeit hängt von den Zeiträumen ab, die der Betrachter ins Visier nimmt. Die Lebenswelt der einzelnen Menschen ordnet sich nach Jahren oder nach Jahrzehnten. In diesen kurzen Zeiträumen kann vieles von dem, was in der natürlichen Umwelt geschieht, als konstant erlebt werden. So ist zu erwarten, daß Klima, Vegetation, aber auch einzelne Elemente der Landschaft stabil bleiben, und wenn es doch zu Veränderungen kommt, gelten diese als ungewöhnlich, als Einbrüche von Katastrophen oder eben als »Störungen«, die es eigentlich nicht geben sollte.

Gehen wir in der Zeitskala ein Stück weiter zurück, um einige Jahrhunderte oder Jahrtausende, so gerät vieles von dem in Bewegung, was wir für stabil halten. Nur wenige menschliche Erzeugnisse erreichen ein so hohes Alter. Dies gilt etwa für einzelne Baudenkmäler wie die ägyptischen Pyramiden, doch bilden diese letztlich nur fossilierte Überreste von Lebenssituationen, die als solche gänzlich verschwunden sind. In biologischen oder geologischen Zeiträumen von mehreren Millionen Jahren schließlich gerät alles in Fluß: Tier- und Pflanzenarten kommen und gehen, Berge falten sich auf und versinken im Meer. Von einem Zustand kann nun nur noch die Rede sein, wenn wir uns auf tieferliegende Strukturen einlassen, auf chemische Moleküle oder gar Atome, deren scheinbar feste Ordnung aber ebenfalls im Strudel der Dynamik verschwindet, wenn wir noch größere Zeitdimensionen ins Auge fassen.

Die »Natur« ist daher ebenso Veränderungen ausgesetzt wie das Leben der Menschen und ihrer Kulturen. Beide haben eine Geschichte, doch vollzieht sich in den menschlichen Angelegenheiten der Wandel weitaus rascher als in den natürlichen Ökosystemen oder den geologischen Formationen. Was aber als eine Konfrontation von Zustand und Dynamik, von harmonischer Ordnung und chaotischer Störung erscheint, entpuppt sich als eine Überlagerung zweier Dynamiken, die lediglich zeitlich unterschiedlich dimensioniert sind.

Bei der Betrachtung menschlicher Gesellschaften und ihrer natürlichen Umwelt muß man daher prinzipiell davon ausgehen, daß beide wandelbar sind und daß sich der Wandel in einem Bereich auch unabhängig vom Wandel in dem anderen Bereich vollziehen kann. Lange Zeit hat man im Verhältnis von Gesellschaften und Natur lediglich Wirkungen in einer Richtung in Betracht gezogen. Seit den Anfängen des europäischen Geschichtsdenkens gehört der Einfluß der Umweltbedingungen, etwa des Klimas, der Bodenbeschaffenheit, der geographischen Lage oder der Vegetation auf einzelne Kulturen zum Standardrepertoire für die Erklärung dafür, weshalb die Völker auf so unterschiedliche Weise leben.[1] Wirkungen in umgekehrte Richtung, also Veränderungen der natürlichen Umwelt durch menschliche Aktivitäten, sind dagegen erst sehr viel später systematisch wahrgenommen worden. Im Grunde wurden sie erst im 20. Jahrhundert wissenschaftlich thematisiert, und erst seit der Wahrnehmung einer »Umweltkrise« in den sechziger Jahren wurden sie zu einem eigenen Forschungsfeld.

»Umweltgeschichte« befaßt sich daher prinzipiell mit einem schwierigen, verschlungenen Vorgang: Sie rekonstruiert eine komplexe Wechselwirkung zwischen menschlichen Kulturen und deren natürlicher Umwelt, wobei sie beide Perspektiven integrieren muß. Sie darf nicht nur (wie es der ältere Umweltdeterminismus getan hat) fragen, ob und wie weit Naturbedingungen Auswirkungen auf Gesellschaftsprozesse haben. Eine solche

Sicht gerät schon aus dem Grunde in Schwierigkeiten, als eine wechselhafte Geschichte kaum aus stabilen Naturvoraussetzungen erklärt werden kann. Es genügt aber auch nicht, sich auf die heute näherliegende Frage zu beschränken, wie gesellschaftliche oder ökonomische Aktivitäten auf die natürliche Umwelt gewirkt haben. So sinnvoll es erscheinen mag, nach »Vorläufern« der heutigen Umweltkrise zu suchen, steht ein solches Unternehmen doch vor der Gefahr, stabile Naturzustände fixieren zu wollen, die es niemals gegeben hat.

In diesem Buch soll versucht werden, eine umfassendere Erzählung zu präsentieren, die diesen Herausforderungen gerecht wird. Wir wollen also einen roten Faden durch die Geschichte ziehen in der Absicht, das schwierige Verhältnis zwischen Gesellschaften und ihrer natürlichen Umwelt zu ordnen. Der Bogen, der hierbei gespannt wird, ist recht lang. Er reicht von paläolithischen Jäger- und Sammlergesellschaften über Agrargesellschaften bis in unsere Gegenwart, die als eine Zeit des Phasenübergangs oder der umfassenden Transformation begriffen wird. Es soll deutlich werden, welche Rahmenbedingungen von Naturvoraussetzungen gegeben wurden, welche Spielräume für die kulturell-gesellschaftliche Selbstorganisation bestanden und wie die Grenzen beschaffen waren, die die Natur der Gesellschaft gesetzt hat. Es handelt sich hierbei um den Versuch, eine Reihe von Forschungsansätzen und Perspektiven zu integrieren, wobei jedoch vermieden werden soll, sich in eine Darstellung von wissenschaftlichen Diskussionen zu verlieren, die rasch uferlos werden kann. Stattdessen wird eine zusammenhängende Geschichte angeboten, ein Ordnungsversuch, der im wesentlichen mit drei Schwerpunkten arbeitet:

- Die Analyse von Energiesystemen erlaubt es, natürliche Rahmenbedingungen darzustellen, die eine Reihe historischer Gesellschaften übergreifen. Am Anfang steht das unmodifizierte Solarenergiesystem von Jäger- und Sammlergesellschaften, innerhalb dessen es darum ging, sich in einen gegebenen Fluß von Ressourcen einzuschalten. Ein wichtiger Einschnitt war dann die Bildung eines kontrollierten Solarenergiesystems, auf dessen Basis sich die Agrargesellschaften bis hin zu den späten agrarischen Zivilisationen entfalten konnten. Die industrielle Transformation schließlich beruht auf der Nutzung fossiler Energieträger, welche die Entfesselung einer sensationellen, bislang unabgeschlossenen Dynamik ermöglicht hat.

- Für den Prozeß der kulturellen Selbstorganisation unterscheiden wir ebenfalls drei Phasen, die mit den drei Energiesystemen zusammenfallen. In kleinen, mobilen Jäger- und Sammlergesellschaften finden keine stabilen Kommunikationsprozesse statt, so daß sich flüchtige Strukturen bilden, die sich nicht zu dauerhaften Stilformationen auskristallisieren. In Agrargesellschaften hingegen gibt es permanente, räumlich gebundene Rekursionen des Informationsaustauschs, was zur Verstetigung von kulturellen Formtraditionen führen kann, in einer eigentümlichen Dualität von Volkskultur und zivilisatorischer Hochkultur. In der Transformationsära schließlich kommt es zu einer zunächst an nationale Räume fixierten, dann aber sich globalisierenden Universalisierung der Informationsflüsse, mit dem Resultat einer merkwürdigen Einheit von beschleunigtem Kompetenzgewinn und Verflüchtigung.
- Die Untersuchung der Landschaft wendet sich schließlich der phänomenalen Außenseite dieser Entwicklung zu. In der Landschaft findet sich die physiognomische Einheit von Naturbedingungen und ihrer kulturellen Gestaltung, wie sie sich dem Blick des Betrachters darbietet. Auch hier werden drei Stadien unterschieden: Auf die Naturlandschaft der Jäger- und Sammlergesellschaften folgt die Agri-Kulturlandschaft, die von der Eigenart der landwirtschaftlichen Produktionsweise geprägt wird. Diese wird schließlich von einem Transformationsprozeß erfaßt, an dessen logischem Ende ein hochdynamischer Zustand steht, der als totale Landschaft beschrieben wird.

Die Geschichte, die hier erzählt werden soll, handelt nicht von einer gerichteten Entwicklung, von einem eindeutigen Prozeß oder gar von einer unaufhaltsamen Zerstörung. Das Spiel der kulturellen Musterbildung besitzt vielmehr große Freiheitsgrade, wenn es auch immer von naturalen (oder energetischen) Systembedingungen eingegrenzt ist. Allerdings herrscht wenig Anlaß zu der Vermutung, diese Freiheitsspielräume könnten im Sinne einer technischen »Machbarkeit« von Umweltzuständen, von Gesellschaftsstrukturen oder gar der Geschichte selbst genutzt werden. Bei dem Verhältnis von Gesellschaften zu ihrer natürlichen Umwelt handelt es sich vielmehr selbst um einen Naturprozeß, der leichter zu beobachten als zu steuern ist.

1. Naturzustände

Was ist Natur?

Was ist Natur? Diese Frage zu stellen führt rasch ins Uferlose. Man kann viele Seiten mit Definitionen anfüllen, man kann der Geschichte dieses Begriffs nachgehen, man kann untersuchen, ob und wie er in unterschiedlichen Denkgebäuden verwandt wird, doch wird man niemals zu einer zufriedenstellenden Antwort kommen. Einer der Gründungsväter der modernen Naturwissenschaften, der englische Physiker Robert Boyle, zählte bereits im Jahre 1682 mehr als dreißig verschiedene Bedeutungen auf, die das Wort Natur haben konnte, und diese Zahl dürfte mittlerweile nicht geringer geworden sein.[2] Boyle schlug angesichts dieser unübersichtlichen Fülle der Wortverwendungen vor, doch diesen unscharfen, vieldeutigen Begriff ganz fallenzulassen. Er hatte, wie jedermann weiß, damit keinen Erfolg.

Der Begriff der Natur scheint unausrottbar zu sein. Er erfreut sich einer eher wachsenden Popularität, und dies dürfte gute Gründe haben. Offenbar erfüllt die Rede von der Natur bestimmte Ordnungs- und Orientierungsbedürfnisse. Innerhalb der Wirklichkeit wird ein Gegenstandsbereich isoliert, der den Namen Natur trägt und sich von anderen Elementen der Wirklichkeit unterscheidet, die nicht als Natur gelten. Was soll damit aber erreicht werden? Offenbar haben diejenigen, die von Natur sprechen, nicht alle das gleiche im Sinn, sondern mit diesem Wort kann dieses und jenes gemeint sein, je nachdem, wer von ihr redet und was er damit bezweckt. Und doch verweist die Popularität von »Natur« darauf, daß es eine dem Begriff zugrundeliegende Evidenz gibt, die mit der Nennung dieses Worts heraufbeschworen wird.

Um dieser Evidenz näher zu kommen, ist es sinnvoll, den Begriff der Natur von seinem fundamentalen Gegensatz her zu bestimmen. Wer von Natur redet, bezieht sich dabei immer auf etwas anderes, das Nicht-Natur ist. Dieses Andere kann mit unterschiedlichen Namen belegt werden; es ist eine ganze Reihe von Gegensatzpaaren denkbar: Wer in die Natur geht, entfernt sich aus der Stadt. Wer sich natürlich ernährt, vermeidet industriell vorgefertigte Speisen. Wer sich natürlich bewegt, verhält sich ungezwungen, nicht affektiert. Die Naturgesetze haben eine objektive, unentrinnbare Geltung und unterscheiden sich dadurch von den staatlichen Gesetzen, denen ein Moment der Willkür und Beliebigkeit anhaftet. Wer letztere für unzureichend hält, kann daher an ein Naturrecht appellieren, dem ein höherer Rang zugeschrieben wird als dem positiven Recht. Das Naturschöne schließlich existiert aus sich heraus, im Gegensatz zu dem Schönen, welches die Kunst hervorbringt.

In allen diesen Verwendungen steht Natur für das Elementare, Selbständige, Spontane, Gewachsene, Nichtverfügbare, Nichtproduzierte, während sich auf der Gegenseite das Künstliche, Technische, durch Verabredungen und Vereinbarungen Geordnete, das Gemachte und Erzwungene, das Gestaltete und Kultivierte befindet. Natur ist damit der totale Gegensatz von Kultur, und der Begriff gewinnt eine konkrete Bedeutung nur dann, wenn implizit dieser Gegensatz mitgedacht wird. Gerade weil es aber zu einer menschlichen Grunderfahrung gehört, in einer Welt zu leben, welche die Spuren menschlicher Bearbeitung trägt, besitzt der Begriff der Natur eine solche Evidenz: Er zielt eben auf dasjenige, was von der Kultur (noch) nicht bearbeitet, umgestaltet und verbaut worden ist.

Diese elementare Spannung von Natur und Kultur läßt sich auch in eine zeitliche Ordnung bringen. Wir erhalten dann eine Bedeutungszuschreibung, die etwa folgendermaßen aussieht: Die Natur ist das Primäre oder Ursprüngliche, also dasjenige, dessen sich die Kultur im Zuge ihrer Gestaltungen bemächtigen kann und das sie in ihrem Sinne umformt. Die Kultur ist somit das Spätere, das sich über den Anfang legt und die Wirklichkeit von ihrem Ursprung entfernt. Der Kulturprozeß kann daher als ein geschichtlicher Vorgang verstanden werden, in dessen Verlauf die Natur verdrängt und überformt wird. Im Extremfall könnte am Anfang eine reine und vollständige Natur gestanden haben, während am Abschluß dieses Vorgangs sämtliche Naturelemente in Kultur verwandelt worden sind.

In dieser historisierenden Sicht wird der Strukturgegensatz von Natur und Kultur also in eine zeitliche Dimension gestellt. Der Natur entspricht ein Ursprung, während die Kultur ein Ende bezeichnet, wobei der Prozeß selbst als einer verstanden wird, innerhalb dessen immer größere Bestände von Natur in Kultur verwandelt werden. Über die Beurteilung dieses Prozesses ist damit zunächst noch nichts gesagt, aber es liegt auf der Hand, daß er komplementär bewertet werden kann. Man kann diesen Vorgang gewissermaßen mit unterschiedlichen Vorzeichen versehen, den Transformationsprozeß von Natur in Kultur also für »gut« oder »schlecht« halten. Wenn man dies tut, entstehen zwei Grundverläufe, innerhalb deren jeweils eine normative Verschiebung konstatiert werden kann: Die Welt wird im Zuge ihrer Kultivierung entweder besser oder schlechter.

Das erste Muster operiert nach dem Modell des Aufstiegs bzw. des Fortschritts. Ihm zufolge steht am Anfang des historischen Prozesses ein Naturzustand, welcher vollständig negative Züge trägt. Dieser Ursprung ist chaotisch, grausam, entbehrungsvoll; in ihm herrschen Mangel, Hunger und Not, die Menschen sind Gefahren aller Art hilflos ausgesetzt, die von unkontrollierten Naturmächten ausgehen, von wilden Tieren etwa, von Krankheitserregern, von Unwettern, von den Ungewißheiten der Nahrungsversorgung und nicht zuletzt von Übergriffen seitens anderer Menschen, denen sie mangels einer staatlichen Rechtsordnung ungeschützt ausgeliefert sind. Ihr Leben ist in der klassischen Formulierung von Thomas Hobbes »solitary, poor, nasty, brutish, and short«.³ Sie leben in Dumpfheit, Unwissenheit, Furcht und Aberglauben.

Auf einen solchen absolut negativen Ursprung kann nur eine Verbesserung folgen. Der Prozeß der Geschichte wird daher als eine progressive Entfernung von einem entbehrungsreichen Naturzustand entworfen. Die Kultur schafft die Eigenschaften, die das Leben in der Ursituation vermissen ließ. Ordnung und Wohlstand, Aufklärung und Humanisierung, Sittlichkeit und Sicherheit sind diesem Entwurf zufolge Ergebnisse eines Prozesses, der sich von der Natur entfernt bzw. diese überformt. Aus der Beschreibung wird aber ein Programm: Die Natur ist von der Vernunft zu unterwerfen und zu beherrschen, die wilden Triebe und grausamen Neigungen sind zu unterdrücken, der Mensch ist durch Erziehung, durch Vorbilder und durch institutionellen Zwang zu zivilisieren. Am logischen Ende dieses Vorgangs steht dann ein Zustand höchster Kultur, in welchem die Vernunft ihre Herrschaft angetreten hat und in dem die Kräfte der Natur entschlüsselt und zum Wohle der Menschheit gezähmt sind.

Das Gegenbild zu diesem Aufstiegsmuster geht dagegen von der Existenz einer ursprünglich harmonischen Naturordnung aus, von welcher sich der Mensch im Laufe seiner Entwicklung entfernt hat. Dieser Erzählung zufolge lebte der Mensch einst im Einklang mit den Forderungen einer natürlichen Ordnung. Seine Bedürfnisse waren einfach und bescheiden, so daß er nichts von dem vermissen konnte, was ihm im Laufe seiner späteren Entfremdungsgeschichte zugewachsen ist. Er war friedfertig, denn es fehlte ihm jeder Anreiz zu Gewalt und Krieg. Er fühlte sich in seinem schlichten Dasein wohl, denn noch gab es die Reichtümer und Machtpositionen nicht, nach denen er hätte streben können. Er benötigte keine staatliche Zwangsordnung, denn er konnte noch seinen natürlichen Instinkten folgen, welche ihm den Weg zum richtigen Leben und zum gerechten Handeln zeigten. Er lebte stabil, in emotionaler Nähe zu seinen Mitmenschen, eingebettet in kosmische Harmonien, im Einklang mit anderen Lebewesen und mit denjenigen einfachen Dingen ausreichend versorgt, die er zum guten, maßvollen Leben benötigte.

Der Geschichtsprozeß, in dessen Verlauf sich die Menschheit von diesem Naturzustand entfernte, mußte daher als ein Degenerationsvorgang verstanden werden, als die fatale Entfernung von einem Goldenen Zeitalter, als Austreibung aus dem Paradies, als zivilisatorische Entfremdung und Verstümmelung. Die Kultur, die sich im Verlauf dieses Prozesses gebildet hat, ist ein Produkt der Zerrissenheit und Trennung, des Verlusts und der Versuche, diese Verluste wieder zu kompensieren. Der Ursprung behält damit aber einen normativen Wert, denn an seinen Eigenschaften kann abgelesen werden, wovon man sich entfernt hat und wohin man zurückkehren kann, falls es gelingt, wieder aus dem Käfig der Zivilisation auszubrechen.

Beide Geschichten vom Ursprung sind vollständig komplementär. Der Anfang der einen steht am Ende der anderen. Beide entwerfen das Bild eines Potentialgefälles, wobei lediglich der Weg in dem einen Fall von unten nach oben, im anderen aber von oben nach unten weist. Beide erzählen sie von einem Prozeß, dessen Inhalt darin besteht, Kultur an die Stelle von Natur zu setzen, und in beiden fungiert Natur als dasjenige, wovon man sich (glücklicher- oder unglücklicherweise) entfernt hat.

Jede dieser Erzählungen ist aber Produkt einer Gegenwart, die jeweils als spiegelbildlicher Gegensatz zu dem natürlichen Ursprung verstanden wird. Die Eigenschaften dieses Ursprungs sind nichts als die umgekehrten Eigenschaften der Gegenwart, wie sie sich dem Erzähler der jeweiligen Geschichte darstellt. Wer also in seiner eigenen Zeit in erster Linie die Herrschaft kultureller Zwänge, zivilisatorischer Überformung oder lästiger sozialer Verhaltenszumutungen erblickt, wird sehnsüchtig nach einem Ursprung suchen, welchem alle diese negativen Eigenschaften abgingen, und er wird diesen Ursprung zum Naturzustand erklären. Wer dagegen in seiner Gegenwart nicht so sehr Zwang als Unordnung, nicht so sehr zivilisatorische Entfremdung als materielle Not, nicht so sehr soziale Erstarrung als Unwissenheit und fehlende Bildung erblickt, wird in diesen Mängeln die noch immer wirksamen Restbestände einer rohen, ungeschliffenen Natur sehen, die es durch forcierte Zivilisierung, durch Aufklärung, Erziehung und wachsende wissenschaftliche und technische Naturbeherrschung zu überwinden gilt.

Dieses komplementäre Grundmuster von ursprünglicher Natur und diese überformender Kultur wird in der Figur des »Primitiven« besonders deutlich, also des »Naturmenschen«, wie er in den Blick des Zivilisierten gerät. Er tritt in zwei Grundvarianten auf: als Barbar und als edler Wilder. Beide Typen waren schon in der Antike die Grundformen, in denen sich der Unterschied zwischen dem Angehörigen einer fremden, rückständigen und der eigenen, entwickelten Kultur ausdrücken ließ.[4] Wer den Stand der eigenen Kultur hoch einschätzte, dem galt der unzivilisierte Fremde als ungeschliffener Rohling, als Barbar, der nicht einmal richtig sprechen kann. Umgekehrt konnte der einfache Naturmensch aber auch eine idealisierte Negativfolie bilden, die eine Kritik an den herrschenden Verhältnissen gestattete. Tacitus etwa schilderte die Germanen als tapfere, sittenstrenge Krieger, was seinen römischen Zeitgenossen, denen diese Eigenschaften abgingen, einen Spiegel vorhalten sollte.

Diesem dualen Grundmuster folgte das europäische Denken in der Neuzeit vorbehaltlos. Der Wilde erschien als bedürftig oder bescheiden, als vom Tode bedroht oder als tapfer, als ungehobelt oder als anmutig – je nach den Maßstäben, welche die eigene Kultur gesetzt hatte. Die Identifikation des Barbaren oder edlen Wilden mit dem Naturzustand, mit dem Ursprung, von welchem sich die Geschichte fortentwickelt hatte, war um so schlagender, wenn man die kulturellen Unterschiede als Ausdruck verschiedener Entwicklungsstadien der Gattung Mensch verstehen konnte, wenn es also gelang, einzelnen Kulturen einen Platz auf einer eindeutigen Achse der Evolution zuzuweisen. Je nachdem, ob sich die Entwicklung der Menschheit als Fortschritts- oder Verfallsgeschichte darstellte, markierten die Positionen auf dieser Evolutionsachse eine Errungenschaft oder einen Verlust.

Wie auch immer diese Vorentscheidung getroffen wurde, stand es doch im Belieben des jeweiligen Beobachters, welche Eigenschaften des Naturmenschen im einzelnen als beneidenswert oder verachtungswürdig galten. Dies kann am Beispiel des Sexualverhaltens illustriert werden. Tacitus, der den Sittenverfall in Rom rügte, lobte die Keuschheit der Germanen. Im 19. Jahrhundert dagegen schilderte der Evolutionist Lewis Henry Morgan die Wilden als promisk; sie lebten in einer den Schauder, aber auch die geheimen Phantasien der Viktorianer erregenden, für ursprünglich gehaltenen »Weibergemeinschaft«.[5] Im Zuge der Lebensreformstimmung des frühen 20. Jahrhunderts konnte dann etwa Margaret Mead die freie und natürliche Sexualität der Polynesier als vorbildlich gegen die Verklemmtheit in der Zivilisation stellen.[6] Der hochgradig fiktive Charakter dieser Zuordnungen wird durch diese Abhängigkeit von zeitgenössischen Meinungen einsichtig.

Wenn man über Natur spricht, bewegt man sich also auf einem stark mit Vorurteilen verminten Gelände, und dies gilt um so mehr, wenn vom Leben im Naturzustand im Sinne eines vorgeschichtlichen Ursprungs die Rede sein soll. Will man einen Gang durch die Universalgeschichte wagen, der von den Anfängen bis zur Gegenwart reicht, so stehen der Phantastik Tür und Tor offen, und der Weg ist von gescheiterten Projekten gesäumt. Mit Hilfe von Annahmen, Modellen und Theorien werden Brücken zwischen den wenigen Fakten errichtet, die einigermaßen gesichert sind – doch ein anderes Verfahren gibt es nicht, denn auf diesem Gebiet ist die einzige Alternative zur Spekulation das Schweigen.

Die elementare Unterscheidung zwischen Natur und Kultur spielt heute vor allem im Zusammenhang mit dem Umweltproblem eine Rolle, wo es explizit um den Schutz der Natur vor

Zugriffen der Kultur gehen soll. Auch hier finden wir eine Entgegensetzung von Ursprung und Entwicklung: Die ruhige, harmonische, gleichgewichtige und ursprüngliche Natur wird Störungen ausgesetzt, welche von einer bewegten, expansiven und bedrohlichen Kultur ausgehen. In Begriffen wie Naturschutz, Umweltschutz oder Landschaftsschutz wird dieser Gegensatz am deutlichsten: Es soll etwas geschützt werden, da es bedroht, aber erhaltenswert ist. Hierbei wird aber rasch ein Problem erkennbar: Es ist ja die menschliche Kultur selbst, welche die Natur gefährdet, und von ebendieser Kultur wird ein Schutz der Natur verlangt. Wenn aber Natur als Gegensatz zur Kultur definiert ist, wird dann eine von der Kultur geschützte Natur nicht eben dadurch selbst in Kultur verwandelt? In der Forderung nach Naturschutz kündigt sich daher ein vollständiger Sieg der Kultur an, welcher die Vernichtung der Natur zum Abschluß bringt.

Um diese paradoxe Situation besser verstehen zu können, soll in dieser Studie der reale Prozeß der Veränderung von Umwelt und Landschaft etwas näher betrachtet und in einen Zusammenhang mit der kulturellen Evolution gestellt werden. »Landschaft« ist primär eine ästhetische Kategorie, deren Gebrauch jedoch in der Regel mit der Annahme verbunden ist, daß ihr ein reales Substrat als »wirkliche« Landschaft zugrunde liegt. In der älteren Landschaftsästhetik wie auch im naiven zeitgenössischen Begriffsgebrauch wird »Landschaft« gewöhnlich mit »Natur« identifiziert, sofern sie sich dem Betrachter als ausgedehnte Umgebung präsentiert. Gegen diese naive Sicht sind seit längerem zwei Einwände geltend gemacht worden:

Der erste Einwand lautet, daß die Landschaft nicht selbstverständlich als eine erscheinende Natur auftaucht, die sich »als solche« dem Blick öffnet, sondern daß ihre ästhetische Erfahrung selbst ein historisches Phänomen und somit an bestimmte kulturelle Voraussetzungen gebunden ist. Entstehung und Verschwinden der ästhetischen Kategorie »Landschaft« können so im wesentlichen als geistes- und mentalitätsgeschichtliche Vorgänge entschlüsselt werden.[7]

Jede Landschaft ist also im Grunde ein Konstrukt, und zwar in dem prinzipiellen Sinne, daß die Vorstellung von der Existenz einer »Landschaft« überhaupt nur aufgrund eines mentalen Aktes entstehen kann, in welchem disparate Elemente der Wirklichkeit zu einem einheitlichen Konzept verschmolzen werden. Ohne ein erkennendes bzw. die Erkenntnis konstituierendes »Subjekt« blieben die Gegenstände der Landschaft im Dunkel eines bloßen An-sich-Seins. Da diese Aussage allerdings für jedes beliebige Objekt der Erkenntnis gilt, kann es wenig überraschen, wenn sie auch für die Landschaft zutrifft, und damit ist natürlich nichts Spezifisches über einzelne historische Landschaftstypen gesagt.

Etwas konkreter wird dieser Aspekt erst dann, wenn sich in der »sozialen Konstruktion« der Landschaft eine spezifische kulturelle Leistung ausdrückt, wenn also ein und derselbe Gegenstand auf unterschiedliche Weise gesehen wird, je nach den Umständen, von denen der auf sie fallende Blick geprägt worden ist. Allerdings scheint die Vermutung unerschütterlich zu sein, daß jenseits der mentalen Konstruktion von Landschaft ein Stück Wirklichkeit liegt, das unabhängig von dieser Konstruktion existiert. Wenn ein Urwald sich in einen Acker und dieser sich in den Parkplatz eines Supermarktes verwandelt, so ist die Annahme sinnvoll, daß es sich hierbei nicht nur um eine Frage der Wahrnehmung, sondern ebenfalls um eine reale Transformation handelt. Diese Behauptung ist jedoch weniger trivial, als es scheinen mag. Sicherlich gibt es einen Unterschied zwischen einem lebendigen Baum und einem stählernen Telegraphenmast, doch ist er vielleicht im Blick einer Amsel, die sich darauf niederläßt, geringfügiger als im Blick eines Ökologen. Vielleicht wird sogar der Baum-Charakter des Telegraphenmastes von der Amsel vollständiger konstruiert als von einem menschlichen Beobachter, der von weniger Eigenschaften abstrahieren kann als der Vogel, der nur eine Sitzgelegenheit in der Höhe sucht.

Der zweite Einwand gegen eine Identifizierung von Landschaft und Natur zielt auf die Tatsache, daß die meisten Landschaften schon seit sehr langer Zeit nicht mehr von sich aus, ohne prägende Eingriffe durch den Menschen existieren. Die reale Landschaft ist daher in den überwiegenden Fällen eine »Kulturlandschaft«, das heißt, ihre Physiognomie ist Ausdruck zahlreicher Überformungen durch menschliche Aktivitäten aller Art.[8] Die Unterscheidung zwischen Naturlandschaft und Kulturlandschaft besaß ursprünglich einen eminent kritischen Sinn, sofern sie nämlich darauf aufmerksam machte, in wie hohem Maße die reale Landschaft Spuren der Bearbeitung und Umformung durch den Kulturprozeß trägt. Daher konnte das als »Kultur« dechiffriert werden, was nur scheinbar »Natur« ist. Das kritische, unterscheidende Potential dieses dualen Schemas ist inzwischen jedoch erschöpft. Wenn die heute real existierende Landschaft immer noch als Kulturlandschaft bezeichnet wird, geht gerade der fundamentale Unterschied verloren, der die zeitgenössische Landschaft von ihrer Vorgängerin trennt. Um dies zu verdeutlichen, scheint es sinnvoll, nicht nur zwei, sondern drei Stadien der Landschaftsentwicklung zu unterscheiden. Wir sprechen daher von einer ursprünglichen Naturlandschaft, die von der agrargesellschaftlichen Kulturlandschaft abgelöst wurde, die ihrerseits seit etwa zweihundert Jahren einer Transformation ausgesetzt ist, die völlig neuartige Landschaftstypen erzeugt hat und weiterhin erzeugt und deren Ende hier als »totale Landschaft« bezeichnet wird.

Als Naturlandschaft kann diejenige Landschaft gelten, in welcher der Mensch entweder überhaupt nicht oder als bloßes »Naturwesen« vorkommt. Die erstere Bedingung ist unproblematisch, wenn man als »Natur« eben die Abwesenheit von »Kultur« ansieht, also das Fehlen von Einwirkungen des Menschen. Aber ist diese Natur ein bloßer passiver, stabiler Zustand? Sämtliche Lebewesen stehen ja in einer bestimmten Beziehung zu ihrer jeweiligen natürlichen Umwelt; sie werden von ihr geprägt, tragen ihrerseits aber auch zu ihrer Gestaltung bei. Dies bedeutet, daß ein Ökosystem bzw. seine sich dem Blick darbietende Seite, die Landschaft, anders aussähe, wenn eine bestimmte Spezies nicht darin vorkäme. Je nach Größe und Wirkungsprofil der jeweiligen Pflanzen- oder Tierarten können die Auswirkungen auf die Landschaft beträchtlich sein. Wenn Biber ihre Dämme bauen, wird eine ganze Auenlandschaft umgestaltet; wenn Ziegen einen Bergrücken beweiden, wird dort jegliche Bewaldung unterbunden; wenn sich ein dichter Linden- oder Fichtenwald gebildet hat, hat das Unterholz keine Chancen mehr. Die Physiognomie der Landschaft ist immer auch ein Ergebnis der Lebensweise von Organismen, die in ihr existieren, unabhängig davon, ob es sich dabei um Menschen handelt.

Dies alles bedeutet, daß die Landschaft niemals stabil, sondern auch ohne menschliche Eingriffe einem permanenten Wandel ausgesetzt ist. Dieser kann sich sehr langsam, aber auch stark beschleunigt vollziehen. Das gilt zunächst für die geologischen Vorgänge, von der langfristigen Auffaltung von Gebirgen bis zu ihrer allmählichen Erosion, wobei es aber auch zu sehr dramatischen Ereignissen kommen kann, zu plötzlichen Erdbeben, Vulkanausbrüchen und gewaltigen Überschwemmungen. Ferner sind klimatische Veränderungen zu nennen, etwa die Eiszeiten mit ihren Gletschern, die wie gigantische Hobel über die Erdoberfläche hinweggehen. Schließlich ist an die Ökosysteme zu denken, die wie ein dünner Filz die Erde bedecken und in denen es permanente Verschiebungen im Zuge der biologischen Evolution gibt. Die Naturlandschaften bilden daher keineswegs einen harmonischen »Zustand«, sondern sie haben selbst Prozeßcharakter, wobei es durchaus zu sehr dynamischen Veränderungen kommen kann.

Naturlandschaften in striktem Sinne gibt es allerdings – vielleicht abgesehen von einigen Hochgebirgen, Wüsten, Eisflächen oder Resten von Urwäldern – schon lange nicht mehr. Schon seit mehreren zehntausend Jahren hat sich der Mensch fast über die gesamte Erdoberfläche verbreitet und überall seine Spuren hinterlassen. Es fragt sich nun, ob die von ihm beeinflußten Landschaften nur dann als Naturlandschaften gelten können, wenn man ihn selbst analog zu anderen Spezies als ein reines »Naturwesen« betrachtet. Eine solche Definition sieht sich natürlich sofort dem Einwand ausgesetzt, daß der Mensch niemals ein bloßes Naturwesen, sondern von Natur aus ein »Kulturwesen« ist, da sein Handeln und Verhalten, das Wirkungen auf die Landschaft ausübt, immer kulturell gesteuert wird.[9] Wenn der Mensch aber grundsätzlich und per definitionem ein Kulturwesen ist, dann könnte man jede Landschaft, in der er vorkommt und auf die er einwirkt, als Kulturlandschaft bezeichnen.

Diese Sichtweise hätte allerdings einen gravierenden Nachteil: Wenn alle Landschaftstypen, in denen Menschen vorkommen, als »Kulturlandschaften« gelten, verliert dieser Begriff jede konkretere Bedeutung. Für das gesamte Spektrum von den ersten Landschaften, deren Gestalt der frühe *Homo sapiens* mitbeeinflußte, bis hin zu unseren aktuellen Transformationslandschaften hätte man nur ein und dasselbe Wort zur Verfügung. Um dieses Einerlei zu vermeiden, scheint es sinnvoll, auch nach dem Auftreten des Menschen unter bestimmten Umständen noch von Naturlandschaften zu reden, und zwar dann, wenn sich seine Wirkung auf den Aufbau der Landschaft nicht prinzipiell von der anderer Spezies unterscheidet.

Jäger- und Sammlergesellschaften

Universalgeschichtlich lebte der Mensch nur im Jäger-und-Sammler-Stadium, das vor etwa 12 000 Jahren zu Ende ging, in einer Naturlandschaft. Dies bedeutet jedoch nicht, daß er diese Landschaft nicht aktiv mitgestaltet hätte. Auch in jenen vorgeschichtlichen Zeiten konnten seine Handlungen dramatische Folgen haben. Vor allem in Savannengebieten war die Jagd mit

Hilfe von Flächenbränden üblich. Wenn solche Flächen aber regelmäßig abgebrannt werden, wird sich dort zwangsläufig eine andere Pflanzengesellschaft ansiedeln. Einjährige Pflanzen, Sträucher und Gräser werden zu Lasten von Bäumen begünstigt, was wiederum Lebensraum für weidende Herden schafft. Der Mensch erzeugt und stabilisiert also denjenigen Landschaftstypus, in dem er unter den Bedingungen der Großwildjagd am besten existieren kann, doch geschieht dies ohne Absicht.

Allerdings verfügt man heute über keine präzisen Informationen darüber, wie paläolithische Gesellschaften wirklich gelebt haben. Die wichtigste Wissensquelle ist (neben der Auswertung archäologischer Funde) die Untersuchung heute noch lebender Jäger- und Sammlergesellschaften. Für die Möglichkeit der Parallelisierung von rezenten und paläolithischen Jäger- und Sammlergesellschaften sprechen vor allem funktionalistische Argumente: Umweltbedingungen und Adaptionszwänge erzeugen bestimmte kulturelle, soziale und technische Lösungen. Dieser Betrachtungsweise liegt jedoch eine Annahme zugrunde, die keineswegs selbstverständlich ist: Man vermutet nämlich, daß ähnliche Lebensbedingungen immer zu vergleichbaren kulturellen Ausprägungen führen müssen. Die Kultur wird also als eine Art Instrument angesehen, welches die Menschen einsetzen, um mit ihrer natürlichen Umwelt zurechtzukommen.

Grundsätzlich liegt hierin die Gefahr eines Zirkelschlusses: Die Adaptivität einer Kultur wird bereits vorausgesetzt, so daß es wenig wundert, wie angepaßt einzelne kulturelle Züge dann erscheinen. Zweifellos muß jede Kultur ein adaptives Minimum aufweisen, wenn ihre Mitglieder überleben sollen, so daß funktionalistisch-adaptive Argumente nicht ganz abwegig sind, doch lehrt die Betrachtung von Gesellschaften, über die man mehr Material besitzt, daß für bestimmte »Aufgaben« eine Vielzahl unterschiedlicher »Lösungen« denkbar ist. Unabweisbar ist schließlich die Erfahrung, daß Kulturen Praktiken entwickeln können, die ihrer »Anpassung« an die Umwelt eher im Wege stehen und in diesem Sinne selbstdestruktiv sind.[10] Gegen den Wert von Parallelisierungen primitiver und rezenter Kulturen gibt es daher eine Reihe gravierender Einwände, von denen einige erwähnt werden sollen.

- Alle von Anthropologen beobachteten Jäger- und Sammlergesellschaften leben in marginalen Gebieten (Wüste, Arktis, tropischer Regenwald), die für Landwirtschaft und Viehzucht untauglich sind. Vermutlich sind sie von Ackerbaugesellschaften dorthin abgedrängt worden. Paläolithische Jäger- und Sammlergesellschaften bevorzugten dagegen Steppen und Waldgebiete und jagten große Pflanzenfresser. Unter heutigen Jäger- und Sammlergesellschaften finden sich jedoch keine Großwildjäger mehr.
- Alle rezenten Jäger- und Sammlergesellschaften stehen in Kontakt mit komplexen und großen Gesellschaften, werden von ihnen mit Krankheitserregern infiziert, erhalten aber auch medizinische Versorgung. Damit wird die epidemiologische Situation dieser Gesellschaften stark verzerrt.
- Es ist nicht von vornherein sinnvoll, rezente Gesellschaften als eine Art lebender Fossilien der kulturellen Evolution anzusehen, denn dies würde voraussetzen, daß die kulturelle Evolution vollständig irreversibel ist und eine eindeutige Richtung besitzt. Es ist jedoch nicht auszuschließen, daß diese Gesellschaften eine eigene kulturelle Evolution durchlaufen haben, wodurch sie sich von ihrem pleistozänen Ursprung entfernt haben. Angesichts von mittlerweile über 10 000 Jahren Landwirtschaft sind auch Regressionen möglich. Die Maori auf Neuseeland etwa haben in den letzten tausend Jahren (angesichts des Überflusses an Ressourcen in ihrem neu besiedelten Lebensraum) die bäuerliche Lebensweise zugunsten des Daseins als Jäger und Sammler wieder aufgegeben, dabei jedoch Elemente der älteren Sozialorganisation beibehalten.
- Der Haupteinwand lautet schließlich, daß sämtliche rezenten

Jäger- und Sammlergesellschaften in Kontakt mit anderen Gesellschaften stehen, von denen sie Waffen, Werkzeug sowie Materialien aller Art erhalten und von denen Informationen zu ihnen fließen. Oft stehen sie in Austauschbeziehungen mit ihnen und besetzen Nischen als Spezialisten für bestimmte Aufgaben. Sie tauschen häufig schon seit Jahrhunderten Jagdbeute (aber auch bestimmte seltene »Luxusgüter« wie Elfenbein, Pelze, Schlangenhäute) gegen Getreide. Jäger- und Sammlergesellschaften in Afrika hätten in dieser Sicht eine ähnliche Funktion wie etwa Pilzsucher in unserer Gesellschaft, die ja ebenfalls als »Sammler« anzusehen sind. In Sri Lanka gab es eine Gruppe von Jägern und Sammlern, die über hundert Jahre lang die Rolle der Primitiven für Touristen gespielt hat. Ähnliches gilt heute für die Yanomami-Indianer im Amazonas, die vor allem von westlichen Kamerateams leben und sich nicht mehr stark von Indianern in Reservaten der USA unterscheiden. Insofern können sie als bloße Differenzierungsprodukte komplexer Gesellschaften angesehen werden, als soziale Subgruppen, nicht aber als selbständige Gesellschaften.

Dauerhafter, länger anhaltender Kontakt mag Auswirkungen auf das Selbst- wie Fremdbild von Jäger- und Sammlergesellschaften haben, das als Negativfolie zur Agrargesellschaft konstruiert wird. Man kann dies am Beispiel des Verhältnisses von Zigeunern zur bäuerlichen Gesellschaft im neuzeitlichen Europa verdeutlichen: Für die »seßhaften Eigentümer« sind die »stehlenden Nomaden« ein exaktes komplementäres Spiegelbild, in positiver wie auch negativer Hinsicht. Sie werden um ihr ungebundenes und »lustiges« Leben beneidet; zugleich fürchtet man sie als Diebe und verachtet sie als Faulpelze. Ähnliche Zuschreibungen nehmen auch afrikanische Ackerbauern gegenüber ihren Nachbarn vor, die als Wildbeuter leben.
Um die Grenzen der naturalen Spielräume, die dem Handeln

von Jäger- und Sammlergesellschaften gesetzt waren, besser zu verstehen, soll zunächst auf die Merkmale des Energiesystems näher eingegangen werden, das die Rahmenbedingungen für seine kulturellen und »ökonomischen« Aktivitäten definierte. Die Geschichte der Energienutzung bildet eine untergründige Strukturgeschichte des Verhältnisses menschlicher Gesellschaften zu ihrer natürlichen Umwelt. Auf sie wird immer wieder zurückzukehren sein.

Grundsätzlich kann die Biosphäre der Erde als ein großes Solarenergiesystem verstanden werden. Die mit Abstand bedeutendste Energiequelle bildet die Sonne. In den von ihr ausgehenden Energiefluß schalten sich die einzelnen Spezies je nach den Grundmerkmalen ihres Stoffwechsels ein. Man unterscheidet hierbei autotrophe von heterotrophen Organismen: Die autotrophen Pflanzen synthetisieren und erhalten ihre Biomasse, indem sie sich photosynthetisch direkt der Sonnenenergie bedienen, während heterotrophe Organismen energetisch von der Oxidation pflanzlicher oder tierischer Biomasse leben. Die Sonnenenergie wird also in den Pflanzen direkt gespeichert, während die Tiere davon leben, daß sie diesen Speicher anzapfen, indem sie Pflanzen (oder andere Tiere) verzehren. Die Gesamtmenge der von allen Organismen umgesetzten Energie ist daher innerhalb eines bestimmten Zeitraums von der Gesamtmenge der Energie abhängig, die Pflanzen photosynthetisch speichern.

Das Energiesystem paläolithischer Jäger- und Sammlergesellschaften unterscheidet sich nicht grundsätzlich von dem Energiesystem anderer Primatenpopulationen. Es handelt sich um ein Solarenergiesystem auf der Basis unkontrollierter Biokonverter. Man nutzt Pflanzen und Tiere im wesentlichen für Nahrungszwecke, ohne sich in größerem Maße darum zu kümmern, ob und wie weit deren Lebensbedingungen aufrechterhalten werden. Dies bedeutet, daß diese Gesellschaften sich in natürliche Energieflüsse einschalten, diese jedoch nur geringfügig modifizieren können. Auch ist die Nutzung von Biomasse im großen und ganzen mit deren Neubildung synchronisiert, das heißt, die Menschen können kaum auf größere Energievorräte zurückgreifen. Damit ist die Menge der insgesamt verfügbaren Energie aber stark beschränkt, was der Bevölkerungsgröße, aber auch der direkten Wirkung auf die natürliche Umwelt und damit auf die Landschaft enge Grenzen setzt.

Wie alle Primaten verzehren die Menschen sowohl pflanzliche als auch tierische Nahrung. Allesfresser bedienen sich eines sehr großen Nahrungsspektrums; sie können, müssen aber auch vielfältige Nahrung zu sich nehmen, damit keine Mangelerscheinungen auftreten. Ihre Bevölkerungsdichte ist notwendigerweise geringer als die von reinen Pflanzenfressern, nicht zuletzt deshalb, weil sie die am häufigsten verfügbare pflanzliche Nahrung, die Zellulose, wie sie etwa in Gräsern vorkommt, nicht verdauen können.

Über die Bedingungen der Großwildjagd, wie sie in Eurasien während der letzten Eiszeit bis vor etwa 12 000 Jahren verbreitet war, weiß man sehr wenig. Unter energetischem Gesichtspunkt ist zu vermuten, daß sie nach dem Maßstab von Kalorienertrag pro Arbeitsstunde effizienter als andere Jagdformen war. Offenbar konnte aber bereits hier ein Gegensatz von »ökologischer« und »ökonomischer« Energieeffizienz auftreten: Der ökologisch-energetische Wirkungsgrad ist beim Verzehr von Pflanzen höher, als wenn man sich rein tierischer Nahrung bedient, da bei der Verwandlung von pflanzlicher in tierische Biomasse ein energetischer Verlust von etwa 80% stattfindet. Andererseits ist der ökonomisch-energetische Ertrag (als Relation von Arbeits-Input und Ertrags-Output) bei der Großwildjagd höher als beim Sammeln von Pflanzen. Die Jäger waren also nicht in dem Sinne »ökologisch« orientiert, daß sie ihr Verhalten auf den Energiefluß des gesamten Systems ausrichteten, sondern sie konnten durchaus zur »Verschwendung« fähig sein.

Technischer Fortschritt im Sinne von energetischen Wirkungsgradverbesserungen spielt bei der Großwildjagd, anders als bei der Landwirtschaft, praktisch keine Rolle. So steigert eine metallene Speerspitze kaum den Jagderfolg, während eine Eisensichel deutlich wirkungsvoller ist als eine Feuersteinsichel. Auf jeden Fall ist die Energieeffizienz bei der Großwildjagd weitaus größer als bei der Landwirtschaft, jedenfalls solange es jagdbares Großwild gibt. Wenn die Nahrungsgrundlage nicht (wie in der Landwirtschaft) aktiv kontrolliert wird, sondern man nur solche Ressourcen abschöpft, die sich von selbst anbieten, so führt technischer Fortschritt lediglich dazu, daß ein gegebener Bestand sich rascher erschöpft. Dies mag eine Ursache dafür sein, daß über lange Zeiträume hinweg kaum Innovationen stattfanden: Sie wären im Grunde selbstdestruktiv gewesen und wurden daher evolutionär nicht prämiert.

Energetischer Ertrag unterschiedlicher Produktionsweisen
(Kilojoule pro Arbeitsstunde)[11]

Großwildjagd (günstige Umwelt)	40 000 - 60 000
Großwildjagd (dürftige Umwelt)	1 000 - 25 000
Nüssesammeln	20 000 - 25 000
Kleinwildjagd	4 000 - 6 000
Erntewirtschaft	3 000 - 4 500
Muschelnsammeln	4 000 - 8 000
bäuerliche Landwirtschaft	12 000 - 20 000

Aus dieser Tabelle wird ersichtlich, daß die Jagd auf Großwild mit dem primitiven Speer energetisch effizienter war als die Jagd auf Kleinwild mit der fortgeschrittenen Technik von Pfeil und Bogen. Der energetische Ertrag beim Übergang von der Großwildjagd zur Kleinwildjagd (Kleintiere, Vögel, Fische) ist zunächst deutlich gesunken, im Übergang zur Landwirtschaft aber wieder gestiegen. In universalgeschichtlicher Perspektive bedeutet dies, daß die neolithische Revolution, also die Entwicklung der Landwirtschaft nach dem Ende der letzten Eiszeit, gegenüber dem vorangegangenen Stadium der Kleinwildjagd eine Verbesserung der energetischen Effizienz gebracht hat, nicht aber gegenüber der paläolithischen Großwildjagd. Primitive menschliche Gesellschaften unterscheiden sich in energetischer Hinsicht von Primatengruppen dadurch, daß sie in der Lage sind, gezielt das Feuer zu nutzen, also pflanzliche Biomasse beschleunigt zu oxidieren. Feuer wird von ihnen für mehrere Zwecke eingesetzt: zur chemischen Umwandlung, Konservierung und Desinfizierung pflanzlicher und tierischer Nahrung, zur Beheizung von Höhlen oder Hütten, zur Abschreckung von Raubtieren und schließlich als Mittel zur Jagd. Nur letzteres hatte eine größere ökologische Bedeutung: Wurden zum Zweck der Jagd Flächenbrände angelegt, verdrängte dies nicht nur Bäume nachhaltig zugunsten von Gräsern und Büschen, sondern konnte in Extremfällen auch zur Überjagung von Wild führen, wenn Herden in Panik versetzt und in Abgründe gestürzt wurden, so daß die Tiere in großen Mengen verendeten.

Fleischfresser haben einen weitaus größeren Flächenbedarf als Pflanzenfresser. Je niedriger die trophische Ebene ist, auf welcher sich ein Organismus befindet, desto kleiner kann die Fläche sein, von der er seine Nahrung bezieht. Gesellschaften von Großwildjägern sind in der Regel geographisch mobil und müssen dies auch sein, da sie an der Spitze der Nahrungspyramide stehen und deshalb einen sehr großen Lebensraum benötigen. Dies kann die folgende Tabelle verdeutlichen:

Bevölkerungsdichte unterschiedlicher Jäger- und Sammlergesellschaften (Personen/km^2)[12]

- Buschmänner in der Kalahari   0,1
- Aborigines in Australien   0,05 - 0,1
- Prärie-Indianer in Nordamerika   0,04 - 0,05
- Paläolithisches Frankreich   0,02

Die Mobilität dieser Gesellschaften wird ihnen von der Lebensform diktiert. Seßhaftigkeit kommt bei Jägern und Sammlern nur in Ausnahmefällen vor, wenn es etwa gelingt, sich stationär in einen Fluß von Ressourcen einzuschalten, also zum Beispiel durchziehende Herden oder wandernde Fische zu bejagen. Die Mobilität löst aber auch eine Anzahl von Problemen. Wenn eine Gruppe zu groß wird, teilt sie sich. Wenn es Konflikte gibt, verläßt man die Gruppe. Ähnliches gilt dann auch für den Umgang mit Umweltproblemen: Wenn es im Lager zu schmutzig wird, wenn die Abfälle und Fäkalien zu stinken beginnen, wenn die Hütten voller Ungeziefer sind, wenn ein Wasserloch verseucht ist, wenn Krankheiten oder unerklärliche Todesfälle auftreten, dann verläßt man den unfreundlichen Ort und zieht weiter.

In der Literatur wurden diese primitiven Gesellschaften häufig als eine Form von egalitärem Urkommunismus idealisiert, doch sieht man heute wieder stärker die Kehrseite: Man stelle sich Kernfamilien mit zwei bis drei Kindern vor, die sich zu Gruppen von maximal 50 Personen zusammenschließen. Natürlich gibt es innerhalb dieser Gruppen große Unterschiede zwischen den einzelnen Personen, was zur Durchsetzung und Dominanz von überlegenen Individuen führen kann. Besonders flinke oder kräftige Jäger, besonders kluge und durchsetzungsfähige Frauen oder besonders tüchtige Alte mit großem Wissen und Überzeugungsgabe werden innerhalb der Gruppe eine wichtigere Rolle spielen als schwächliche oder dumpfe Gestalten. Eine stabile Herrschaft kann aus einem solchen temporären Führertum jedoch nicht hervorgehen. Es bleibt an permanenten Konsens gebunden, der jederzeit auf einfache Weise gekündigt werden kann: Wird der Führer zu unverschämt, will er gar Zwang ausüben, so verläßt man die Gruppe und schließt sich einer anderen an.

So schön dies für einen Betrachter klingen mag, der in einer hochreglementierten zivilisierten Gesellschaft lebt, so wenig sollte man die Nachteile übersehen: Die egalitäre, nicht hierarchisch gegliederte Gesellschaft ist für ihre schwachen Mitglieder höchst problematisch. Elternlose Kinder, Kranke, Krüppel, Alte werden häufig sich selbst überlassen, ausgesetzt oder getötet, da es keine Institutionen gibt (wie etwa die Sippen der bäuerlichen Gesellschaft, die Kirchen oder Gemeinden der agrarischen Zivilisationen oder den Sozialstaat der Industriegesellschaft), die sich um sie kümmern könnten. Die Instabilität der egalitären Gesellschaft läßt keine spezifische Gruppensolidarität aufkommen: Man verläßt die Gruppe nicht nur, um Zwang und Ärger, sondern auch, um eventuellen Verpflichtungen zu entgehen. Es handelt sich bei diesen »urkommunistischen« Gesellschaften also um egalitäre Demokratien gesunder Erwachsener, die aus der Perspektive der Schwachen wenig attraktiv erscheinen. Ein typischer *trade-off*: Egalität und Freiheit sind mit einer solidarischen Versicherung gegen Lebensrisiken nicht vereinbar.

Das extreme Mobilitätsverhalten hat weitreichende Konsequenzen für die Struktur dieser Gesellschaften. Lokalgruppen (*bands*, Horden) mit einem Umfang von 30 bis 50 Personen können sich auflösen oder neu bilden, mit einem hohen Maß an Wechsel untereinander. Diese Fluktuation von Personen und Kommunikationen verhindert vermutlich die Ausbildung fest umrissener, stabiler Kulturkomplexe. Es finden einfach zu wenige, zu kurze und zu instabile Kommunikationsprozesse statt, die Rekursionen sind also zu gering, als daß sich eine wirkliche Tradition im Sinne eines kulturellen Stils ausbilden und verfestigen könnte. Ein Ergebnis davon mag sein, daß die Werkzeuge hochmobiler paläolithischer Gruppen stilistisch sehr diffus wirken und sich von Fundstätte zu Fundstätte nicht so stark unterscheiden, wie dies bei späteren, stabileren oder gar seßhaften Gruppen der Fall ist.[13]

Aus evolutionstheoretischer Sicht ist dies durchaus einleuchtend: Mobilität und permanente Umgruppierung der Elemente verhindert die Ausdifferenzierung und Stabilisierung komplexer kultureller Muster, da die Kommunikationen permanent abgebrochen werden, so daß es nur ansatzweise zu einer Verfestigung und Objektivierung der Kultur kommen kann. Offensichtlich gilt dies für die (den Archäologen allein zugängliche) materielle Kultur, die sich kaum zu distinkten Stilen verfestigt hat. Es wäre interessant zu wissen, ob Vergleichbares auch für die symbolische Kultur gegolten hat: Unterschiedliche Sprachen haben sich ja offensichtlich stabilisiert; es fragt sich dann, wie eine Kultur beschaffen ist, in der ein so hohes Maß an Kontingenz herrscht, wie dies bei permanentem Wechsel der Gruppenmitglieder zu erwarten ist.

In sozialer Hinsicht dürfte das Ergebnis eindeutig sein: Hohe Mobilität bei einfachster Struktur verhindert soziale Differenzierung oder gar hierarchische Schichtung. Eine solche Gesellschaft bleibt egalitär, bei geringer Größe, geringer Komplexität, aber wohl auch geringem Problemlösungspotential. Die Informationsmenge, auf deren Verarbeitung sich eine Kultur gründen kann, ist immer an die Größe des Mediums gebunden, in welchem diese Informationen gespeichert werden. Bei primitiven Gesellschaften ohne Schrift sind die aktuell kommunizierenden Individuen aber das einzige Speichermedium, so daß eine kleine, fragile Gesellschaft nur über einen geringen permanenten Informationsbestand verfügt. Viel Wissen kann durch Vergessen oder individuellen Tod wieder untergehen. Auch die Objektivierung einer Tradition wird stark gehemmt. Wann immer sich Ansätze zu einer Struktur ausbilden, können Dissidenten die Gruppe verlassen, das System braucht also keine Fähigkeit zur Integration heterogener Elemente zu entwickeln. Dies erklärt dann aber auch seine evolutionäre Trägheit: Wenn das Element der Isolation und der Verstetigung fehlt, kann sich kein neues Muster verfestigen, sondern es wird immer wieder von kontingentem »Rauschen« verwischt. Gedanken, Stile, Verhaltensweisen entstehen und verschwinden wieder in raschem Wechsel, ohne daß sich stabile Kulturformen ausbilden können. Dies könnte ein Grund für die lange Periode der »Geschichtslosigkeit« sein, in welcher paläolithische Jäger- und Sammlergesellschaften lebten: Soziale Mobilität und Fluktuation machten jede kulturelle Kristallisation sehr schwer, wenn nicht unmöglich.

Allerdings gibt es auch ein gegenläufiges Element: Wenn natürliche Unterschiede, vor allem zwischen Altersgruppen oder den Geschlechtern, kulturell verstärkt und ihren Trägern jeweils unterschiedliche soziale oder auch technische Funktionen zugeschrieben werden, so entsteht eine künstliche Trennung zwischen einzelnen gesellschaftlichen Positionen. Arbeitsteilung kann daher aus rein kulturellen Gründen entstehen, sie ist nicht unbedingt Ausdruck einer besser gelungenen Anpassung an äußere Umweltbedingungen. So liegt es zunächst nahe, daß Frauen, die schwanger sind oder Kinder stillen, vor allem leichte, einen geringen körperlichen Aufwand erfordernde Aufgaben übernehmen. Sie sammeln also Nüsse und Beeren und bereiten die Nahrung zu, während die Männer sich der aufwendigeren und gefährlicheren Jagd widmen. Nichts spräche allerdings von der rein technisch-adaptiven Seite dagegen, wenn eine gesunde, kinderlose Frau ebenfalls auf die Jagd ginge. Wenn eine Gesellschaft dies jedoch untersagt und der Frau eine stabile Rolle als Sammlerin und Köchin zuweist, so kann dies als kulturelle Strategie einer künstlichen Trennung innerhalb der Gesellschaft verstanden werden, aus welcher ein Zwang zur sekundären Gemeinschaftsbildung folgt. Wenn ein Mann nicht kochen und eine Frau nicht jagen darf und folglich auch nicht kann, so ist ein Individuum in einer solchen Gesellschaft nicht mehr in der Lage, selbständig zu leben. Jeder ist gewissermaßen kulturell halbiert (oder noch stärker segmentiert) worden, woraus ein Zwang zur sozialen Re-Integration folgt.

Eine solche »künstliche«, das heißt nichtadaptive, nicht von der Umwelt oder der »Produktionsweise« begünstigte soziale Trennung erhöht also den sozialen Zusammenhalt. Ihre Ausbildung kann als evolutionäre Strategie zur Integration einer Kultur bzw. Gesellschaft verstanden werden, die sonst zu diffus bliebe, um eine tradierbare Identität auszubilden. Als eine spezifische »Kultur« kann dann eine Einheit verstanden werden, der es gelungen ist, solch eine Leistung der primären Differenzierung und der sekundären Re-Integration zu erbringen, und zwar auch dann, wenn eine solche Dialektik von Teilung der Arbeit und Vereinigung der Arbeiten gerade nicht von den materiellen Daseinsbedingungen gefordert wird. Aus dieser Perspektive hätte sich die Kultur also selbst erzeugt: Sie produziert Trennungen, die sie durch spezifische Syntheseleistungen wieder rückgängig machen kann. Dies hat jedoch den Nebeneffekt, daß sie sich selbst jenseits adaptiver Anforderungen objektiviert und verstetigt.

Die Praxis einer Abspaltung von der Gruppe beim Auftreten von Problemen aller Art erklärt andererseits die sukzessive Ausbreitung von Jäger- und Sammlergesellschaften über die ganze Erde bis zur Besiedlung marginaler Gebiete wie den Wüsten, dem ewigen Eis oder den Hochgebirgen. Nur die Inseln Ozeaniens konnten erst von Agrargesellschaften besiedelt werden, da sie für die Wirtschaftsweise von Jäger- und Sammlergesellschaften zu klein waren und weil sie ohne Boot nicht erreicht werden konnten.

Der Normalfall von räumlich stabil lebenden paläolithischen Jäger- und Sammlergesellschaften ist daher wohl die Existenz einer Vielzahl kleiner Kulturen, die eine gemeinsame Sprache besitzen und (durch Umweltselektion, genetische Drift und Endogamie vermittelt) dazu tendieren, sich zu unterschiedlichen anthropologischen Typen auszubilden. In Neuguinea gab es bis vor kurzem etwa tausend verschiedene Kulturen, mit tausend verschiedenen Sprachen, die sogar unterschiedlichen Sprachfamilien angehörten. Einzelne Sprachgemeinschaften in Neuguinea umfassen oft nur wenige tausend Personen, sie leben auf kleinen Gebieten von etwa 100 km². Diese Isolation drückt sich in der verbreiteten Fremdenfeindlichkeit und in geringer raumgreifenden Mobilität aus, wodurch kaum Informationen zwischen den Einheiten ausgetauscht werden. Im agrarisch-hochkulturell geprägten Europa gab es dagegen nur etwa fünfzig Sprachen, die fast alle der gleichen indoeuropäischen Sprachfamilie angehören!

Diese (angenommene) anarchische und amorphe Struktur paläolithischer Jäger- und Sammlergesellschaften setzt vermutlich voraus, daß es in ihrer Umgebung ausschließlich solche Gesellschaften gibt. Wenn Jäger- und Sammlergesellschaften dagegen in der Nähe von Agrargesellschaften leben, könnte diese Konfrontation die Bildung einer eigenen selbstbewußten Identität, in Abgrenzung zu der eine solche Identität besitzenden Nachbargesellschaft, erforderlich machen. Wenn dies aber so wäre, würde eine Parallelisierung rezenter und paläolithischer Gesellschaften völlig unmöglich, da letztere zu einer solchen Abgrenzung nicht gezwungen waren.

Zum besseren Verständnis der Züge von Jäger- und Sammlergesellschaften ist es sinnvoll, etwas näher auf eine konkrete Gesellschaft einzugehen. Es sind dies die Buschmänner der !Kung San in der Kalahari, die seit den fünfziger Jahren sehr intensiv untersucht worden sind und deren Lebensweise vor allem in den siebziger Jahren zum festen Bestand der Ökofolklore geworden ist.[14] Die San-Buschmänner umfaßten in den fünfziger Jahren etwa 53 000 Personen, von denen die meisten bereits in engem Kontakt mit der Zivilisation bzw. mit benachbarten Agrargesellschaften standen. Um die Jahrhundertwende lebten sie noch zu 60% als Jäger und Sammler, 1976 waren es höchstens noch 5%. Der Kontakt mit anderen Gesellschaften reicht weit zurück; er ist nicht erst ein Ergebnis europäischen Einflusses.

Die Ergebnisse der Forschungen von Richard Lee zu den !Kung San, die weiter unten dargestellt werden sollen, sind aus diesen Gründen als bloße »romantische« Konstruktionen kritisiert worden.[15] Der Haupteinwand lautet: Die Buschmänner hätten den Anthropologen die Rolle der »edlen Wilden« nur vorgespielt, weil sie wußten, daß so etwas gut ankommt und mit Geschenken belohnt wird. Dem wurde das Argument entgegengehalten, daß es sich dann zumindest um ein gutes Beispiel experimenteller Archäologie handelte.[16] Auch wenn die !Kung San nicht wirklich »primitiv« seien, habe es sich doch um ein »kontrolliertes Experiment« mit »erfahrenen Darstellern« gehandelt, das unabhängig von der Authentizität von heuristischem Wert sei. Auch wenn die Aura des Ursprungs verschwunden ist, bleibt dennoch ein Stück Wissen um adaptive Bedingungen.

Sofern man aus der Untersuchung heute noch existierender Jäger- und Sammlergesellschaften Rückschlüsse auf primitive Gesellschaften ziehen kann, waren sie, was die Qualität der Nahrung (Proteine, Vitamine, Mineralien) betrifft, gut ernährt, doch lagen sie hinsichtlich der Energieversorgung eher an der Knappheitsgrenze. Üblich sind bei heutigen Wildbeutergesellschaften 8 000 Kilojoule pro Tag und Person, was zwar über dem Niveau der traditionellen Agrargesellschaften liegt, aber weit unter dem der Industrieländer. Der Grund hierfür ist, daß stark energiehaltige Nahrung, vor allem Zucker und tierische Fette, knapp ist. Muskelfleisch von Großwild in Afrika hat einen Fettgehalt von nur 4%, während er bei modernen Nutztieren 25 bis 30% beträgt.

Allerdings ist die Jagdeffizienz rezenter Wildbeuter wie der !Kung San wegen des Mangels an Großwild in der Kalahari-Wüste relativ gering. Dies bedeutet aber, daß die kalorische Effizienz bei paläolithischen Jäger- und Sammlergesellschaften höher gelegen haben könnte. Der Nahrungsenergiebedarf dürfte zu etwa einem Drittel durch Fleisch und zu etwa zwei Dritteln durch Pflanzen gedeckt worden sein. Die !Kung San, von deren Ernährungsgewohnheiten diese Werte abgeleitet wurden, verfügen über ein ungewöhnlich großes Nahrungsspektrum.

Die Frauen sammeln bis zu hundert unterschiedliche Wurzel- und Knollenarten und entfernen sich dabei nicht sehr weit vom variablen Lager. Ihre Aufgabe ist recht risikoarm, führt zu einem sicheren, stabilen Ertrag, doch ist sie mit nur geringem Prestige verbunden. Sie wenden für die Nahrungsbeschaffung und Zubereitung nicht mehr als zwei bis drei Tage in der Woche auf. Nahrungsreserven werden nicht angelegt, so daß auch keine Methoden zur Konservierung entwickelt werden müssen, denn Sammelgut, vor allem Nüsse, ist immer leicht verfügbar.

Die Jagd auf insgesamt 54 unterschiedliche eßbare Tierarten ist dagegen ausschließlich Domäne der Männer. Da man fleischliche Nahrung bevorzugt, ist mit ihrer Beschaffung ein höheres soziales Ansehen verbunden. Dagegen ist der Jagderfolg nicht immer gesichert. Auch die Jäger verbringen etwa zwei bis drei Tage in der Woche mit der Jagd, so daß der zeitliche Aufwand für beide Aktivitäten, Jagen und Sammeln, etwa gleich groß ist.

Es war diese Beobachtung, die den Anthropologen Marshal Sahlins dazu brachte, die auf Steinzeitniveau lebende Gesellschaft als »ursprüngliche Überflußgesellschaft« zu bezeichnen.[17] Die Menschen waren ausreichend ernährt, sie waren recht gesund, vor allem aber besaßen sie einen Überschuß an dem, was sie am höchsten bewerteten – freie Zeit für Muße und Spiel. In einer Zeit des postmaterialistischen Wertewandels konnte hier also ein natürliches Vorbild entdeckt werden: der edle Wilde als Aussteigeridol.

Dem Verhalten der !Kung San konnte man allerdings auch eine funktionale Bedeutung zuschreiben[18]: Die systematische Unternutzung von Ressourcen, die sich kulturell als »Mußepräferenz« zeigte, war Ausdruck dessen, daß diese Gesellschaften nicht versuchten, ihren Ressourcenfluß aktiv zu kontrollieren. Statt dessen waren sie bestrebt, sich auf die zu erwartenden Fluktuationen des natürlichen Ressourcenflusses einzustellen, indem sie gewissermaßen einen Sicherheitsabstand zu einem möglichen Versorgungsminimum einhielten. Da der gewöhnlich zu erwartende Fluß der Ressourcen aber weit oberhalb dieses recht seltenen Minimums liegt, lebten sie normalerweise im materiellen Überfluß, der sich für sie in Form von viel frei verfügbarer Zeit ausdrückte.

Eine Steigerung der Jagd- bzw. Sammelzeit mit dem Ziel der Reichtumsvermehrung hätte dagegen die (unkontrollierte) Ressourcenbasis gefährdet: Es hätte entweder zur Überjagung oder zum Bevölkerungswachstum kommen können. Sofern man aber nicht in der Lage (oder willens) war, durch erhöhten Arbeitsaufwand die Ressourcenbasis selbst zu erweitern oder zu verstetigen, hätte eine solche Praxis immer wieder zu Knappheitssituationen mit erhöhter Sterblichkeit führen müssen. Sie wurde daher im Rahmen des gegebenen Systems kulturell nicht begünstigt.

Eine grundlegende Bedingung dafür, daß sich solch ein Verhalten über längere Zeiträume hinweg stabilisieren konnte, war allerdings eine kulturelle Kontrolle der Bevölkerungsgröße. Das Bevölkerungswachstum wurde in einer solchen Situation des primitiven Luxus ja gerade nicht durch eine erhöhte Sterblichkeit wegen der Knappheit von Ressourcen beschränkt. Wenn die Menschen nicht am Rande des Hungertodes lebten, mußten sie ihre Fruchtbarkeit durch aktives Verhalten selbst steuern. Hierzu wurden unterschiedliche Methoden entwickelt, die man auch in anderen primitiven Gesellschaften beobachten konnte.

Eine wichtige Rolle spielt das sogenannte *Child spacing*, wobei der Abstand zwischen den Geburten auf etwa vier Jahre verlängert wird. Diese Praxis hängt zunächst mit der mobilen Lebenssituation zusammen: Die Frauen sind nicht in der Lage, auf der Wanderung mehr als ein Kind mit sich zu tragen. Eine weitere Geburt kommt also nur in Frage, wenn das jüngste Kind auf eigenen Beinen die Gruppe begleiten kann. Aus diesem Grund wird die Mutter versuchen, eine neue Schwangerschaft so lange zu verzögern, bis das letzte Kind alt genug ist, selbständig gehen zu können. Als eine indirekte Methode zur Empfängniskontrolle wird häufig eine Verlängerung der Stillperiode genannt, denn solange eine Frau ihr Kind stillt, wird die Ovulation gehemmt. Ein Grund für dieses verlängerte Stillen mag darin liegen, daß Jäger- und Sammlergesellschaften außer Muttermilch eigentlich keine Kleinkindernahrung anbieten können. Ohne Keramikgefäße können sie nicht richtig kochen, also Pflanzen zu Brei denaturieren und sterilisieren. Auch haben sie keine domestizierten Tiere (Schafe, Rinder), die sie melken könnten.

Während der Schwangerschaft benötigt eine Frau 1000 bis 1200 Kilojoule zusätzliche Nahrung am Tag, während des Stillens sogar 2000 Kilojoule, wobei nur kurzfristig auf im Körper eingelagerte Fettreserven zurückgegriffen werden kann. Unterschreiten diese ein bestimmtes Minimum, so kommt es nicht zur Ovulation oder das befruchtete Ei wird abgestoßen. Vermutlich war die natürliche Fruchtbarkeit der Frauen wegen des chronischen Fettmangels, der in Jäger- und Sammlergesellschaften grassierte, herabgesetzt. Man findet unter Angehörigen von Jäger- und Sammlergesellschaften generell keine Fettleibigkeit; dies kann aber auch bedeuten, daß hier ein Engpaß für eine erfolgreiche Schwangerschaft lag. Erst mit der Domestikation von Tieren hat der Fettgehalt des Fleisches zugenommen. Wenn man ausschließlich Fleisch wildlebender Tiere ißt, so nimmt man zwar viel Eiweiß, aber wenig Fett zu sich, wodurch die Fettverfügung und Fettspeicherung im Körper problematisch werden kann.

Ein weiterer Grund mag sein, daß Muskelaktivitäten die Ausschüttung des Hormons Prolaktin begünstigen, wodurch die Ovulation unterdrückt wird. Auch während der Stillperiode wird Prolaktin ausgestoßen, vor allem, wenn die Milch in kurzen Abständen gesäugt wird. Physischer Streß in Verbindung mit verlängertem Stillen kann daher zur Unfruchtbarkeit führen, auch ohne daß diese kulturell gewünscht oder begünstigt würde.

Trotz dieser die Fruchtbarkeit reduzierenden Praktiken wurde für die !Kung San eine Wachstumsrate der Bevölkerung von 0,1 % Personen im Jahr errechnet. Diese Zahl klingt auf den ersten Blick so geringfügig, daß man glauben könnte, sie sei zu vernachlässigen. Dabei darf man aber nicht übersehen, daß sich bei dieser Rate nach 10 000 Jahren immerhin ein Zuwachsfaktor von 18 000 ergibt. Die etwa 53 000 heute lebenden Buschmänner würden innerhalb der nächsten zehntausend Jahre auf etwa eine

Milliarde Personen anwachsen, oder, umgekehrt betrachtet, sie wären die Nachkommen von lediglich drei Ahnen, die vor zehntausend Jahren gelebt haben! Man sollte, nebenbei bemerkt, bei solch kleinen Zahlen generell auf die Angabe von prozentualen Wachstumsraten verzichten, denn eine Gruppe von 25 Personen kann überhaupt nicht um weniger als 4%, nämlich um eine Person, wachsen!

Ein weiteres Mittel zur Bevölkerungskontrolle dürfte die geschlechtsspezifische Kindstötung gewesen sein. Einige Anthropologen vermuten, daß im Paläolithikum bis zu 50% der Mädchen getötet wurden.[19] Auch unter rezenten Jäger- und Sammlergesellschaften beträgt das Verhältnis zwischen weiblichem und männlichem Nachwuchs bis 1:3, während rein biologisch ein Verhältnis von etwa 1:1 zu erwarten wäre. Offenbar sind junge Mädchen einer höheren Sterblichkeit ausgesetzt, was funktional die Bedeutung einer aktiven Fertilitätskontrolle haben kann. Was dies bedeutet, kann an einem einfachen Beispiel erläutert werden.

Angenommen, die natürliche Fruchtbarkeit einer Frau betrage unter der Bedingung des *Child spacing* sechs Kinder, so ist zu erwarten, daß es sich durchschnittlich um drei Jungen und drei Mädchen handelt. Wenn alle drei Mädchen wiederum jeweils sechs Kinder bekämen, wäre die Gruppe in der übernächsten Generation auf achtzehn Mitglieder, also um den Faktor neun, gestiegen. Wenn dagegen von den drei Mädchen nur eines überlebt, umfaßt die Folgegeneration zwar vier Menschen, doch ist davon nur das eine Mädchen in der Lage, wiederum Kinder zu gebären, das heißt, die fruchtbare Bevölkerung ist konstant geblieben. Eine erhöhte Sterblichkeit des weiblichen Nachwuchses wäre damit der »eleganteste« Weg zur Stabilisierung der Bevölkerungsgröße. Darüber hinaus hätte die jeweilige Gruppe den Vorteil, einen Überschuß an Männern zu besitzen, die sich nicht reproduzieren. Das steigert die Macht und Effizienz der Gruppe, ohne zum Wachstum zu führen.

In diesem Zusammenhang wurde die These aufgestellt, daß

die weitverbreitete kulturelle Erscheinung der »männlichen Überlegenheit« mit der Bevölkerungsbeschränkung funktional zu erklären ist: Wenn wie bei den Yanomami am Orinoco aus Prestigegründen häufig Krieg geführt wird, stehen junge Krieger sozial hoch im Kurs. In den einzelnen Familien wird daher der männliche Nachwuchs besser als der weibliche behandelt und besitzt somit eine höhere Überlebenschance. In diesem Sinne wäre Krieg also funktional zur Bevölkerungskontrolle – nicht so sehr wegen der damit verbundenen Gefahren für Leib und Leben, sondern wegen der Neigung zur selektiven Kindstötung.[20]

In der Tat lassen sich in primitiven (aber auch in manchen bäuerlichen) Gesellschaften zahlreiche Formen der Kindstötung beobachten. Grundsätzlich besteht ja ein Kontinuum von der Empfängnis (Ei-Befruchtung) bis zur biologischen und sozialen Selbständigkeit eines Menschen. Dieses Kontinuum kann im Prinzip an jeder beliebigen Stelle durch eine Vielzahl bewußter und unbewußter, gezielter und in Kauf genommener Methoden künstlich unterbrochen werden. Es gibt keine »natürliche« Grenze, jenseits derer die selbständige Existenz eines Menschen beginnt, sondern die Definition der Grenze zwischen »Mensch« und »Noch-nicht-Mensch« steht vollständig zur kulturellen Disposition. Auch bei der in unserer Gesellschaft üblichen Drei-Monats-Frist für die Abtreibung handelt es sich um eine bloße Konvention.

Nicht einmal die Geburt setzt in allen Kulturen eine definitive Grenze: Vielfach wird ein Neugeborenes erst durch einen Akt der Initiation (Taufe) zu einem vollgültigen Mitglied der jeweiligen Gesellschaft. Zuvor kann es einen Sonderstatus besitzen, wodurch sich seine Tötung nicht von einer Abtreibung oder Fehlgeburt unterscheidet. Allerdings gibt es keine Kultur, welche das willkürliche Umbringen von Angehörigen der eigenen Gruppe gestatten würde. Vielmehr sind in der Regel legitime Gründe wie Verurteilung, Ausstoßung, Reinigung, Blutrache oder Selbstverteidigung erforderlich, um eine Tötung nicht als

Mord gelten zu lassen. Infantizid setzt daher voraus, daß das Kind stirbt, bevor es den offiziellen Status eines »Menschen« erhalten hat.[21]

Bei sämtlichen Angaben zur Kindstötung muß man allerdings berücksichtigen, daß auch die natürliche Kindersterblichkeit sehr hoch war und es nicht immer möglich ist, den Anteil, den gezielte Maßnahmen daran haben, genau zu bestimmen. Unter rezenten Jäger- und Sammlergesellschaften sterben etwa 20% der Kinder im ersten Lebensjahr – das entspricht dem Stand von Europa im frühen 19. Jahrhundert. Nur rund 50% der Geborenen erreichen das fortpflanzungsfähige Alter. Die Lebenserwartung von Erwachsenen (das sind Personen über 15 Jahre) liegt dann bei etwa 28 Jahren, das heißt, ein Fünfzehnjähriger kann damit rechnen, 43 Jahre alt zu werden. Für australische Aborigines des 19. Jahrhunderts nahm man eine Erwachsenenlebensdauer von 65 Jahren an. Alle diese Zahlen sind jedoch sehr problematisch: Die Samples sind klein, die Beobachtungszeiträume kurz, viele der Befragten kennen ihr genaues Alter nicht, von außen hereingetragene Seuchen verzerren die Ergebnisse, archäologische Befunde sind nicht repräsentativ, sondern zufällig.

Man muß sich immer darüber im klaren sein, daß die Interpretation solcher Beobachtungen mit zahlreichen Implikationen verbunden ist, die von den jeweiligen kulturellen Vorverständnissen des Beobachters geprägt sind. Unterschiedliche Grundpositionen in der Anthropologie haben die eine oder andere Erklärung plausibel gemacht.[22] Der ältere Evolutionismus und Umweltdeterminismus hat die »Naturvölker« als Wilde angesehen, die willenlos einer übermächtigen Natur ausgeliefert sind, so daß ihre geringe Bevölkerungsdichte als Ausdruck ihrer mangelhaften Fähigkeit zur Kontrolle der materiellen Lebensbedingungen verstanden wurde. Der in der Nachkriegszeit dominant gewordene Kulturalismus hat dagegen vor allem die verhaltensbedingten Anteile an der Geburtenkontrolle betont. Seine Popularität in den ausgehenden sechziger Jahren hatte zweifellos ideologische Hintergründe im Sinne der seinerzeit aktuellen Konsumismuskritik: Wenn man in den Jäger- und Sammlergesellschaften paradiesische edle Wilde erblickt, mit viel Freizeit, ausreichender Nahrung und wenig Arbeit, so kann die Bevölkerungsgröße nicht von harten Umweltbedingungen diktiert sein. Hier darf also die Bevölkerungsbewegung nicht von der Sterblichkeit, sondern sie muß von der aktiven, kulturellen Geburtenkontrolle gesteuert werden. Der Aufenthalt im Garten Eden wurde zwar mit dem Preis der Kindstötung bezahlt, doch versprach jetzt die Antibabypille eine kostenlose Rückkehr ins Paradies.[23]

Neuere, vielfach feministisch beeinflußte Theorien begeben sich dagegen wieder eher in die Tradition des »harten«, hobbesianischen Naturzustands. Not und Mangel üben einen Dauerstreß auf die Frauen aus, die unter der Doppelbelastung durch Beruf (Jagen und Sammeln) und Haushalt (Kindergebären) leiden und mit spontaner Ovulationshemmung reagieren. Hier wird einerseits die Rolle der Frau sozial aufgewertet, das heißt, sie erscheint nicht mehr als bloße untergeordnete, gefahrlos lebende Sammlerin von Nüssen und Beeren, sondern sie gilt als gleichberechtigte Jagdgenossin; zugleich aber muß die Funktion kulturellen »Verhaltens« gegenüber dem äußeren »Umweltstreß« abgewertet werden. *Child spacing* ist dann weniger eine »kulturelle« Strategie, sondern Resultat harter Lebensbedingungen am Rande des Existenzminimums.

Vermutlich trifft weder das idyllische Bild, das Sahlins gezeichnet hat, noch das evolutionistische bzw. feministische Entbehrungsmodell vollständig die Wirklichkeit. Abwegig wäre es jedenfalls, wollte man reale Jäger- und Sammlergesellschaften am Idealbild des edlen Wilden oder eines Mitglieds der Industriegesellschaft messen. Die Lage ist unübersichtlich, man weiß wenig Genaues, und vieles beruht auf Spekulation, Wunschdenken und Projektionen. Die folgenden Ergebnisse dürften aber einigermaßen gesichert sein:

Die Mitglieder von Jäger- und Sammlergesellschaften sind schlank bis dünn und müssen wegen der geringen Energiedichte ihrer Nahrung viel essen, um genügend Kalorien aufzunehmen. Hunger leiden sie zumindest gelegentlich. Häufig sind sie von mehrzelligen Parasiten wie Würmern, Milben oder Egeln befallen, je nach Lebensraum. Epidemien dürfte es dagegen nicht gegeben haben. Degenerative Krankheiten (Herz/Kreislauf, Krebs) kommen selten vor, was mit der geringeren Lebenserwartung zusammenhängen könnte, doch sind sie nicht unbekannt. Auch Unfälle ereignen sich nicht sehr häufig; dies gilt vor allem für tödliche Jagdunfälle (allerdings gibt es keine empirischen Daten zur Großwildjagd).

Die Kindersterblichkeit liegt bei 20% im 1. Jahr, lediglich 50% erreichen das 15. Lebensjahr. Die Lebenserwartung beträgt dann noch weitere 25 bis 30 Jahre. Wenige Personen werden älter als 60 Jahre. Dies zeigen auch paläolithische Skelettfunde. Die Lebenserwartung und der Ernährungszustand liegen jedoch in Jäger- und Sammlergesellschaften höher als bei den Unterschichten in Agrargesellschaften. Der materielle »Fortschritt« infolge der neolithischen Revolution war damit vor allem eine Angelegenheit der Eliten. Infantizid und Gerontozid sind in mobilen Gruppen nicht ungewöhnlich. Generell wird wenig Rücksicht auf Schwache und Behinderte genommen.

Jäger- und Sammlergesellschaften leben also materiell besser als die meisten Angehörigen bäuerlicher Gesellschaften, vor allem aber als die Unterschichten in agrarischen Zivilisationen. Deren soziale Differenzierung ist mit einer Umlenkung von Ressourcen von unten nach oben verbunden, wobei sich eine schlecht ernährte und schwer arbeitende Unterschicht herausbildet. Der Übergang zur Landwirtschaft bedeutet für sie, daß sie über quantitativ mehr an qualitativ schlechterer Nahrung verfügen konnten.

Das Bild der »primitiven« Gesellschaft ist also recht zwiespältig. Die Menschen lebten unter »natürlichen« Umständen in dem

Sinne, daß sie dieser Existenzweise phylogenetisch, also stammesgeschichtlich betrachtet, am besten angepaßt waren und daß ihre Instinkte, soweit diese noch eine Rolle spielten, funktional auf diese Lebensverhältnisse eingestellt waren. Aus heutiger Perspektive trug dieses Leben aber auch harte und grausame Züge. Insbesondere die Tatsache, daß man wenig »sozial« gesonnen war, sondern hilflose Kleinkinder, Behinderte und Alte, die den Anforderungen des Überlebens nicht gewachsen waren, ihrem Schicksal überließ, dürfte heute abstoßend wirken. Unter evolutionärem Gesichtspunkt hatten diese Kulturen aber einen großen Vorzug: Sie haben sich als fähig erwiesen, über mehrere hunderttausend Jahre zu überleben, was man von den nachfolgenden Kulturen nicht sagen kann, und sei es auch nur aus dem Grunde, weil es sie noch nicht so lange gibt.

2. Kulturarbeiten

Die Entstehung der Landwirtschaft

Vor etwa 10 000 Jahren begann der universalgeschichtliche Übergang zur Landwirtschaft, und in dieser Periode ist die eigentliche Kulturlandschaft entstanden. Die Kulturlandschaft ist diejenige Landschaft, die heute vielfach für »natürlich« gehalten wird. Sie bildet als das »Naturschöne« den Gegenstand der älteren Landschaftsmalerei und auch des »Naturschutzes«. Dennoch ist diese Landschaft in hohem Maße Ergebnis menschlicher Eingriffe, die bewußt oder unbewußt vorgenommen wurden. In ihrem Kern ist die Kulturlandschaft aber Agri-Kulturlandschaft, das heißt, sie ist als Landschaftstyp unlösbar mit der bäuerlichen Produktionsweise verbunden und unterscheidet sich in dieser Hinsicht nicht nur von ihrer Vorgängerin, der Naturlandschaft, sondern auch von der sie im Zuge einer umfassenden Transformation der Alten Welt ablösenden totalen Landschaft.

Der Übergang zur Landwirtschaft gehört zu den am heftigsten umstrittenen Problemen der Universalgeschichte.[24] Ursprünglich war man davon überzeugt, daß die Landwirtschaft durch eine »Erfindung« entstanden sei, vielleicht durch Zufall, vielleicht auch im Vollzug einer generellen Tendenz der menschlichen Geschichte zum Fortschritt oder zur Höherentwicklung. Nach einem einfachen Modell wird durch diese spontane Innovation eine Kausalitätskette angestoßen: Der mit der Landwirtschaft verbundene neuartige Überschuß von Ressourcen führt zum Bevölkerungswachstum, das wiederum Druck auf die Ressourcen ausübt und somit Anstoß zu einem neuen Innovationsschub gibt. Damit kommt eine Rückkoppelungskette von Innovation und Verknappung in Gang, die den Prozeß dynamisch vorantreibt.[25]

Ein in den sechziger Jahren weit verbreitetes Erklärungsmuster, das vor allem mit dem Namen Esther Boserup verbunden ist, sieht in der neolithischen Revolution dagegen eine Reaktion auf eine primäre relative Übervölkerung und den damit verbundenen Mangel an Ressourcen.[26] In dieser optimistischen Sicht bildet die Landwirtschaft also die Antwort auf ein Problem; der Fortschritt entsteht aus der Überwindung einer Krise. Am Ursprung steht eine demographisch bedingte Verknappung von Lebensmitteln, was eine produktivitätssteigernde Innovation provoziert. Dieser Vorgang könnte etwa so ausgesehen haben: Das Bevölkerungswachstum drängt Gruppen von Jägern und Sammlern in bergige, trockene Gebiete ab, wo sie gezwungen sind, in stärkerem Umfang Nahrung zu lagern, um Engpässe zu überwinden. Hierfür bietet sich die Nutzung von Gräsern an. Wir haben also eine Sequenz von Bevölkerungsdruck, Marginalisierung, Lagerung, Landwirtschaft.[27] Für dieses Modell spricht die Beobachtung, daß in der Alten Welt die frühesten Fundstellen für Landwirtschaft in trockenen Gebieten liegen. Das ist schon aus dem Grunde wenig verwunderlich, weil Getreidepflanzen von Natur aus nur an trockenen Standorten vorkommen können. Der Schwachpunkt dieser Argumentation liegt jedoch in der Annahme, daß es zu einem plötzlichen Bevölkerungswachstum gekommen sei, ohne daß begründet werden kann, weshalb dies genau zu diesem Zeitpunkt geschehen sein soll.

Eine andere Position stellt spezifisch kulturelle Faktoren in den Vordergrund: Ihr zufolge könnte eine autonome »Psychoevolution«[28] Bevölkerungswachstum ausgelöst haben, was seinerseits zur Landwirtschaft geführt hat. Es handelt sich hierbei um eine Alternative zu den verbreiteten kulturökologischen oder materialistischen Erklärungen. Nur landwirtschaftliche Gesellschaften kennen die dualistischen Kategorien Subjekt-Objekt, Natur-Kultur. Nur ihnen erscheint die Welt als manipulierbar, und nur sie betonen die Sonderrolle des Menschen. Diese mentale Konstitution muß nun nicht unbedingt als sekundärer geistiger »Überbau« der landwirtschaftlichen Praxis verstanden werden. Es ist nicht ausgeschlossen (wenn auch nicht beweisbar), daß umgekehrt eine mentale Innovation den Ursprung der Landwirtschaft bildet.

Schließlich können aber auch soziale Faktoren im engeren Sinne als Wurzel der Landwirtschaft angesehen werden. Einem Modell zufolge erzwingen starke charismatische Personen die Produktion von Überschüssen, die dann umverteilt bzw. von den Machtträgern beansprucht und angeeignet werden können.[29] Dauerhafte Überschüsse oder ein »Surplus« können aber nur auf der Basis von Landwirtschaft erwirtschaftet werden. Hier steht also eine soziale Innovation, der Wunsch nach Ausbeutung, am Anfang der Entwicklung. Eine ökonomische Variante dieses Arguments lautet: Bewohner trockenerer Gebiete, die gelegentlich Samen sammeln und essen, tauschen diese gegen Nahrung (oder Werkzeug, Schmuck) aus anderen Gebieten. Dieser Handel wird prämiert und reizt zur Ausweitung der Produktion, vom Sammeln zur aktiven Kontrolle.[30] Hier wird also der nutzenmaximierende *Homo oeconomicus* an die Wiege der Landwirtschaft gestellt.

Eine funktionale Erklärung der neolithischen Revolution versucht dagegen, diese im Sinne der Selbstorganisation einer Dynamik zu begreifen, innerhalb deren ein neues Muster evolutionär begünstigt wurde. Die (aus welchen kontingenten Ausgangsgründen auch immer sich formierende) dichtere landwirtschaftliche Bevölkerung verdrängt Jäger- und Sammler-Konkurrenten und stabilisiert sich als eine Kultur, die sich selbst die Möglichkeit zur Rückkehr versperrt. Die Koppelung einer höheren Bevölkerungsdichte mit landwirtschaftlicher Produktion ist der Verbindung von Jagen und Sammeln mit geringerer Bevölkerungsdichte schließlich evolutionär überlegen: Tritt Landwirtschaft als Variation im Umfeld von Jäger- und Sammlergesellschaften auf, so kann sie sich durchsetzen, während Jagen und Sammeln als Variation innerhalb einer Agrargesellschaft keine evolutionäre Chance besitzt. Der Übergang zur Landwirtschaft könnte dann als Ergebnis eines sich selbst organisierenden Prozesses mit beliebigem Anstoß verstanden werden, wobei das Element der normativen Wahl keine Rolle spielte. Niemand hat sich je für den Übergang zur Landwirtschaft entschieden, sondern es handelt sich um einen Vorgang, der sich aus kleinen Schritten ergab und selbständig ein Profil gewann, das von keinem der Beteiligten voraussehbar war. Einmal in der Welt, konnte sie erst dann wieder aus ihr verschwinden, als sich ein überlegenes neues System bildete, wie es schließlich mit der Industrialisierung der Fall sein sollte.[31]

Ein Grundproblem für die Erklärung der neolithischen Revolution besteht darin, daß in ihr ein recht stabiles System abgelöst worden ist, das sich über sehr lange Zeiträume hinweg als überlebensfähig erwiesen hatte. Die Menschen und ihre phylogenetischen Vorläufer haben über mehrere hunderttausend Jahre als Jäger und Sammler gelebt und sich dabei sehr unterschiedlichen Klimazonen und ökologischen Bedingungen angepaßt. Auch hat es während der langen Periode des Paläolithikums mehrere Klimaänderungen gegeben, die sich nicht prinzipiell von den Umschwüngen unterschieden haben dürften, die mit dem Ende des Pleistozän vor 12 000 Jahren begonnen haben. Ein Übergang zur Landwirtschaft hat jedoch erst nach dem Ende der letzten Eiszeit eingesetzt, und zwar an verschiedenen Stellen der Erde nahezu gleichzeitig.

Die ältere Anthropologie hatte versucht, die Ausbreitung der Landwirtschaft über den gesamten eurasischen Raum auf Migrationen früher Bauern zurückzuführen, die eben ihre neuartige »Erfindung« mit sich nahmen. Dieser Position zufolge handelte es sich also um eine Diffusion von Menschen und Produktionsweisen zugleich. Gegen diese Sicht konnte nun eingewandt werden, daß sich eine solche Migration von Bauern zwar in bestimmten Gebieten nachweisen lasse, etwa vom Nahen Osten nach Mitteleuropa, nicht aber für ganz Eurasien. Der Kulturalismus der Nachkriegszeit hat daher von einer bloßen Diffusion kultureller Muster gesprochen, womit eine Art neolithischer Technologietransfer gemeint ist, der nicht mit der Wanderung ganzer Völkerstämme verbunden sein mußte.

Gegen diese Diffusionsvorstellungen spricht allerdings die Tatsache, daß es sich bei der Landwirtschaft nicht um eine einfache »Erfindung« handelt, sondern um ein hochkomplexes System, das weitreichende technische, soziale und kulturelle Implikationen besitzt. Eine einfache Erfindung wie das Rad, die Töpferscheibe oder das Fischernetz kann relativ problemlos weitergegeben werden, sofern bestimmte Randbedingungen erfüllt sind, man etwa über die notwendigen Materialien verfügt. »Landwirtschaft« ist dagegen ein Sammelbegriff, unter den eine Vielzahl höchst unterschiedlicher Verfahren subsumiert wird, die zwar alle mit einer Kontrolle des Ressourcenflusses zu tun haben, ansonsten aber auf sehr unterschiedlichen natürlichen Voraussetzungen beruhen. Es handelt sich um eine aktive Manipulation zahlreicher Naturelemente, um das Züchten von Tieren und den Anbau von Pflanzen, die sich von Ort zu Ort sehr stark unterscheiden und deren Kultivierung die Entwicklung jeweils spezifischer Methoden der Bodenbearbeitung erfordert.

In diesem Sinne kann man einzelne Typen der Landwirtschaft voneinander unterscheiden, die sich in unterschiedlichen Räumen ausgeprägt haben: In der Alten Welt, ausgehend vom Fruchtbaren Halbmond, einem Gebiet, das sich in einem Bogen von Mesopotamien bis Ägypten erstreckt, mit Ausläufern von Europa bis Indien, baute man Weizen und Gerste an. In Südostasien dagegen nutzte man Reis und bestimmte Hackfrüchte, in China Hirse, in Mittelamerika Mais, in Peru die Kartoffel, in Afrika südlich der Sahara Sorghumhirse. Alle diese Pflanzen stellen jeweils besondere Anforderungen an den Boden, an das Klima, an die Bewässerung, so daß man sich kaum vorstellen kann, wie das Wissen über Methoden des Weizenanbaus dafür nützlich gewesen wäre, die Kultivierung von Reis oder gar von Knollenfrüchten zu entwickeln.

Gegen sämtliche Diffusionsmodelle (Migration oder Informationstransfer) spricht aber vor allem die Tatsache, daß die Landwirtschaft (in evolutionären Zeitdimensionen) praktisch gleichzeitig in Eurasien und in Amerika begonnen hat, ohne daß es Kontakte zwischen diesen Räumen gegeben haben kann. Diese Einwände haben adaptionistisch-kulturökologische Erklärungsmodelle plausibel gemacht, welche im Übergang zur Landwirtschaft autonome Anpassungen an unterschiedliche Umweltzustände sehen, die sich unabhängig voneinander entwickelt haben. Erst nachdem sich die landwirtschaftliche Produktionsweise bereits prinzipiell stabilisiert hatte, konnte es schließlich im eurasischen Raum zur übergreifenden Diffusion von Nutzpflanzen kommen mit dem Ergebnis, daß in diesem großen Gebiet während der letzten drei Jahrtausende die wichtigsten Anbaumethoden und Feldfrüchte allgegenwärtig geworden sind.

Das kulturökologische Modell kann allerdings immer noch nicht erklären, weshalb die neolithische Revolution in so vielen unterschiedlichen Zonen praktisch gleichzeitig stattgefunden hat. Wenn die materielle Kultur und die Produktionsweise ein Ergebnis der Anpassung an Umweltzustände sind, so stellt sich die Frage, weshalb diese Anpassung nicht schon früher erfolgt ist, sobald vergleichbare Umweltzustände existierten. Will man die Gleichzeitigkeit dieses Übergangs erklären, so muß man einen Faktor ausmachen können, welcher die jeweiligen Innovationen synchronisiert hat. Dieser Faktor muß aber eine universelle Wirkung gehabt haben, wenn er so unterschiedliche Räume wie den Alten Orient, China sowie Süd- und Mittelamerika erreicht hat. Von daher scheint der Schluß nahe zu liegen, daß es sich um eine Klimaänderung gehandelt haben könnte, die tatsächlich die gesamte Erde umfaßt hat. Allerdings ist damit noch immer nicht die Tatsache berücksichtigt, daß frühere Klimaänderungen nicht zu einem ähnlichen Ergebnis geführt haben.

In den letzten zwei Millionen Jahren haben der Mensch bzw.

Die Entstehung der Landwirtschaft

seine stammesgeschichtlichen Vorläufer unter den Bedingungen von Eiszeiten gelebt, die immer wieder von kürzeren Wärmeperioden unterbrochen wurden. In den letzten hunderttausend Jahren war es eher kalt, bis vor etwa 12 000 Jahren eine Wärmeperiode einsetzte. Leben in der Eiszeit heißt allerdings nicht Leben im Eis, sondern auf einer Erde mit anderen ökologischen und klimatischen Verhältnissen, als wir sie heute kennen. Es gibt mehr Landfläche, da der Meeresspiegel um etwa 100 m tiefer liegt, und weniger Niederschläge, daher mehr Steppen und weniger Wälder. Vorherrschende Lebensräume sind warme, trockene Savannen, in denen Herden großer Pflanzenfresser weiden, welche der Mensch bejagt. Es sind dies die idealen Lebensbedingungen für die paläolithische Großwildjagd.

Am Ende des Pleistozän, also vor etwa 14 000 bis 12 000 Jahren, muß es starke klimatische und ökologische Turbulenzen gegeben haben, bis sich Zustände stabilisierten, die den heutigen ähneln. Die Menschen gerieten unter Anpassungsdruck, vermutlich begannen die Bevölkerungszahlen zu schwanken. Altes Wissen, alte Gewohnheiten und vertraute Traditionen wurden jetzt rasch nutzlos, die Kultur erfuhr einen rapiden Wandel. Die alte Lebensweise mußte in jeder Hinsicht aufgegeben werden. Ein eingespieltes System wurde erschüttert, und vermutlich traten Pioniere auf, die mit neuartigen Organisationsformen und Lebensweisen experimentierten. Es setzte eine Periode verschärfter Unsicherheit und Innovationsbereitschaft ein, die schließlich in die neolithische Revolution einmündete.

Am Anfang stand vermutlich eine Phase der Entbehrungen, denn die alte ökologische Nische der Großwildjagd brach jetzt zusammen. Globale »Erwärmung« bedeutet nicht einfach »Verbesserung«, sondern vor allem Turbulenz, vielleicht auch lokale Abkühlung, auf jeden Fall aber Änderung der Niederschläge, der Wasser-Land-Verteilung, der Vegetation und der Fauna. An dieser Wende vom Pleistozän zum Holozän (vor 10 000 bis 12 000 Jahren) ist ein Massenaussterben von größeren Tieren nachgewiesen. Insgesamt ist zu dieser Zeit etwa die Hälfte aller Säugetierarten mit mehr als 5 kg Körpergewicht ausgestorben. In Amerika und Europa sind alle Arten mit einem Körpergewicht von über einer Tonne und drei Viertel aller Säuger mit einem Gewicht von mehr als hundert Kilogramm verschwunden.

Dieses Aussterben der pleistozänen Megafauna, also der großen Säugetiere, war ein spektakulärer Vorgang, zu dem sich in früheren Erwärmungsphasen keine Parallele von vergleichbarem Ausmaß findet. In ganz Eurasien ist etwa die Hälfte der Megafauna verschwunden, darunter Fellmammut, Fellrhinozeros, Steppenbüffel, Riesenelch, Wildesel, während in Amerika die Verluste noch dramatischer waren. Hier verschwanden (je nach Klassifikationsschema) 24 bis 31 Gattungen, darunter Pferde, Riesenbüffel, Rinder, Elefanten, Kamele, Antilopen, Schweine, Riesenfaultier, Riesennager. Man rechnet, daß in Nordamerika 73%, in Südamerika 80% der Megafauna ausgestorben sind. Es handelte sich vor allem um große Pflanzenfresser, aber es waren auch Fleischfresserarten vom Aussterben betroffen, deren Nahrungsbasis jetzt verschwand.

Dieses Massenaussterben wird in der Theorie des »pleistozänen overkill« zumindest teilweise auf den Jagddruck durch den Menschen zurückgeführt, vor allem in Amerika, wo das Aussterben vermutlich mit der ursprünglichen Einwanderung der Indianer zusammenfiel.[32] Diese Theorie hat weitläufige Kontroversen ausgelöst, doch scheint festzustehen, daß der Mensch an diesen Vorgängen zumindest nicht unbeteiligt war, wenn es auch abwegig wäre, ihn für den alleinigen Faktor zu halten. Dagegen spricht vor allem, daß es in jener Zeit nicht nur in Amerika, wo die Einwanderer sich in einer Pioniersituation des märchenhaften Überflusses befunden haben, zum Artensterben gekommen ist, sondern auch in Eurasien, wo Arten aussterben, die schon lange Zeit bejagt wurden, während andere Arten wie Rentier, Hirsch und Wildpferd überlebten, die ebenfalls unter Jagddruck standen.

Der wichtigste Grund für dieses Aussterben zahlreicher Tierarten dürfte darin gelegen haben, daß deren ökologische Nische aufgrund der klimatischen Veränderungen, die einen Wandel der Vegetation nach sich zogen, geschrumpft oder verschwunden ist. Die pleistozäne Tundra-Steppe, auf der die großen Säuger weideten und auf der sie von Menschen, aber auch von Löwen, Säbelzahntigern und Hyänen gejagt wurden, zog sich in den hohen Norden zurück. An ihrer Stelle breiteten sich Wälder aus, in denen große Herden keine Überlebensmöglichkeiten mehr hatten. Wälder mögen zwar insgesamt Lebensräume für mehr Tierarten bieten, doch haben sehr große Tiere in ihnen nur schlechte Überlebensbedingungen. Dies kann durch ein aktuelles Beispiel illustriert werden: Der tropische Regenwald trägt pro Hektar nur 45 kg tierische Biomasse, und zwar vor allem Kleintiere, während es in der ostafrikanischen Graslandsavanne nicht weniger als 627 kg sind, darunter vor allem große Herbivoren.

Angesichts dieser ökologischen Veränderungen gerieten die Menschen in eine akute Krisensituation. Sicherlich haben sie mit einer Vielzahl von Praktiken experimentiert, bis sie sich in der neuen, sich allmählich stabilisierenden Umwelt einrichten konnten. Vielleicht lernten sie jetzt, daß Innovation als solche sinnvoll sein kann, nachdem sie den Schock des Zusammenbruchs alter ökonomischer und kultureller Muster überwunden hatten. Auf jeden Fall setzte mit der neolithischen Revolution eine universalgeschichtlich sensationelle Serie von Erfindungen und Entdeckungen neuer Verfahren ein. Die zentrale Neuerung aber war die folgende: Als die alte ökologische Nische der Großwildjagd durch Klimawandel zusammenbrach, entwickelte der Mensch durch kulturelle Evolution eine neue ökologische Nische, die Landwirtschaft.[33]

Die Grundstrategie der Landwirtschaft besteht in dem Versuch einer aktiven Kontrolle des Ressourcenflusses. Im Gegensatz zu Jäger- und Sammlergesellschaften schöpfen Agrargesellschaften nicht mehr passiv ab, was ihnen ihre Umwelt an Nahrung anbietet, sondern sie gehen daran, ihre Nahrungsgrundlage selbst zu gestalten. Diese zunehmende Kontrolle hat jedoch einen Preis, der darin besteht, daß nicht nur die Nahrungsgrundlage auf einige wenige Nutzpflanzen und Tiere beschränkt wird, sondern daß auch der Arbeitsaufwand steigt.

Die Mitglieder von Agrargesellschaften verzehren vorwiegend die Samen von Gräsern. Samen spielten schon bei der Ernährung von Jäger- und Sammlergesellschaften eine große Rolle (unter den !Kung San etwa Mongongo-Nüsse), doch wurden sie erst durch die Landwirtschaft dominant. Sie haben gegenüber anderen Pflanzenteilen große Vorzüge. Da aus ihnen die junge Pflanze wachsen muß, ohne bereits zur Photosynthese fähig zu sein, müssen sie heterotrophe Eigenschaften besitzen, das heißt vollständig konzentrierte Nährstoffe enthalten, nicht nur Kohlenhydrate (oder gar Zellulose), sondern auch Proteine, Fette und Vitamine in leicht erschließbarer Form mit geringem Wassergehalt. Samen sind von Natur aus offen lagerfähig, denn ihre natürliche Aufgabe besteht ja darin, der Pflanze eine Überwinterung und einen Ortswechsel zu gestatten.

Der ursprüngliche Nutzen der Grassamen liegt gerade in dieser Lagerfähigkeit. Wenn sie Samen wildwachsender Gräser sammeln und aufbewahren, können die Menschen Situationen der Knappheit überbrücken. Hinzu kommt, daß Gräser Pionierpflanzen sind. Sie besiedeln gestörte Böden, reifen schnell und produzieren (als sogenannte r-Strategen, die eine große Menge von Nachkommen produzieren, ohne in den einzelnen allzu viel zu investieren) viel Samen. Es genügt, Böden von ihrer Vegetationsdecke zu befreien, und Gräser siedeln sich von selbst an und bilden rasch eine dichte Pflanzengesellschaft, die recht bald abgeerntet werden kann.

Erste Spuren einer »Erntewirtschaft« lassen sich bereits in Zeiten nachweisen, die weit vor dem Ende der letzten Eiszeit liegen.[34] Bereits vor 17 000 bis 18 000 Jahren wurde in Südägypten offenbar Gerste gemahlen, worauf Ausgrabungsfunde wie Mahlsteine, Mörser, Stößel und Sicheln hinweisen. Hier hat man also Gräser geerntet und die Samen ausgemahlen, während es noch keine Hinweise auf Bodenbearbeitung aus jener Zeit gibt. Wie erfolgreich eine reine Erntewirtschaft sein kann, zeigt das folgende archäologische Experiment, das der amerikanische Botaniker Jack Harlan vorgenommen hat: Er erntete mit einer Feuersteinsichel in der südwestlichen Türkei in einer Stunde 2 kg Wildemmer. Dadurch wird deutlich, daß auch ohne Anbau von Getreide recht ansehnliche Erträge gewonnen werden konnten.

In der Alten Welt begann die Landwirtschaft im Sinne einer aktiven Bodenbestellung vor etwa 10 000 Jahren. Ausgehend von ihren frühesten Formen können dann idealtypisch die folgenden Entwicklungsstadien unterschieden werden:[35]

1. Brandrodung an trockenen Hängen des Fruchtbaren Halbmonds, vor allem in der südlichen Türkei, wird bereits von Jäger- und Sammlergesellschaften zum Zweck der Nahrungsergänzung betrieben. In diesem frühen Stadium der Landwirtschaft wird noch kein Pflug eingesetzt, sondern man lockert mit Hacke oder Grabstock den Boden auf und gräbt die Asche ein. Bei der Brandrodung wird allerdings ein großer Teil des in den Pflanzen gebundenen Stickstoffs vom Standort entfernt und geht verloren. Er gerät mit dem Rauch in die Luft oder wird vom Regenwasser weggeschwemmt. Der Boden wird daher bald unfruchtbar und benötigt eine lange (etwa zehnjährige) Brache, um wieder mit Hilfe von Pionierpflanzen, vor allem Leguminosen, genügend Stickstoff zu akkumulieren, der ihm über den Luftkreislauf zugeführt wird.
2. Dauerlandwirtschaft mit Schlickdüngung und künstlicher Bewässerung findet sich zuerst in den Flußtälern von Mesopotamien und Ägypten. Hier wird zum ersten Mal der Pflug eingesetzt, der es möglich macht, daß die Ursprungsvegetation nicht mehr verbrannt, sondern in den Boden eingearbei-

tet wird, wo sie verrottet, so daß die in ihr enthaltenen Stoffe am Standort verbleiben und von den Nutzpflanzen assimiliert werden können. Dadurch kann die Zeit der Brache deutlich verkürzt werden, was den Flächenbedarf verringert. Die Felder müssen nur häufig genug gepflügt werden, damit kein holziger Bewuchs aufkommt. Wenn die Böden auf diese Weise freigelegt werden, beschleunigt dies jedoch die Winderosion. Hinzu kommt die Gefahr der Versalzung bei unsachgerechter Bewässerung. Die frühen Standorte der Landwirtschaft sind heute fast alle unfruchtbar oder verkarstet.

3. Vor 8 000 Jahren war schließlich im Gebiet des Fruchtbaren Halbmonds der Übergang zur Landwirtschaft abgeschlossen, und es begann ihre Expansion in den europäischen Raum, ausgehend von der Türkei und von Südosteuropa. In den Dörfern aus jener frühen Zeit läßt sich ein breites Spektrum von Nahrungspflanzen und Nutztieren nachweisen: Gerste, Weizen, Kichererbsen, Bohnen, Weintrauben, Dattelpalmen, Flachs, Schafe, Rinder, Ziegen, Schweine, Flußfische.

4. Die europäische Dauerlandwirtschaft funktioniert auf Regenbasis und benötigt keine künstliche Bewässerung. In ihr werden Techniken zur Vermeidung von Bodenerschöpfung entwickelt wie Fruchtwechsel, Brache, Mist-Düngung. Ein wichtiges Problem ist auch hier die Vermeidung von Erosion, vor allem infolge von Niederschlägen. Erosion ist eigentlich ein natürlicher Vorgang, und zwar in dem Sinne, daß sie auch unabhängig von menschlichen Aktivitäten vorkommt. Böden sind im Grunde eine Übergangserscheinung zwischen dem Abbrechen von felsigem Gestein und der Lösung von Salzen und der Ablagerung von Sedimenten im Ozean. Die Bildung von Boden puffert diesen Vorgang ab. Landwirtschaft dagegen beschleunigt ihn. Damit sie dauerhaft am gleichen Ort betrieben werden kann, muß daher eine Reihe von Techniken der Bodenkonservierung entwickelt

werden, wie etwa die Terrassierung, die Kontrolle des Wasserabflusses bis hin zum Rücktransport weggeschwemmter Erde auf ihre ursprünglichen Standorte.

Der Übergang zur Landwirtschaft ist prinzipiell mit einer Reihe von Problemen verbunden, und zwar nicht nur für die natürlichen Ökosysteme, die von der Landwirtschaft gestört werden, sondern auch für die Bauern selbst: Gerade aufgrund der höheren Kontrolle, die sie über ihre Nahrungsgrundlage ausüben, geraten sie in eine stärkere Abhängigkeit von ihrer Umwelt. Das agrikole Ökosystem ist immer fragiler als ein natürliches Ökosystem, da es künstlich auf einer früheren Sukzessionsstufe gehalten wird, in ihm eine größere Konzentration bestimmter Pflanzenarten wächst und Pflanzen häufig an Standorten angebaut werden, an denen sie von Natur aus nicht vorkämen.[36]

Im Gegensatz zu Jäger- und Sammlergesellschaften, die weder künstlich ihre Nutzpflanzen konzentrieren noch große Nahrungsvorräte anlegen, steht die Landwirtschaft in permanenter Auseinandersetzung mit konkurrierenden Parasiten – aus der Perspektive der Nutzpflanzen sind die Menschen natürlich auch Parasiten, wenn auch symbiotischen Charakters. Der Kontrollaufwand ist beträchtlich, und es kann kein wirklich stabiler, dauerhaft sicherer Zustand erreicht werden. Es findet ein permanenter evolutionärer »Rüstungswettlauf« zwischen Bauern und Parasiten statt, zwischen genetischer Mutation der Schädlinge und technischen Innovationen, die darauf reagieren, wie Züchtung, Fruchtwechsel, Symbiosen, Konservierungsmethoden. Dieser Wettkampf zwischen Pflanzenschutzbestrebungen und Schädlingen ist daher nicht erst eine Folgeerscheinung der modernen Agrarchemie, sondern eine Grundeigenschaft jeder landwirtschaftlichen Produktionsweise. Hierin liegt eine der Ursachen dafür, daß Agrargesellschaften grundsätzlich innovativ sein müssen und zur Entfaltung von Dynamik tendieren. Die Landwirtschaft befindet sich niemals in einem harmonischen

»Gleichgewicht« mit der von ihr genutzten Natur, sondern die Bauern haben immer damit zu rechnen, daß neuartige Probleme auftreten, auf die sie reagieren müssen.

Im Zuge dieses Prozesses geraten die Nutzpflanzen in dauerhafte symbiotische Abhängigkeit von den Bauern, was natürlich auch umgekehrt gilt. Die Pflanzen müssen nicht nur vor Nahrungskonkurrenten des Menschen (»Schädlingen« aller Art) geschützt, sondern auch von Wildformen isoliert werden, da es sonst immer wieder zu unerwünschten Rückzüchtungen kommt. Am besten ist es daher, wenn eine Pflanze in einem Raum kultiviert wird, in dem sie von Natur aus nicht vorkommt, denn dort drohen weder Schädlingsbefall noch Hybridisierung. Dieser Zusammenhang kann ein Schlüssel dafür sein, weshalb die geographische Ausbreitung von Nutzpflanzen so früh einsetzte und so erfolgreich war, wenn auch die Schädlinge immer wieder einen Weg fanden, der Wanderung ihres Wirts zu folgen.

Insgesamt gilt, daß sich mit der Entwicklung der Landwirtschaft die Selektionsbedingungen für ihre Nutzpflanzen änderten. Dadurch ist allmählich ein eigentümliches Spektrum neuartiger Pflanzengemeinschaften entstanden, welche die bäuerliche Landschaft prägten. Landwirtschaft ist daher keine einseitige »Erfindung«, keine bloße technische Strategie der Naturbeherrschung, sondern es handelt sich um eine Koevolution der bäuerlichen Gesellschaften mit favorisierten Pflanzen und Tieren, aber auch mit solchen Organismen, die als »Kulturbegleiter« auftreten, für die Bauern jedoch als Unkräuter oder Ungeziefer gelten. Einige dieser Selektionsprozesse, die auch ungezielten, unbewußten Charakter haben konnten, sollen genannt werden:

- Von Natur aus fällt der Samen bei der Reife aus den Ähren. Die Landwirtschaft bevorzugt demgegenüber Pflanzen, bei denen der Samen in den Ähren bleibt, so daß er mit ihnen geerntet und zur Ausdrusch auf den Hof transportiert werden kann. Eine Selektion von Pflanzen, welche diese neuen und er-

wünschten Eigenschaften besitzen, kann ohne Absicht stattgefunden haben: Es konnten dauerhaft nur solche Getreidesamen wieder ausgesät werden, die zuvor den Hof erreicht hatten und nicht unterwegs aus den Ähren gefallen waren.
- Von Natur aus werden die Samen der gleichen Art zu unterschiedlicher Zeit reif, was Ausdruck dessen ist, daß eine natürliche Pflanzengesellschaft eine recht große genetische Variabilität besitzt. Die Landwirtschaft dagegen favorisiert Pflanzen, die synchron reifen, und richtet ihre Züchtungsanstrengung darauf, das genetische Spektrum der Pflanzen einzuschränken. Sie hatte mit ihren Anstrengungen nicht immer Erfolg, etwa bei Tomaten oder Erdbeeren, die bis heute nicht gleichzeitig reif werden. Gelungen ist diese Synchronisierung aber bei sämtlichen Getreidearten, denn diese müssen gleichzeitig abgeerntet werden. Für die Pflanzen bedeutet diese genetische Verarmung jedoch, daß sie in völlige Abhängigkeit von den Landwirten geraten. Wenn ihre Kultivierung durch die Bauern entfällt, haben sie nur noch geringe Überlebenschancen.
- Menge und Größe der Samen werden im Verhältnis zu den strukturellen Teilen der Pflanze vergrößert. Auch das kann dazu führen, daß die betreffenden Pflanzen auf dauerhafte Intervention durch den Bauern angewiesen sind, da sie sonst gegenüber Wildformen nicht mehr konkurrenzfähig wären. Dies gilt besonders für Züchtungseffekte, die Merkmale beseitigen, welche die Pflanzen vor ungebetenem Verzehr schützen sollen, wie z.B. Bitterstoffe oder Stacheln.
- Landwirtschaft verändert grundsätzlich die Lebensbedingungen der Parasiten, welche die Nutzpflanzen befallen können. Die Grundstrategie der Landwirtschaft besteht darin, auf einer bestimmten Fläche eine höhere Konzentration einer gewünschten Pflanzenart zu erreichen, als dies ohne sie der Fall wäre. Landwirtschaft vergrößert damit die Populationsdichte der kultivierten Pflanzenart, und eben darin besteht ihr Vorzug aus der Perspektive der Bauern. Genau diese Strategie

macht das Feld aber nicht nur für den Menschen, sondern auch für andere Parasiten attraktiv: Die hohe Dichte der Nutzpflanzen, tendenziell ihre Monopolstellung auf einer Ackerfläche, bildet einen Anziehungspunkt für »Unkräuter« und »Ungeziefer« aller Arten, von Tieren bis zu Mikroorganismen wie Pilzen oder Viren.

- Ein vergleichbares Problem stellt sich nach der Ernte, wenn die Nahrung in großen, konzentrierten Mengen vorliegt und gelagert werden muß, um die Zeit bis zur Aussaat bzw. zur nächsten Ernte zu überbrücken. Die geernteten Pflanzenteile bilden einen großen Anreiz für Parasiten. Der Mensch muß daher versuchen, diese durch chemische Konservierung (Salzen, Erhitzen, Räuchern, Trocknen, Fermentieren) oder physischen Abschluß (gegen Mäuse, Ratten usw.) fernzuhalten. Manche Konservierungsverfahren können die Qualität der Nahrung verschlechtern. Dies gilt etwa für das Trocknen, das zum Verlust der wasserlöslichen Vitamine B und C führt; andere Methoden wie Fermentierung oder Brauen führen dagegen zur Verbesserung des Nährwerts. Häufig ist Lagerung mit einer Selektion zugunsten der Lagerbarkeit verbunden, etwa dann, wenn nur solcher Samen ausgesät werden kann, der unbeschädigt die Lagerzeit überstanden hat. Diese verbesserte Lagerbarkeit kann aber mit dem Verlust anderer Eigenschaften einhergehen, wie dem Gehalt an Proteinen oder Vitaminen. Durch Züchtung kann sich also der Nährwert von Pflanzen verschlechtern. So enthält wilder Weizen mehr Proteine als domestizierte Sorten.

Hiermit wird ein generelles Problem der Landwirtschaft erkennbar. Es wurde bereits darauf hingewiesen, daß der Mensch als Allesfresser nicht spezialisiert ist, sondern sich von einer ungewöhnlichen Vielzahl von Nahrungsmitteln zu ernähren weiß. Dies hat jedoch insofern eine Kehrseite, als er auf eine sehr vielfältige Nahrung angewiesen ist, wenn keine Mangelerscheinungen auftreten sollen. Von den etwa zwanzig Aminosäuren, die sich im menschlichen Organismus finden, können acht nicht vom Körper selbst synthetisiert werden, sondern sie müssen mit der Nahrung aufgenommen werden. Daher besteht immer die Gefahr der Mangelernährung, auch wenn die kalorische Bilanz ausgeglichen ist. Jäger und Sammler verfügen, wie wir gesehen haben, über eine sehr breite Nahrungsgrundlage. Unter den Bedingungen der Landwirtschaft ist dies jedoch nicht der Fall, denn sie muß sich auf den Anbau weniger favorisierter Pflanzen konzentrieren. Aus diesen Gründen ist der Übergang zur Landwirtschaft ernährungsphysiologisch prekär, denn mit ihr ist notwendigerweise eine Reduktion der Nahrungsvielfalt verbunden.

Ernährungsphysiologisch problematisch sind gerade die Standard-Pflanzen der Landwirtschaft, die Cerealien (Getreide) und Tuberosen (Wurzelpflanzen), die wegen ihrer leichten Handhabung, ihrer Kontrollierbarkeit, Lagerfähigkeit und Verarbeitungsfähigkeit sowie wegen ihres hohen Energiegehalts beliebt, aber häufig arm an Proteinen, Vitaminen und Mineralien sind. Die wichtigsten Getreidepflanzen enthalten Phytate, die Metalle binden und ihre Absorption durch den Organismus verhindern. Bei einseitiger Ernährung mit Getreide, vor allem mit Mais, aber auch mit Weizen, kann ein Mangel an Eisen, Zink und Kalzium auftreten. Auch die Oxalate und Phosphate, die in Tuberosen enthalten sind, behindern die Eisen-Absorption, was zur Anämie führen kann, wenn zugleich wenig Fleisch gegessen wird.

Manche Praktiken, die in den Agrargesellschaften entwickelt wurden, dienten funktional gesehen dazu, Nachteile der pflanzlichen Ernährung zu kompensieren. So reduziert die Vergärung des Weizenteiges mit Hefe den Phytat-Gehalt und erleichtert die Absorption von Mineralien. Hier liegt also ein physiologischer Vorzug des Brotbackens. Der Gebrauch von frischen Chili, Zwiebeln und Knoblauch würzt nicht nur die Speisen, sondern fügt ihnen Vitamin C zu. In der Regel wird daher Feldbau mit Gartenbau kombiniert, so daß die Standardpflanzen lediglich den kalorischen Bedarf decken, während Vitamine und Spurenelemente von im Wald gesammelten Pilzen oder im Garten angebauten Kräutern kommen. Generell durften somit die landwirtschaftlich ungenutzten Flächen nicht zu knapp sein, auch unabhängig davon, ob sie als Wald der Holzgewinnung dienten. Auch wenn Beeren, Pilze und Kräuter kalorisch wenig ins Gewicht fallen mögen, füllen sie in der Ernährung doch wichtige Lücken aus. Wenn durch Intensivierung der Landwirtschaft diese Spielräume verringert wurden, konnte dies zu erheblichen Problemen für die Ernährung führen.

Ein weiteres wichtiges Element der Landwirtschaft ist die Domestikation von Haustieren. Gewöhnlich ist man sich der Tatsache nicht bewußt, daß es nur relativ wenige Tiere gibt, die sich überhaupt dazu eignen. Wirklich domestizierbar sind nur Herdentiere, da nur sie die genetische Disposition zur Unterwerfung unter ein Leittier besitzen, dessen Rolle der Mensch übernehmen kann. Zu domestizierende Tiere dürfen auch keine zu ausgeprägten Fluchtinstinkte haben, da sie sonst unter permanentem Streß stehen. Von den 41 Hirscharten konnte lediglich das Rentier gezähmt werden, da nur dieses Tier gleichmütig genug ist und keine zu starken Revieransprüche stellt. Haustiere müssen in der Lage sein, sich in der Gefangenschaft zu vermehren, das heißt ihre Werbungsrituale zu vollziehen, zu kopulieren und ihre Brutpflege erfolgreich zu betreiben. Wenn die Ansprüche hierfür zu hoch sind, gelingt eine Vermehrung und Züchtung in der Gefangenschaft nicht.

Von Jäger- und Sammlergesellschaften wurde lediglich der Hund als Haustier gehalten. Im Zuge des Übergangs zur Landwirtschaft begann man lediglich im eurasischen Raum, eine größere Anzahl von Tierarten zu zähmen und schließlich auch zu züchten, also genetisch zu verändern, so daß sie Eigenschaften gewannen, die dem Menschen nützlich waren. Im Westen handelte es sich um die Ziege sowie das Schaf, das Rind, das Pferd und das Schwein, sowie verschiedene Vogelarten wie Huhn,

Ente, Gans oder Taube. Im Osten waren es außerdem das Yak, der Wasserbüffel, Gaur, Banteng und Elefant. Aus der großen Vielzahl von Spezies war dies in der Tat nur ein geringer Ausschnitt.

Vorkommen und Domestizierbarkeit von Tieren sind also nicht selbstverständlich. Es handelt sich um kontingente Naturbedingungen, die nicht überall erfüllt waren. In Nordamerika gab es nach dem Massenaussterben am Ende der letzten Eiszeit keine domestizierbaren Säugetiere außer dem Hund mehr. Die wenigen potentiellen Zuchtkandidaten, die das Massenaussterben in Amerika überlebten (Bison, Nabelschwein, Tapir, Bergschaf, Schneeziege), haben sich als unverwendbar erwiesen, da sie sich der Domestikation entzogen. In Südamerika war die Lage etwas günstiger. Dort überlebte das Meerschweinchen, das als Nahrungstier gehalten wurde, das Alpaka, von dem Wolle gewonnen wurde, und das Lama, das als Lasttier diente, auf dem man jedoch nicht reiten konnte und das auch nicht als Zugtier verwendbar war. Es fehlten jedoch Tiere wie Rinder, Kamele, Esel oder Pferde, die das Rückgrat der Viehzucht in Eurasien bildeten. Das hatte schwerwiegende Folgen: Es gab keinen Pflug, keinen Karren, keinen Streitwagen, keine Reiterei, keine Milch, vor allem aber keine dauerhafte, verläßliche Ernährung mit Fleisch.

Fleischnahrung ist in allen Gesellschaften sehr beliebt, und der Mensch verzichtet darauf nur, wenn er dazu durch Mangel gezwungen wird oder wenn er strikte religiöse Regeln befolgt, deren Ursprung vielleicht auf Mangel an Weideland zurückzuführen ist.[37] Diese verbreitete Vorliebe mag damit zu tun haben, daß Fleisch eine Reihe von ernährungsphysiologischen Vorteilen besitzt. Es enthält sämtliche Proteine, die Vitamine A, B_{12} und D, Mineralien wie Eisen und Zink, und es macht Fette direkt verfügbar. Rein vegetarische Ernährung ist zwar möglich, doch schwierig und gewöhnlich auch unbeliebt. Es droht vor allem ein Mangel an Vitaminen wie A und B_{12}. Allerdings hat auch reine Fleischnahrung ihre Tücken, vor allem, was die Verfügung von

Vitamin C betrifft. Eskimos verzehrten den Mageninhalt gejagter Pflanzenfresser, um dem Skorbut zu entgehen. Unter »natürlichen« Bedingungen neigt der Mensch daher zu einer gemischten Ernährung. Es ist zu vermuten, daß sich paläolithische Jäger- und Sammlergesellschaften kalorisch etwa zu gleichen Teilen von Fleisch und vegetarischen Stoffen ernährt haben. Rein vegetarische Jäger- und Sammlergesellschaften sind dagegen nicht bekannt.

Fleisch enthält in der Regel relativ wenige toxische Nahrungsbestandteile, da das Tier bereits die meisten Schadstoffe durch seine Leber ausgefiltert hat. Allerdings kann Fleisch leicht verderben, was zu Lebensmittelvergiftungen (wie Botulismus) führen kann. Auch bei Frischfleisch gibt es Problemfälle: So kann sich in der Leber von Karnivoren eine tödliche Dosis von Vitamin A aufbauen; auch können sich im Fleisch giftige Bestandteile verzehrter Pflanzen ansammeln, etwa bei Wachteln, die Schirlingsbeeren gefressen haben. Pflanzen dagegen enthalten häufig toxische oder karzinogene Substanzen. Der Übergang zu mehr pflanzlicher Nahrung ist daher mit spezifischen Risiken verbunden, auf die mit Erwerb von Wissen und Entwicklung bestimmter Fertigkeiten reagiert werden muß. Allerdings wissen bereits Jäger- und Sammlergesellschaften sehr viel über die Eßbarkeit, Dosierung und Schädlichkeit von Pflanzen.

Eine problematische ernährungshygienische Folge der neolithischen Revolution soll aber noch erwähnt werden. Generell bedeutet ja der Übergang zur Landwirtschaft, daß das Nahrungsspektrum massiv eingeschränkt wird, man also über längere Zeit hinweg größere Mengen der gleichen Nahrungspflanzen zu sich nimmt. Dadurch wird es aber zum ersten Mal möglich, daß kumulative toxische Wirkungen auftreten können, die unter Jägern und Sammlern unbekannt waren. Für die Betroffenen war es jedoch sehr schwierig, solche Langzeiteffekte auf ihre Ursachen zurückzuführen, was vor allem für karzinogene Substanzen gilt.

Generell lassen sich die ernährungsphysiologischen Implikationen der neolithischen Revolution wie folgt zusammenfassen.[38] Es kam zur:

1. Herbivorisierung, also einer Abnahme des Fleischanteils an der Nahrung;
2. Cerealisierung, also einer Abnahme des Anteils frischer zugunsten gelagerter, konservierter und verarbeiteter Nahrung, wobei Samen von Gräsern in den Vordergrund rückten;
3. Standardisierung, also einer Verringerung der Nahrungsvielfalt;
4. Dequalifizierung, also einer Minderung der Nahrungsqualität in dem Sinne, daß ein Mangel an Proteinen, Vitaminen und Spurenelementen auftreten konnte.

Manches spricht also dafür, daß mit dem Übergang zur Landwirtschaft der materielle »Lebensstandard« eher abgenommen hat. Die Menschen waren schlechter ernährt, zugleich mußten sie aber mehr und vor allem kontinuierlicher arbeiten. Die Lebensweise von Jäger- und Sammlergesellschaften beruht, wie wir gesehen haben, darauf, daß sie sich passiv in einen gegebenen Ressourcenfluß einschalten. Da dieser Fluß aber von Natur aus schwankt, müssen sie einen Sicherheitsabstand zur unteren Grenze dieser Schwankung einhalten, um auch noch einen Engpaß überleben zu können. Im Normalfall bedeutet dies aber, daß sie im Überfluß leben, was sich in einem geringen zeitlichen Aufwand bei der Nahrungsbeschaffung ausdrückt.

Agrargesellschaften kontrollieren dagegen ihren Ressourcenfluß weitaus stärker und sind wegen ihrer Seßhaftigkeit in der Lage, aber auch gezwungen, Nahrungsmittel zu speichern. Wegen dieser Lagerhaltung können sie mit einer weitaus kontinuierlicheren Nahrungsversorgung rechnen, mit der Folge, daß sie den Sicherheitsabstand zu einem möglichen Versorgungsminimum verringern können. Dies hat aber weitreichende Konsequenzen: Es bedeutet nämlich nicht nur, daß sie ihre natürliche Umwelt intensiver nutzen, sondern auch, daß der Arbeitsaufwand beträchtlich steigt. Bauern können, im Gegensatz zu Wildbeutern, Brot essen – doch müssen sie dies im Schweiße ihres Angesichts tun!

Die verstärkte körperliche Belastung der Bauern durch schwere Arbeit und relativ schlechte, proteinarme Nahrung wird von frühgeschichtlichen Skelettfunden bestätigt. In Griechenland und der Türkei ergaben sich für nacheiszeitliche Jäger und Sammler durchschnittliche Körpergrößen von 1,78 m (Männer) und 1,68 m (Frauen). In bäuerlichen Gesellschaften, die um 4000 v. Chr. den gleichen Raum besiedelten, lag die Körpergröße nur noch bei 1,60 m und 1,54 m. Zugleich gibt es Anzeichen für eine soziale Differenzierung der Ernährung: Angehörige der Oberschicht wurden größer als die Bauern.[39]

Der Übergang zur Landwirtschaft war zweifellos auch mit speziellen mentalen Folgen verbunden: Landwirtschaft stellt neuartige intellektuelle und emotionale Anforderungen an diejenigen, welche sie betreiben. Vor allem ist ein hohes Maß an Planung, Kalkulation und Koordination erforderlich. Der Zeitpunkt der Aussaat und Ernte muß bestimmt werden. Die Feldgröße ist festzulegen, Arbeit ist einzuteilen, räumlich, zeitlich und sozial. Der Verzehr gelagerter Nahrung muß so geplant werden, daß man den Zeitpunkt der Aussaat wie auch der ersten Ernte erreicht, bevor alles aufgegessen ist. Das Saatgut ist zu schützen. Die Verteilung innerhalb der Gruppe, etwa der Familie, kann nicht mehr so großzügig gehandhabt werden wie die Verteilung verderblicher Jagdbeute. Selbstdisziplin und Disziplinierung nach außen werden erforderlich. Der Bauer wird berechnend, vorsichtig, verschlossen und geizig – alles Eigenschaften, die für den Jäger sinnlos gewesen wären.

Die neolithische Revolution hat sich universalhistorisch als irreversibler Vorgang erwiesen. Es ist kaum ein Beispiel dafür bekannt, daß eine Agrargesellschaft zur Existenzweise von Jägern und Sammlern zurückgekehrt wäre.[40] Die Landwirtschaft bildete insofern eine Evolutionsfalle, als aus ihr kein Rückweg in das frühere Stadium mehr möglich war, im Gegenteil: Landwirtschaftliche Gesellschaften tendieren dazu, ihre Wildbeuter-Nachbarn zu vertreiben, zu vernichten oder zur Nachahmung zu zwingen. Der zentrale Grund für diese Irreversibilität dürfte weniger darin liegen, daß Landwirtschaft mit einer Verbesserung der Lebensverhältnisse im Sinne des materiellen »Fortschritts« verbunden war, sondern daß sie zur Steigerung der Bevölkerungsgröße führte. Eine Regression vom Niveau der Agrargesellschaft hätte daher mit massivem Bevölkerungsrückgang verbunden sein müssen, es sei denn, es konnten neue Lebensräume besiedelt werden.

Umgekehrt bedeutet dies, daß der wirksame evolutionäre Vorzug der Landwirtschaft gegenüber der Existenzweise von Jägern und Sammlern darin besteht, daß sich auf ihrer Basis eine höhere Bevölkerungsdichte stabilisieren kann. Landwirtschaft tendiert zur Monopolisierung der Biomassenproduktion einer bestimmten Fläche, da sie ihre Nutzpflanzen künstlich konzentriert und deren Konkurrenten um Boden, Nährstoffe und Licht ausschaltet. Auf diese Weise kann von einer gegebenen Fläche mehr Nahrung gewonnen werden, als dies unter den Bedingungen der Wildbeuterwirtschaft möglich wäre. Für die vorindustrielle Landwirtschaft gilt als Faustregel, daß man bei Getreideanbau lediglich einen halben Hektar Land zur Ernährung einer Person benötigt, wozu allerdings ein weiterer Flächenbedarf für Wald und Weide tritt. Landwirtschaft bedeutet grundsätzlich eine höhere Effizienz der Flächennutzung, und dies dürfte der wichtigste Grund dafür sein, daß sie sich allmählich über die gesamte Erde ausbreiten konnte, ein Vorgang, der mit einem dramatischen Anstieg der Bevölkerungszahlen einherging.

Der historische Übergang zur Landwirtschaft leitete eine irreversible Transformation der Naturlandschaft in eine Kulturlandschaft ein. Rückblickend ist es allerdings so gut wie unmöglich, zu bestimmen, wie die Naturlandschaft in denjenigen Gebieten aussähe, die seit längeren Zeiträumen in Kulturlandschaften verwandelt wurden. In Mitteleuropa etwa begann die Ära der Landwirtschaft vor ungefähr 7 000 Jahren, als Import aus dem Nahen Osten. Zu diesem Zeitpunkt hatte sich in diesem Raum jedoch die postglaziale Landschaft noch nicht stabilisiert, war noch nicht abzusehen, ob und wieweit sich bestimmte Merkmale der Vegetation oder des Wasserhaushalts verstetigen würden.

Die neolithische Revolution traf also nicht etwa auf einen dauerhaften »Zustand«, den sie transformierte, sondern sie griff in einen Prozeß ein, der von sich aus dynamisch angelegt war. Die Abfolge von »Urlandschaft« bzw. »Naturlandschaft« auf der einen und »Kulturlandschaft« auf der anderen Seite ist daher äußerst problematisch, wenn sie als Gegenüberstellung eines »natürlichen Gleichgewichts« mit einer »anthropogenen Störung« verstanden wird. Niemand kann wissen, wie die mitteleuropäische Landschaft »von Natur aus« beschaffen wäre, denn es ist sicher, daß die Boden- und Vegetationstypen, die hier vor 7 000 Jahren existiert hatten, auch ohne menschliche Eingriffe verschwunden wären und sich in andere Zustände verwandelt hätten.

Die Gegenüberstellung von stabiler Naturlandschaft und ihrer Dynamisierung durch agrarwirtschaftliche und schließlich industrielle Transformationen ist heute ein zentrales Motiv der amerikanischen Umweltgeschichte.[41] In den USA ist eine solche Konfrontation aus dem Grunde nicht ganz sinnlos, als dort in den etwa 10 000 Jahren seit Ende der letzten Eiszeit Landschaftstypen entstanden sind, in die sich Jäger- und Sammlergesellschaften sowie Gesellschaften neolithischer Bauern eingenischt haben. Zwar fanden auch dort beträchtliche Modifikationen der Landschaft durch menschliche Eingriffe statt, etwa durch Brandrodung oder excessive Jagd mit Hilfe von Steppenbränden, doch ist mit der Landnahme durch europäische Siedler zweifellos ein wichtiger umweltgeschichtlicher Einschnitt verbunden gewesen.

Aus der Perspektive der Alten Welt ist eine solche Gegenüberstellung von Naturzustand und einbrechender Dynamisierung jedoch wenig fruchtbar, auch wenn sie einem Orientierungsbedürfnis entgegenkommen mag, welches mit den einfachen Kategorien »früher« und »jetzt« arbeitet. In Europa haben wir es heute vielmehr mit einem Gegensatz zwischen der agrarischen »Kulturlandschaft«, die unsere Erinnerung geprägt hat, und ihrer nachfolgenden Dynamisierung zu tun. Diesen Gegensatz gilt es zu verstehen, und zu diesem Zweck ist es wichtig, die Kulturlandschaft aus den Bedingungen der agrarischen Lebensform zu erklären.

Die agrarisch geprägte Landschaft, die man auch als »Agri-Kulturlandschaft« bezeichnen kann, ist ein ungewolltes Nebenprodukt der landwirtschaftlichen Produktions- und Lebensweise. Der bäuerliche Zugriff auf die Landschaft leitet weitreichende ökologische und ästhetische Veränderungen ein, die zum Teil gewünscht und intendiert sind, zum Teil aber auch unerwünschte oder auch unerkannte Nebeneffekte bilden. Schlagwortartig lassen sich die folgenden Elemente der Landschaftsveränderung aufzählen[42]:

- Der Umfang der Wälder wird durch Rodung dezimiert, wenn Acker- und Weidefläche gewonnen werden soll, doch kann der Wald im Rahmen der landwirtschaftlichen Lebensweise niemals vollständig verschwinden.
- Feuchte Böden werden entwässert, wobei der Grundwasserspiegel sinkt. Moore und Feuchtgebiete werden daher tendenziell zugunsten der »Kultursteppe« verdrängt, auf welcher die bevorzugten Gräser wachsen sollen.
- Das Landschaftsprofil wird gezielt verändert, wenn Terrassen angelegt oder Senken zugeschüttet werden.
- Die Wind- oder Wassererosion wird durch Pflügen des Bodens verstärkt, wobei Boden abgetragen und verlagert wird. Dadurch kann etwa der Verlauf von Flüssen oder Flußmündungen stark verändert werden.

- Bei heftigen Niederschlägen und geringer Bodendichte kann es durch verstärkte Erosion zur dauerhaften Verkarstung kommen, mit der Konsequenz, daß das entsprechende Gelände für Ackerbau oder Forstwirtschaft unbrauchbar wird.
- In Gebieten mit künstlicher Bewässerung können die Böden nachhaltig versalzen, da Oberflächenwasser immer gelöste Salze enthält, die sich nach Verdunstung im Boden anreichern.
- Bestimmte Tierarten, vor allem große Raubtiere, werden durch Störung ihrer Lebensräume verdrängt oder durch die Jagd ausgerottet.

Diese Prozesse werden in der Regel eher als schädlich bewertet, und sei es nur aus dem Grund, daß sie längerfristig problematische oder sogar selbstzerstörerische Folgen für die Landwirtschaft haben können. Verstärkte Erosion, Austrag von Nährstoffen, Absenkung von Grundwasser oder gar Versalzung und Verkarstung der Böden können ganze Landstriche für eine weitere landwirtschaftliche Nutzung unbrauchbar machen.[43] Diesen gewöhnlich als schädlich geltenden Prozessen stehen aber Auswirkungen der traditionellen Landwirtschaft auf die Landschaft entgegen, die im Sinne einer Steigerung der ökologischen Vielfalt eher als Bereicherung gesehen werden können.

- In erster Linie ist die Schaffung zahlreicher neuer ökologischer Nischen zu nennen, die es in der älteren Naturlandschaft in dem betreffenden Raum nicht gegeben hat. Es entstehen Lichtungen, Waldsäume, Trockenwiesen und Pionierflächen. Tümpel und Weiher werden angelegt oder vor der natürlichen Verlandung bewahrt. Der Stoffhaushalt von Gewässern wird durch verstärkten Eintrag organischen Düngers verändert, was bestimmten Wasserpflanzen zugute kommt.
- Neue Spezies entstehen zwar nicht, aber es tritt doch eine Vielzahl von neu gezüchteten Pflanzen und Nutztierrassen auf. Schon seit Jahrtausenden werden zudem ortsfremde

Pflanzenarten wie Weizen, Gerste, Äpfel, Pfirsiche, Reis, Mais oder Kartoffeln gezielt nach Europa importiert. Die wichtigsten Kulturpflanzen haben sich schon seit vielen Jahrhunderten zunächst über Eurasien, seit der frühen Neuzeit über die ganze Erde ausgebreitet. Auch Kulturbegleiter, von den Bauern als Unkräuter und Ungeziefer wenig geschätzt, finden jetzt vielfältige Überlebensmöglichkeiten.

Dies alles ist zumindest in quantitativer Sicht als Aufwertung der jeweiligen Ökosysteme zu verstehen. Insgesamt dürften die wenigen Verluste von Lebensräumen sowie Pflanzen- und Tierarten durch die große Steigerung der ökologischen Vielfalt weit kompensiert worden sein. Wenn Vielfalt als solche »wertvoll« ist, dann hat der Übergang zur Landwirtschaft ohne Zweifel zu einer Bereicherung der Landschaft geführt, auch wenn es keinen Beobachter gab, der einen solchen Vergleich hätte ziehen können.

Das agrarische Energiesystem

Um das Wesen der von der Landwirtschaft geprägten Landschaft besser zu verstehen, ist es sinnvoll, ihre energetischen Systembedingungen näher zu betrachten.[44] Prinzipiell kann die vorindustrielle Landwirtschaft als ein System zur Kontrolle von Solarenergieflüssen verstanden werden. Auch Jäger- und Sammlergesellschaften beruhen energetisch vollständig auf der Nutzung von Sonnenenergie, doch waren sie noch kaum in der Lage, diese Energieflüsse zu kontrollieren und für ihre Zwecke umzulenken. Dies geschieht erst in der Agrargesellschaft, die sich hierzu zweier Typen von Energiekonvertern bedient, die so unlösbar mit ihr verbunden sind, daß es ein Stück weit möglich ist, die Struktur der landwirtschaftlichen Produktionsweise aus der Eigenart der Energiekonversion und den damit verbundenen

Flächennutzungsformen zu erklären. Es handelt sich hierbei um biologische und technische Energiekonverter, die jeweils spezifische physikalische und ökologische Eigenschaften haben.

Jeder tierische (und auch menschliche) Organismus kann als »biologischer Energiekonverter« verstanden werden, denn er ist in der Lage, die in seiner Nahrung enthaltene chemische Energie in mechanische Energie, also in Arbeit, umzuwandeln. Die Solarenergie fließt von der Sonne zu den Pflanzen, welche sie in ihrer Biomasse speichern, und von dort in tierische Organismen, die diese Energie in Wärme und Arbeit umsetzen und damit in der Lage sind, nicht nur sich selbst am Leben zu erhalten, sondern auch ihre Umwelt aktiv zu verändern. Dieser Energiefluß, der die natürlichen Ökosysteme durchströmt, wird nun im Rahmen der Landwirtschaft gezielt umgelenkt und für menschliche Zwecke eingesetzt, indem pflanzliche und tierische Organismen manipuliert werden. Mit der Zeit werden schließlich auch technische Energiekonverter entwickelt, also Maschinen, welche solare Energieströme in eine nutzbare Form bringen.

Unter energetischem Gesichtspunkt beruht die Funktionsweise der vorindustriellen Landwirtschaft darauf, daß mehr chemische Energie in Form von Biomasse gewonnen wird, als dafür chemische in mechanische Energie umgewandelt werden muß. Die traditionelle Landwirtschaft muß daher (im Gegensatz zur Landwirtschaft der Industriegesellschaft) prinzipiell mit einem positiven energetischen Erntefaktor arbeiten, das heißt, längerfristige Energiedefizite sind hier nicht möglich. Mit anderen Worten: Die für die Feldbestellung aufgewandte Arbeit von Menschen und Tieren muß sich in einem Ernteertrag niederschlagen, der zumindest ausreicht, diese Menschen und Tiere zu ernähren. Auf größere Energiespeicher kann man hier nicht zurückgreifen, sondern die Energiebilanz muß innerhalb von wenigen Jahren immer wieder ausgeglichen sein.

Was dies bedeutet, kann anhand eines Beispiels erläutert werden. Die größte Energiereserve, auf die eine Solarenergiegesellschaft zurückgreifen kann, ist ein Urwald. In seiner Biomasse ist die pflanzliche Photosyntheseleistung von etwa dreihundert Jahren gespeichert. Wenn man diesen Wald rodet, so erntet man also innerhalb kurzer Zeit einen Energiebetrag, der das Dreihundertfache dessen ausmacht, was man jährlich von dieser Fläche gewinnen könnte. Wird die gerodete Fläche aber als Acker genutzt, so kann jährlich nur eben so viel Biomasse geerntet werden, wie im gleichen Zeitraum gebildet wurde. Forstet man das gerodete Gelände dagegen wieder auf, so muß man eine Reihe von Jahren warten, bis man den neu gewachsenen Wald wieder abernten kann. Während seiner Wachstumszeit bildet er gewissermaßen einen energetischen Zwischenspeicher, doch wenn man diesen (wie in der Niederwaldnutzung üblich) nach vielleicht zwanzig Jahren schlägt, so gewinnt man nicht mehr Biomasse, als sich in ebendiesen zwanzig Jahren gebildet hat, und das ist genau das Zwanzigfache der jährlichen Nettoproduktion.

Das agrarische Solarenergiesystem beruht auf der Nutzung qualitativ unterschiedlicher Energieformen, die zwar alle letztlich auf die Einstrahlung von Sonnenenergie zurückgehen, im Rahmen der gegebenen technischen Möglichkeiten aber nur über Umwege ineinander transformiert werden können. Der Agrargesellschaft selbst war der Gedanke fremd, daß Wärme, Nahrung, Arbeit und Licht unter dem gemeinsamen Begriff der »Energie« zusammengefaßt werden oder daß Feuer, Wasser, Wind, Bewegung oder Getreide in irgendeiner Hinsicht das gleiche sein könnten. Erst im Rahmen des Industriesystems wurde eine vollständige technische Umwandlung verschiedener Energieformen möglich, und erst jetzt konnte sich ein allgemeiner Begriff »Energie« bilden. Rückblickend ist es allerdings möglich, diesen analytischen Begriff auch auf frühere Zustände anzuwenden. Man beschreibt damit zwar nicht das Selbstverständnis dieser Gesellschaften, doch kann man deren Rahmenbedingungen besser verstehen.

Dem qualitativen Charakter der einzelnen Energieformen können in der historischen Wirklichkeit unterschiedliche Nutzungsformen des Landes zugerechnet werden. Es lassen sich metabolische, mechanische und kalorische Energie, also Nahrung, Arbeit und Wärme, unterscheiden. Jeder dieser Energieformen mußte eine spezifische Fläche zugeordnet werden, von welcher der entsprechende Energieträger gewonnen werden konnte: Der metabolischen Energie menschlicher Nahrung entsprach der Acker, der mechanischen Energie der Nutztiere die Weide und der kalorischen Energie von Holz der Wald. Betrachten wir diese Elemente etwas näher.[45]

1. Die Produktion von Nahrungsmitteln für den Menschen ist der primäre Zweck der Landwirtschaft. Dafür muß eine bestimmte Fläche des agrikolen Lebensraums bereitgestellt werden, auf welchem die bevorzugten Pflanzen angebaut werden. Limitierender Faktor für das Pflanzenwachstum ist in der Regel nicht die einstrahlende Sonnenenergie, sondern die Verfügbarkeit von Stoffen, vor allem von Wasser, Stickstoff, Phosphor und anderen Spurenelementen, die zur Assimilation erforderlich sind. Ferner ist es wichtig, daß keine schädlichen Faktoren wie Salz, Nahrungskonkurrenten (»Unkräuter«, »Ungeziefer«) oder zu starker Wind auftreten. In der Kontrolle dieser Faktoren liegt daher ein enormes Innovationspotential, das letztlich auf eine gelungene Monopolisierung der gewünschten Biomassenproduktion für menschliche Zwecke zielt.

Es wurde bereits darauf hingewiesen, daß sich Jäger- und Sammlergesellschaften kalorisch zu einem etwa gleichen Verhältnis von pflanzlicher und tierischer Biomasse ernährten. Gesammelte Pflanzen und gejagte Tiere wurden von ihrem natürlichen Lebensraum abgeschöpft, ohne daß man sich um die ökologisch-energetischen Bedingungen ihrer Reproduktion kümmerte. Bauern müssen im Gegensatz dazu ihre Nahrungstiere ebenso aktiv produzieren wie ihre pflanzliche Nahrung, und hierbei treten nun neuartige Probleme auf. Zum Verzehr bestimmte Tiere müssen im Rahmen der bäuerlichen Wirtschaft mit Nahrung versorgt werden. Dazu benötigt man eine bestimmte Fläche, auf der ihr Futter wächst. Nun beträgt der Wirkungsgrad bei der Bildung tierischer Biomasse etwa 15 bis 20%, das heißt, nur ein Achtel bis ein Fünftel der in den Futterpflanzen enthaltenen Energie wird letztlich in Fleisch umgesetzt. Dies bedeutet aber, daß der Flächenbedarf bei fleischlicher Nahrung das Fünf- bis Achtfache dessen beträgt, was man bei rein vegetarischer Ernährung brauchen würde.

Im Zuge des Bevölkerungswachstums nimmt in den Agrargesellschaften generell der Druck auf die Fläche zu. Wenn aber Menschen und Tiere um Nahrungsfläche konkurrieren, hat dies zur Folge, daß die Tiere tendenziell von den Menschen verdrängt werden. Für die Menschen (oder genauer: die agrargesellschaftlichen Unterschichten) hat das die Konsequenz, daß sie auf eine niedrigere trophische Ebene ausweichen müssen. Der Übergang zu vegetarischer Nahrung gestattet auf gegebener Fläche eine Vergrößerung der Bevölkerungsdichte bis zum Faktor acht. Die Menschen müssen also die eigentlich bevorzugte Fleischnahrung aufgeben und werden tendenziell zu Herbivoren. Dies ist der energetische Grund dafür, daß in fortgeschrittenen und tendenziell übervölkerten Agrargesellschaften ein Rückgang des Konsums fleischlicher Nahrung zu beobachten ist. Der Anteil von Fleisch an der Nahrung kann in Agrargesellschaften somit als Indikator für das Maß an Landknappheit und relativer Übervölkerung gelten, und auch heute wird in einer übervölkerten Welt ja immer wieder die Forderung laut, man möge den Fleischkonsum reduzieren.

Jedoch darf man die Ernährungssysteme auch ökologisch nicht nur unter Energie-Aspekten betrachten. Schweine wurden trotz Energieverlusts gehalten, weil sie Proteine und Fette liefern, die auf rein pflanzlicher Basis viel schwieriger zu beschaffen waren. Auch dienten viele Tiere mehreren Zwecken zugleich.

Rinder etwa, die als Zugvieh bei der Feldbestellung eingesetzt wurden, beendeten ihren Lebenslauf gewöhnlich im Kochtopf. Allerdings tendieren reife Agrargesellschaften dazu, in erster Linie solche Tiere zu halten, die geringe Flächenansprüche stellen: Schweine und Hühner, die sich von Abfällen ernähren; Fische und Enten, die in und auf dem Wasser leben.

Innerhalb der Agrargesellschaften besteht ein weites Spektrum von Anbauformen, die mit unterschiedlicher Effizienz betrieben werden, was sich in einer weiten Spanne der Erträge niederschlägt. Dies hängt nicht nur von den Naturvoraussetzungen ab, also vom Boden, vom Klima, den Niederschlägen oder den verfügbaren Pflanzen- und Tierarten. Von weit größerer Bedeutung ist vielmehr die Produktivität der bäuerlichen Arbeit, die im energetischen Sinne als Verbesserung der Wirkungsgrade gelten kann.

Jährlicher Nettoenergieertrag landwirtschaftlicher Nutzflächen (Megajoule pro Hektar, einschließlich der Brache)[46]

Reis mit Brandrodung (Iban, Borneo)	850 MJ/ha
Gartenbau (Papua-Neuguinea)	1 390 MJ/ha
Weizen (Indien)	11 200 MJ/ha
Mais (Mexiko)	29 400 MJ/ha
intensive bäuerliche Landwirtschaft (China)	281 000 MJ/ha

Vergleicht man die Werte in dieser Tabelle mit dem Nettoenergieertrag von Jäger- und Sammlergesellschaften, der je nach Lebensraum 0,6 bis 6,0 MJ/ha im Jahr beträgt, so wird deutlich, wie sensationell die Unterschiede zwischen diesen Lebensformen sind. Auf der Basis der chinesischen Intensivlandwirtschaft könnten fünfzigtausendmal so viele Menschen auf einer bestimmten Fläche leben wie unter Jäger- und Sammlerbedingungen. Dies macht verständlich, weshalb einerseits eine Rückkehr von Agrargesellschaften zur Lebensform von Jäger- und

Sammlergesellschaften nicht möglich ist und weshalb andererseits Agrargesellschaften dazu tendieren, konkurrierende primitive Gesellschaften zu verdrängen, die einen so viel höheren Flächenbedarf haben. Aus der Perspektive agrarischer Pioniere ist das Land von Jäger- und Sammlergesellschaften massiv unterbevölkert und ungenutzt. Für die europäischen Bauern etwa, die in der Neuzeit Gebiete wie Amerika oder Australien eroberten, waren diese »leer« – für die dortigen Einwohner jedoch, die als Wildbeuter lebten, waren sie durchaus vollständig besiedelt.

2. In der Agrargesellschaft gewinnt die Nutzung mechanischer Energie erstmals eine selbständige Bedeutung. Jäger- und Sammlergesellschaften bedienen sich letztlich nur der menschlichen Muskelkraft als Quelle mechanischer Arbeit, so daß bei ihnen eine Unterscheidung zwischen metabolischer und mechanischer Energie nicht sinnvoll ist. In Agrargesellschaften dagegen spielen nichtmenschliche biologische und technische Energiekonverter eine große Rolle, so daß sich eine nähere Betrachtung lohnt.

Bei der biologischen Energiekonversion handelt es sich um die Umwandlung der chemischen Energie, die in der Nahrungsbiomasse gebunden ist, in mechanische Energie oder Arbeit, wobei der Biokonverter ein menschlicher oder tierischer Organismus ist. Der energetische Wirkungsgrad dieser Umwandlung beträgt 15 bis 20 %, und es macht bei groben mechanischen Verrichtungen keinen großen Unterschied, ob Menschen oder Tiere arbeiten. Dies kann an einem Beispiel erläutert werden: Die Durchschnittsleistung eines Pferdes liegt bei 600 bis 700 Watt, die des Menschen dagegen bei etwa 50 bis 100 Watt. Die Leistung des Pferdes beträgt also das Achtfache des Menschen, und ähnlich sind auch die Relationen des Nahrungsenergiebedarfs. Er beträgt beim Pferd etwa 100 MJ am Tag, während ein körperlich arbeitender Mensch etwa 12 MJ benötigt.[47]

Diese Zahlen machen deutlich, daß beim Verzicht auf das Pferd eine Fläche frei wird, von der acht Menschen ernährt werden können, die prinzipiell in der Lage wären, die gleiche Arbeit zu verrichten. Allerdings sind bei dieser einfachen Rechnung weitere Bedingungen zu berücksichtigen. Zunächst darf man nicht übersehen, daß das Pferd nur für sehr einfache mechanische Arbeiten wie den Transport von Lasten eingesetzt werden kann, die auf einem Bauernhof nicht permanent nötig sind. Zieht man die Ausfallzeiten des Pferdes in Betracht, so erscheint die Schätzung nicht abwegig, daß die energetische Effizienz des Menschen über längere Zeiträume hinweg etwa zweieinhalbmal so hoch ist.[48] Auch im Vergleich mit anderen Nutztieren schneidet das Pferd nicht allzu gut ab: Es stellt recht hohe Ansprüche an seine Nahrung, während Rinder sich auch auf Dauer mit Gras und Heu zufriedengeben und im Gegensatz zum Menschen die in der Nahrung enthaltene Zellulose verdauen können. Daher ist es wenig verwunderlich, daß das Pferd erst relativ spät, im Grunde erst seit dem 18. und frühen 19. Jahrhundert, als Zugtier in der Landwirtschaft den Ochsen verdrängte, während es zuvor in erster Linie zu militärischen Zwecken eingesetzt wurde, wo es weniger auf die Kosten als seine überlegenen Eigenschaften der Beweglichkeit und Lernfähigkeit ankam.[49]

Wenn die Vegetationsperiode auf eine bestimmte Jahreszeit beschränkt ist, fallen Arbeiten wie Pflügen oder Ernten an, die innerhalb recht kurzer Zeiträume verrichtet werden müssen, also nicht beliebig aufgeteilt und verzögert werden dürfen. Dies sind die Gründe dafür, weshalb sich in gemäßigten Klimazonen wie Europa der Einsatz von anspruchslosen Arbeitstieren wie Ochsen immer gelohnt hat, auch wenn sie mit den Menschen um Nahrungsfläche konkurrieren. In bestimmten Gebieten Chinas jedoch, in denen das ganze Jahr über in der Landwirtschaft gearbeitet werden kann, konnten Arbeitstiere vom Menschen verdrängt werden, und der Pflug wurde wieder von der Hacke abgelöst.

Ein wichtiges Anwendungsgebiet für Biokonverter ist der Transport schwerer Güter. Beim Überlandtransport ist die einfachste Methode das Tragen, das vor allem den Vorteil hat, daß dafür keine Straße angelegt werden muß. Es ist jedoch leicht einsehbar, daß hierzu große Mengen an Energie aufgewandt werden müssen, so daß sich die Beförderung schwerer Güter über weitere Entfernungen kaum lohnt. Dazu ein Beispiel: Ein Mensch kann am Tag maximal etwa 40 kg Getreide über eine Entfernung von 25 km transportieren, und er konsumiert während dieser Zeit selbst etwa ein Kilogramm Getreide. Wenn man den Rückweg mitzählt und jeweils einen Tag Aufenthalt am Ursprungs- und Zielort einrechnet, so verbraucht er bei einer Entfernung von 50 km 16%, bei 100 km 25% der Traglast. Sollte er eine Distanz von 500 km überwinden, könnte er bereits nicht mehr selbst von dem mitgeführten Getreide ernährt werden.

Energetisch ist Tragen sehr ineffizient, da die Last bei jedem Schritt gehoben und gesenkt werden muß. Wenn das Beförderungsgut jedoch gezogen werden kann, muß lediglich ein Reibungswiderstand überwunden werden, der durch eine glatte Oberfläche (Straße) und schließlich durch die Ersetzung des Schlittens durch Rad und Wagen stark verringert werden kann. Diese Verbesserungen erfordern allerdings recht große Investitionen. Eine Straße anzulegen lohnt sich nur, wenn wiederholt größere Mengen an Gütern über die gleiche Strecke zu befördern sind. Wagen zu bauen ist nur sinnvoll, wenn es Zugtiere und Straßen gibt (was etwa in den amerikanischen Zivilisationen nicht der Fall war). Aber auch der Überlandtransport mit Pferd und Wagen hat seine energetischen Grenzen. Ein Pferd verzehrt in einer Woche eine Wagenladung Futter, das heißt, der Nettoertrag beim Futtertransport wäre bereits nach einer Woche negativ. Damit werden die energetischen Grenzen des Überlandtransports deutlich, die sich in ökonomischen Kategorien als prohibitiv hohe Kosten geltend machten.[50]

Für den Zweck der tierischen Energiekonversion muß in der

Regel eine spezielle Weidefläche bereitgestellt werden, von welcher das Futter für die Arbeitstiere gewonnen wird. Dieser Flächenbedarf konkurriert jedoch mit anderen Ansprüchen an die Fläche, vor allem mit ihrer Nutzung als Ackerland. Von daher wird verständlich, daß in einem agrarischen Solarenergiesystem prinzipiell Knappheit an mechanischer Energie besteht, da die verfügbare Fläche insgesamt ja nicht vermehrt werden kann. Vor allem Überlandtransporte sind extrem teuer und lohnen sich nur bei hochwertigen Gütern mit geringem Gewicht. Generell versucht man aber, den aufwendigen Einsatz von Arbeitstieren zu vermeiden und an ihrer Stelle technische Energiekonverter einzusetzen, die einen geringeren Flächenbedarf haben.

Die Nutzung von Wasser- und Windkraft ist das bedeutendste Anwendungsgebiet einer technischen Konversion von Solarenergie für menschliche Zwecke. Fließendes Wasser setzt voraus, daß große Mengen von Wasser durch Sonnenwärme verdunstet sind, während Wind in erster Linie durch den Ausgleich von Temperaturdifferenzen in der Atmosphäre entsteht. Lediglich die Passatwinde beziehen ihre Energie vom Abbremsen der Erdrotation, was auch für die Gezeiten gilt. Die übrigen Formen von Wasser- und Windenergie sind solaren Ursprungs.

Die einfachste Nutzungsform der Strömungsenergie des Wassers ist das Floß, dessen Gebrauch schon in paläolithischen Gesellschaften üblich war, das aber für den Transport schwerer Güter, vor allem von Holz, bis ins 19. und 20. Jahrhundert verbreitet war. Beim Floß fallen Transportmittel und Transportgut zusammen, und es entsteht nur ein geringer spezifischer Energieaufwand, der von der Besatzung beim Steuern aufgebracht werden muß. Das fließende Wasser ist hierbei im strengen Sinne nicht die eigentliche und einzige Energiequelle, sondern es bildet im wesentlichen nur ein Transportmedium, welches es gestattet, die im Floß selbst enthaltene potentielle Energie in mechanische Energie zu verwandeln. Der Fluß als solcher wird also nur teilweise energetisch genutzt, sondern er dient vor allem als »schiefe

Ebene« mit geringer Reibung, auf welcher das Floß von selbst dem Meer entgegenrutscht.

Das Floß hat aber einen prinzipiellen Nachteil: Mit ihm ist ein Transport nur in die Fließrichtung möglich. Dies bringt eine spezifische Asymmetrie der Flächennutzung mit sich, wie sie in vorindustriellen Gesellschaften verbreitet ist. Bevölkerungs- und Verbrauchszentren liegen eher am Unterlauf von Flüssen, so daß sie mit Flößen oder Booten versorgt werden können, ohne daß dabei ein größerer Energieaufwand entsteht. Da die in die Verbrauchszentren transportierten schweren Güter aber bezahlt werden müssen (sofern es sich nicht um Tribut, Steuern oder Renten handelt), muß es einen stofflichen Rückfluß gegen die Fließrichtung geben, der gewöhnlich aus leichteren (Luxus-) Gütern besteht. Für diesen Transport gegen die Fließrichtung durch Treideln müssen Arbeitskräfte (Menschen, Zugtiere) eingesetzt werden, auch ist die Anlage spezieller Treidelpfade erforderlich. Dennoch ist Treideln gegen den Strom energetisch effizienter als Transport auf dem Landweg, vor allem, wenn das Gefälle nicht zu groß ist.

Eine bedeutende Form der technischen Konversion von Wasserkraft bildet die Wassermühle. Ihre Wirkung beruht auf der Nutzung von fließendem Wasser, das ursprünglich durch Sonnenwärme verdunstet ist, in höhere atmosphärische Schichten verlagert wurde, von wo es im Gebirge abgeregnet ist und schließlich wieder den Meeren entgegenströmt. Aus technischer Perspektive bremst die Mühle dieses fließende Wasser ab und verwandelt seinen Energiefluß in eine Rotationsbewegung, die für eine Reihe gewerblicher Zwecke eingesetzt werden kann.

Entstanden ist die Wassermühle ursprünglich in den orientalischen Hochkulturen, vermutlich aus der Wasserschöpfanlage. Gegenüber dem mit Muskelkraft betriebenen Göpel ist sie weitaus günstiger, da ihrem Betrieb keine spezifische (Weide-) Fläche gewidmet werden muß. Allerdings hat auch sie ihre Probleme, die vor allem in der Verfügbarkeit von Wasser liegen. An Flüssen können nur unterschlächtige, häufig schwimmende Wassermühlen betrieben werden, die nicht nur einen geringen Wirkungsgrad haben, sondern auch von Überschwemmungen gefährdet sind und die Schiffahrt sowie das Flößen behindern. An Bächen dagegen besteht das Problem, daß sie im Sommer austrocknen und im Winter einfrieren können, so daß die Mühle ausfällt.

Auch im Normalbetrieb konnten Knappheitsprobleme auftreten. Der Fluß Irwell in den englischen Midlands etwa hat ein Gesamtgefälle von 300 m. Im frühen 19. Jahrhundert lagen an ihm nicht weniger als 300 Fabriken mit Wassermühlen, so daß auf eine Mühle lediglich ein Gefälle von einem Meter kam.[51] Da die potentielle Gesamtenergie eines Wasserlaufs aus dem Produkt von Wassermenge und Gefälle besteht, versuchte man, durch Anlage von Staubecken die Gesamtmenge des Wassers, die in 24 Stunden an der Fabrik vorbeifloß, während der Arbeitszeit von 14 bis 16 Stunden zu nutzen. Hierzu wurden umfangreiche Anlagen errichtet, die auf eine verbesserte Ausnutzung und auf eine Erhöhung des Wirkungsgrads zielten. Es mußten auch Konflikte zwischen Anliegern am Ober- und Unterlauf um die Wassernutzung geschlichtet werden.

Das prinzipielle Problem der Wassermühle lag in ihrer Standortgebundenheit. Die mit ihrer Hilfe verfügbar gemachte Energie konnte nur durch mechanische Transmission transportiert werden, also mit Hilfe von Stangen, Wellen, Bändern und Rädern. Da hierbei große Reibungsverluste auftraten, konnten lediglich Entfernungen von bis zu tausend Metern überwunden werden. Größere Mengen an mechanischer Energie konnten daher abseits von Wasserläufen kaum durch technische Konversion verfügbar gemacht werden. Dies war vor allem für den Bergbau ein Problem, wo zur Entwässerung der Gruben Hebeanlagen erforderlich waren. Wollte man Erze in einiger Entfernung von nutzbaren Wasserläufen fördern, blieb man auf kostspielige Göpel-Anlagen angewiesen, die mit Pferdekraft betrieben wurden.

Daher lag auf der Entwicklung von Pumpen, die mit fossiler Energie arbeiten, eine enorme wirtschaftliche Prämie.

Die zweite wichtige Quelle mechanischer Solarenergie ist der Wind. Die Nutzung von Windkraft war vor allen Dingen beim Transport über das Wasser von Bedeutung. Das Segelschiff bildete die eigentliche Basis für den Ferntransport der agrarischen Zivilisationen. Sobald die Probleme der Steuerung (Kreuzen gegen den Wind) und der Navigation gelöst waren, war der metabolische Aufwand für das Setzen und Reffen der Segel und für andere Arbeiten auf dem Schiff (im Gegensatz zum Rudern) minimal. Eine Ausnahme bildet auch hier der militärische Sektor, auf dem sich die mit Muskelkraft operierende Galeere trotz ihrer enormen Betriebskosten und geringen Reichweite bis ins 18. Jahrhundert halten konnte, da sie die Hauptnachteile des Segelschiffs nicht besaß: Sie war enorm wendig, sie konnte beschleunigen, sie konnte abgebremst werden, und sie war auch in der Flaute einsatzfähig.[52]

Das Segelschiff wurde offenbar unabhängig voneinander in verschiedenen agrarischen Zivilisationen entwickelt und genutzt, auch für den Binnentransport auf Flüssen und Kanälen, wo allerdings die Möglichkeiten zum Kreuzen gegen den Wind stark beschränkt waren. Seine Vorzüge gegenüber dem Überlandtransport sind so gewaltig, daß sich selbst längere Umwege lohnten. So war es etwa im 18. Jahrhundert üblich, Kohle über einen Seeweg von 200 Meilen von Newcastle nach York zu transportieren, wobei die Ladung fünfmal umgeladen werden mußte. Dies lohnte sich offenbar, obwohl es lediglich 20 Meilen von York entfernt ebenfalls Kohlevorräte gab, die man jedoch auf dem Landweg hätte befördern müssen.[53] Hier brachte die Kombination von Wasser und Wind den entscheidenden energetischen Vorteil.

Die Windmühle war gegenüber dem Segelschiff von geringerer Bedeutung. Entwickelt wurde sie erst seit dem 7. Jahrhundert n. Chr., und ihre Durchsetzung verlief recht zögerlich. Die Konstruktion einer Windmühle ist technisch aufwendiger als die der Wassermühle, da sie in den Wind gedreht werden und daher beweglich sein muß. Ihr Hauptnachteil besteht jedoch darin, daß ihre Energiezufuhr nicht gesteuert, dosiert oder abgepuffert werden kann. Bei zu wenig oder zu viel Wind ist sie nicht einsatzfähig, das heißt, sie kann nicht für Prozesse eingesetzt werden, die keine plötzliche Unterbrechung erlauben, wie etwa Pochhämmer oder Blasebälge für die Eisenverhüttung. Sie blieb daher auf anspruchslosere Anwendungen beschränkt, vor allem das Abpumpen von Wasser in Poldern oder das Mahlen von Getreide.

In der Spätphase des traditionellen Solarenergiesystems, als dieses an inhärente Knappheitsgrenzen stieß, konnte die Windmühle mit der Wassermühle gekoppelt werden: Sie pumpte Wasser in ein höher gelegenes Reservoir, von dem aus ein kontinuierlicher mechanischer Prozeß durch die Wassermühle gespeist wurde. Solche komplexen Anlagen lohnten sich vor allem im Textilgewerbe, wo es auf eine fein dosierbare, sehr regelmäßige Bewegung der mechanischen Webstühle ankam.

3. Ein weiteres Element des agrarischen Solarenergiesystems ist die direkte Nutzung chemischer Energie zum Zweck der Wärmegewinnung. Hierzu muß pflanzliche Biomasse verbrannt werden, vor allen Dingen Holz oder Torf. Der Gebrauch von Feuer findet sich bereits bei den Vorläufern des Menschen, und er ist bei sämtlichen Jäger- und Sammlergesellschaften üblich. Bei der Verbrennung von Holz handelt es sich um die Beschleunigung eines Oxidationsprozesses, der auch ohne Feuer stattfinden würde, und zwar vor allem durch metabolische Verbrennung der organischen Substanz, wie sie Kleintiere und Mikroorganismen vollziehen. Die agrargesellschaftliche Nutzung von Holz ist daher nichts prinzipiell Neuartiges, doch findet sie in ganz anderen zeitlichen und räumlichen Größenordnungen statt und führt zu einem extensiven Zugriff auf die Wälder.

Als Hauptnutzungsformen können Raumheizung und Prozeßwärme unterschieden werden. Vor allem in kühleren Gebieten spielte die Raumheizung eine große Rolle. Der energetische Wirkungsgrad des offenen Herdfeuers lag bei weniger als 10%, da die Räume wegen des Abtransports der Rauchgase nicht isoliert sein durften. Hier verbarg sich allerdings ein großes Potential zur Wirkungsgradverbesserung, das vor allem in der Zeit der »Holzknappheit« während des 18. Jahrhunderts realisiert wurde, als eine Vielzahl von »Sparöfen« konstruiert wurde, welche den Wirkungsgrad auf über 20% steigerten.

Von großer Bedeutung war schließlich die Bereitstellung von Energie für chemische Prozesse im engeren Sinne, vom Kochen, Brennen von Keramik oder Ziegeln, der Glasherstellung, der Metallurgie bis hin zum protochemischen Gewerbe (Herstellung von Soda, Vitriol usw.). Dabei wurden gewaltige Mengen an Holz verbraucht, wobei die technischen Wirkungsgrade der Energienutzung häufig sehr niedrig waren. Umgekehrt bedeutete dies aber, daß in dem Maße, wie Holz knapp und teuer wurde, Maßnahmen, die zu einer Verbesserung des Wirkungsgrades führten, großen wirtschaftlichen Erfolg hatten.[54]

Für die Gewinnung von pflanzlicher Biomasse zum Zweck der Wärmeerzeugung mußte bei dauerhafter Bewirtschaftung eines bestimmten Raums eine Fläche zur Verfügung gestellt werden, auf welcher das Brennholz wächst. Der Rückgriff auf einen größeren Energiespeicher, etwa einen Urwald, war nur in einer Pioniersituation wie bei der Eroberung von Amerika möglich. Unter den Bedingungen stabiler Nutzung eines agrarischen Lebensraums mußte man dagegen den Verbrauch von Holz mit dem Nachwachsen von Holz synchronisieren. Das ist es, was man unter dem »Nachhaltigkeitsprinzip« verstand. Nachhaltige Nutzung bedeutete also ursprünglich, daß man innerhalb eines bestimmten Zeitraums von einer gegebenen Fläche nicht mehr Holz ernten durfte, als im gleichen Zeitraum auf dieser Fläche nachwuchs. In Mitteleuropa sind dies etwa 5 m³ Holz pro Hektar Wald im Jahr. Dieser Wert durfte (hochgerechnet über die gesamte Waldfläche) längerfristig nicht überschritten werden, wollte man eine Übernutzung des Waldes vermeiden.

Kombiniert man die drei genannten Elemente, Acker, Weide und Wald, so wird die Struktur des agrarischen Energiesystems erkennbar. Oben wurde darauf hingewiesen, daß die vorindustrielle Ökonomie keinen Energiebegriff besaß. Dieser wäre insofern auch abwegig gewesen, als Nahrung, Wärme und Bewegung für die konkrete Nutzung qualitativen Charakter hatten. Eine technisch brauchbare Konversion einer Energieform in eine andere war nicht möglich. Wenn etwa ausreichende Mengen mechanischer Energie in Gestalt eines Wasserlaufs verfügbar waren, bestand doch keine Möglichkeit, diese in nutzbare Wärme zu verwandeln. Umgekehrt konnte pflanzliche Biomasse nur auf dem Umweg über animalische Konversion in mechanische Energie umgesetzt werden, und auch dann mußte sie in bestimmten Qualitäten (Getreide, Heu) vorliegen. Aus Holz konnte keine Bewegung gewonnen werden. Dies wurde erst mit der Erfindung der Wärme-Kraft-Maschine im frühen 18. Jahrhundert prinzipiell möglich. Technisch und ökonomisch sinnvoll wurde es sogar erst durch die Wirkungsgradverbesserungen der Dampfmaschinen im 19. Jahrhundert.

Im Rahmen des agrarischen Solarenergiesystems war eine Umwandlung unterschiedlicher Energieformen nur durch Biokonversion oder durch eine veränderte Flächennutzung möglich. Wenn man also zu viel Holz (= potentielle Wärme) und zu wenig mechanische Energie zur Verfügung hatte, bestand der einzige Weg der Substitution darin, ein Stück Wald zu roden und als Weidefläche zu nutzen. Sieht man von der Nutzung des Windes und der Wasserkraft ab, die innerhalb des gesamten Energiebudgets der Agrargesellschaften nur eine untergeordnete Rolle spielten, so stellte sich das Problem der Energienutzung als eines der alternativen Flächennutzung.

Hieraus wird das erste und wichtigste Charaktermerkmal des

traditionellen Solarenergiesystems deutlich: die Abhängigkeit von der Fläche. Die Gesamtfläche einer Landschaft bestimmte die theoretische Gesamtmenge an Energie, die in dieser Landschaft verfügbar sein konnte. Diese Obergrenze konnte prinzipiell nur überschritten werden, wenn es gelang, die Fläche zu vergrößern, etwa durch Eroberung und Annexion, oder aber durch den Import von in Biomasse fixierter Energie, also von Flächenäquivalenten. Diesen Importen wurden jedoch durch die genannten hohen Transportkosten Grenzen gesetzt. Innerhalb eines bestimmten Raumes mußten den einzelnen Energieformen bestimmte Flächen zugeordnet werden, wobei es sich insgesamt um ein Nullsummenspiel handelte: Die Vermehrung einer Energieart konnte immer nur zu Lasten einer anderen Energieart gehen, da es sich um alternative Nutzungen einer gegebenen Gesamtfläche handelte.

Aus dieser prinzipiellen Flächenabhängigkeit und Flächengebundenheit folgt eine Reihe weiterer Merkmale, die das traditionelle Solarenergiesystem auszeichneten. Zunächst ist sein dezentraler Charakter zu nennen. Die einströmende Sonnenenergie hat eine sehr geringe Energiedichte, was dazu führt, daß Energieträger niemals von Natur aus in konzentrierter Form vorkommen können. Die pflanzliche Biomasse, auf welcher das agrarische Solarenergiesystem zu seinem überwiegenden Teil beruht, fällt grundsätzlich über weite Flächen verstreut an. Um vom Menschen genutzt werden zu können, mußte sie zunächst räumlich konzentriert werden. Diese Konzentration von Energieträgern (Nahrungsmitteln, Viehfutter oder Holz) war jedoch immer mit einem beträchtlichen energetischen Transportaufwand verbunden. Es versteht sich von selbst, daß hierbei niemals ein negatives Saldo entstehen durfte, es also ausgeschlossen sein mußte, daß der Transport mehr Energie verzehrte, als die Ladung enthielt.

Diese Bedingung grenzte jedoch die Gesamtfläche ein, von der Energie für einen bestimmten gewerblichen Standort gewonnen werden konnte. Handelte es sich um Überlandtransport, so war diese Fläche sehr klein. Bestanden Möglichkeiten, Wasser- und Windkraft einzusetzen (Flößen und Segeln), konnte das Einzugsgebiet erweitert werden, so daß größere Agglomerationen entstehen konnten. Grundsätzlich lag aber kein Vorteil in der Größe und Konzentration von Siedlungen oder Gewerbezentren, sondern es bestand die Tendenz zu einer dezentralen Verteilung der Bevölkerung und der gewerblichen Anlagen über den gesamten landwirtschaftlichen Raum. Die Gesamtstruktur war von einem Nebeneinander von Knappheitsinseln gekennzeichnet, wobei Durchschnittswerte umfassenderer Räume praktisch irrelevant waren: So konnte in einer Siedlung große Energieknappheit herrschen, obwohl innerhalb des gesamten Landes noch freie Flächen existierten, die jedoch nicht mit vertretbarem Aufwand (das heißt mit positivem energetischem Erntefaktor) nutzbar waren. Im Zweifelsfall bildeten sich daher immer wieder neue kleinere Siedlungen oder zogen energieintensive Gewerbe wie Glashütten in Gebiete, in denen ausreichende Flächen (vor allem Wälder) vorhanden waren.

Ähnliches gilt auch für Wind- und Wasserkraft. Beide treten von Natur aus nicht in großer Dichte auf, so daß für ihre Nutzung relativ umfangreiche Anlagen errichtet werden mußten, wobei die Obergrenze dessen, was an einem Ort konzentriert werden konnte, rasch erreicht war. Die Leistungsgrenze einer Wassermühle wurde nicht nur von der verfügbaren Wassermenge gesetzt, sondern es existierte auch eine technische Schranke, die mit der schwergängigen Mechanik hölzerner Anlagen zu tun hat. Es war in der Regel einfacher, bei ausreichender Wasserkraft mehrere Mühlen hintereinander zu bauen, als zu versuchen, eine einzelne sehr große und leistungsstarke Mühle zu errichten. Die Entstehung energieintensiver Gewerbezentren war daher ausgeschlossen.

Aus diesen Grundmerkmalen der Flächenabhängigkeit und Dezentralität folgte die den Agrargesellschaften innewohnende Tendenz, einem stationären Zustand zuzustreben. Grundsätzlich galt ja, daß die theoretisch in einem bestimmten Raum verfügbare Energiemenge mit einem technischen Wirkungsgrad genutzt wurde, der weit unterhalb des thermodynamisch Möglichen lag. Prinzipiell waren daher immer Innovationen in dem Sinne möglich, daß angestrebt wurde, diese Wirkungsgrade zu verbessern und sich damit der physikalisch gesetzten Obergrenze anzunähern. Dies geschah etwa, wenn man von einer extensiven zu einer intensiveren Anbaumethode überging. Hierbei handelte es sich jedoch immer um einen sehr schwierigen und zähen Prozeß. Explosive und längerfristige Prozesse des »Wachstums« waren nur in Ausnahmefällen möglich, und zwar in der Regel weniger aufgrund von technischen Durchbrüchen als infolge einer neuen Landnahme wie der Besiedlung Amerikas durch die Europäer, welche die Wachstumsgrenze ein Stück nach oben rückte. Diese Pionierphasen mündeten jedoch immer recht schnell wieder in einen neuen stationären Zustand ein, der wiederum ein Zustand allgemeiner Land- und Energieknappheit war.

Auf der Basis dieser Tendenz zu einem stationären Zustand ergab sich die Notwendigkeit eines Managements des Energiesystems, das vor allem auf eine Optimierung der Flächennutzung abzielte. Es ging hierbei um die Organisation eines Flusses, wobei die Durchflußmenge als solche gegeben war. Der Kern des Problems lag in der angemessenen Verteilung eines vorhandenen Bestands, der nicht vermehrt werden konnte. Diesem Verteilungsdruck entsprach paradigmatisch ein Nullsummendenken, mit dem Agrargesellschaften die Welt ordneten: Reichtum setzt Armut voraus, Macht Ohnmacht, Glück Unglück. Innerhalb dieser Struktur konnte dann ein permanentes Tauziehen stattfinden, ein Verteilungskampf um einen Kuchen, der prinzipiell nicht wachsen konnte. Ausdruck dieses zentralen Motivs der Agrargesellschaft war das Nachhaltigkeitsprinzip: Es war der Inbegriff des wohlgeregelten, störungsfreien und dauerhaften Gleichgewichts zwischen einer gegebenen Ressourcenmenge und ihrer stabilen Nutzung. Und doch traten immer wieder Kräfte auf, die an den naturalen Fesseln zerrten, welche dem Agrarsystem auferlegt waren.

Die Agri-Kulturlandschaft

Bäuerliche Gesellschaften haben eine größere Bevölkerungszahl als Jäger- und Sammlergesellschaften.[55] Die Landwirtschaft ist mit einer intensiveren Flächennutzung verbunden und kann daher auf einem bestimmten Raum eine dichtere Bevölkerung ernähren. Hinzu kommt, daß Seßhaftigkeit das Bevölkerungswachstum begünstigt. Jägernomaden müssen ihre Kleinkinder mit sich transportieren, und da eine Frau nicht mehr als ein Kind gleichzeitig tragen kann, wird sie versuchen, die Abstände zwischen den Geburten groß genug werden zu lassen, daß die älteren Kinder bereits selbständig gehen können. Mit der Seßhaftigkeit entfällt dieses Motiv. Die Intervalle zwischen den Geburten können jetzt verkürzt werden, so daß eine ortsfeste Bäuerin mehr Kinder haben kann als eine mobile Sammlerin.

Ein weiterer Grund für die wachsende Bevölkerung mag darin liegen, daß Bäuerinnen nicht mehr darauf angewiesen sind, ihre Kinder lange Zeit zu stillen. Mit dem Übergang zur Landwirtschaft verbreitet sich die Herstellung von gebrannten Keramikgefäßen. Töpferei als solche ist zwar technisch nicht schwierig und prinzipiell schon seit sehr frühen Zeiten bekannt, doch ist es für nomadisierende Gruppen wenig sinnvoll, schwere Tongefäße mit sich zu schleppen. In Agrargesellschaften dagegen verbreitet sich Tongeschirr rasch, so daß darin Gemüsebrei als Babynahrung zubereitet werden kann. Wenn man Tiere hält, wird auch deren Milch verfügbar, die abgekocht von Kindern verdaut werden kann.

Schließlich ist für Bauern (anders als für Jäger oder die Angehörigen der sozialstaatlich abgesicherten Industriegesellschaft) ein kleines Kind kein »Luxus«, sondern von unmittelbarem ökonomischen Nutzen. Auf einem Bauernhof fallen immer leichte Arbeiten an, die auch von Kindern verrichtet werden können. Diese sind daher weniger eine Belastung als eine Investition. Der bäuerliche Haushalt kann stets billige und willige Arbeitskräfte gebrauchen, die lediglich mit den nötigen Lebensmitteln versorgt werden müssen. Eine große Kinderzahl ist aus diesem Grunde immer vorteilhaft. Das heute häufig genannte Motiv der »Altersversorgung« spielte dabei allerdings nur eine untergeordnete Rolle. Vorindustrielle Bauern konnten nicht damit rechnen, ein hohes Lebensalter zu erreichen, und der Gedanke, die Eltern zu einem bestimmten Zeitpunkt in »Rente« zu schicken, ist im agrarischen Kontext recht abwegig, sieht man von den Übergaberegelungen unter wohlhabenden Landwirten in der Neuzeit ab.

Evolutionär dürfte Bevölkerungswachstum auch deswegen belohnt worden sein, weil größere Gruppen den kleineren im Konfliktfall überlegen sind. Sie können sich besser gegen Konkurrenten durchsetzen und ihr Land vor Plünderern schützen. Dieses Argument gilt zwar prinzipiell für sämtliche Gesellschaften, also auch für Jäger und Sammler, doch setzten diesen die Umweltbedingungen eine schwer zu überwindende Obergrenze, die bei etwa fünfzig Personen pro Gruppe gelegen haben dürfte.

Die Landwirtschaft dagegen machte ein Bevölkerungswachstum nicht nur möglich, sondern begünstigte es. Es ist daher kein Wunder, daß die Bevölkerung im Zuge der neolithischen Revolution kräftig gewachsen ist. Setzt man für das ausgehende Paläolithikum, also für die Zeit vor etwa 10 000 Jahren, grob eine Weltbevölkerungszahl von fünf Millionen Menschen an, so hat diese sich in den Jahrtausenden nach dem Übergang zur Landwirtschaft etwa um den Faktor zehn vermehrt. Die vor etwa 5000 Jahren beginnende Durchsetzung der agrarischen Zivilisationen steigerte schließlich die Weltbevölkerung noch einmal um das Zehnfache, so daß sie im Endstadium des Agrarsystems, vor dem

100 Kulturarbeiten

Beginn der Industrialisierung (um 1650 n. Chr.), rund 500 Millionen Menschen betrug.

Wachstum und Verdichtung der Bevölkerung brachten eine Reihe von Konsequenzen mit sich, aus denen sich bestimmte Züge der agrarischen Kulturen erklären lassen. In einer großen stationären Gruppe kann der soziale Zusammenhalt nicht mehr durch das tägliche Plebiszit von Anschluß und Trennung hergestellt werden, wie dies bei mobilen Jägern und Sammlern der Fall war. Wenn mehr als hundert Personen in permanentem Kontakt miteinander stehen, treten neuartige Probleme der Entscheidungsfindung, der Repräsentation und der Strukturbildung auf, zu deren Lösung spezielle Institutionen entwickelt werden, die integrierend wirken.

Dies kann anhand einer einfachen Überlegung demonstriert werden: Mit dem Anwachsen der Gruppengröße steigt die Menge der möglichen Interaktionen zwischen den Gruppenmitgliedern weit überproportional an. Dies gilt bereits für die einfachste Form der Kommunikation zwischen Individuen und wird dramatisch, wenn man auch Beziehungen zwischen Individuen und Gruppen bzw. zwischen verschiedenen Gruppen hinzunimmt. Hierbei werden rasch astronomisch hohe Ziffern erreicht. Bereits bei einer Gruppengröße von fünfzig Personen gibt es nicht weniger als 3×10^{23} mögliche Relationen![56]

Um mit diesem Problem zurechtzukommen, bietet sich der Aufbau hierarchischer Strukturen an. Dazu ein Beispiel: Angenommen, eine Information soll sämtliche Mitglieder einer Gruppe von acht Personen erreichen. Wenn die Kommunikation zwischen diesen Individuen überhaupt nicht strukturiert ist, also jeder mit jedem redet, so sind maximal 28 Interaktionen erforderlich, bis alle Gruppenmitglieder mit Sicherheit erreicht werden, wobei die dabei aufgewendete Zeit beliebig lang sein kann.

Bereits die einfachsten Formen der Strukturierung verkürzen diesen Aufwand drastisch. Wenn zum Beispiel ein Gruppenmitglied beauftragt wird, als Bote die Nachricht zu verbreiten, so sind lediglich sieben Interaktionen erforderlich. Das gleiche gilt, wenn man eine Sequenz der Informationsvermittlung festlegt, wenn also jeder, der eine Nachricht empfangen hat, sie an eine bestimmte Person weitergeben soll. In beiden Fällen ist aber der Zeitaufwand noch immer recht hoch. Durch Hierarchiebildung im Sinne der Beauftragung von Multiplikatoren dagegen kann zwar die Anzahl der Interaktionen selbst nicht verringert werden, denn diese kann bei acht beteiligten Personen natürlich nicht unter sieben sinken. Statt dessen ist es aber möglich, den Zeitaufwand zu verkürzen, da jetzt mehrere Interaktionen gleichzeitig stattfinden können.

Aus solchen abstrakten Überlegungen läßt sich der allgemeine Schluß ziehen, daß der Umfang von Gruppen, in denen jeder mit jedem egalitär und unstrukturiert kommuniziert, sehr klein sein muß, das heißt kaum zwanzig Personen überschreiten kann – und ebendies war die Zahl der Erwachsenen in paläolithischen Jäger- und Sammlergruppen. Je größer die Gesellschaft wird, desto stärker wird die Tendenz zur Delegation und zur Hierarchiebildung, da die damit verbundene Einsparung an Zeit und Arbeitsaufwand evolutionär prämiert wird. In der Tat läßt sich daher beobachten, daß Agrargesellschaften nicht nur größer, sondern auch komplexer strukturiert sind als primitive Gesellschaften.

Die Seßhaftigkeit und das damit verbundene Größenwachstum der Gesellschaft hat weiterreichende Konsequenzen für die kulturelle Evolution. Je größer eine Gruppe ist, desto größer kann auch die Menge der Informationen sein, die in ihrem kollektiven Gedächtnis gespeichert sind. Hinzu kommt aber vor allem, daß seßhafte Gruppen stabile Kommunikationsgemeinschaften bilden, innerhalb deren im Grunde zwar beliebige, aber doch immer wieder ähnliche Symbole ausgetauscht werden. Wenn sich Gespräche, Erzählungen und Deutungen über Generationen hinweg wiederholen, schaukeln sie sich zu festen Traditionen auf, gewinnen schließlich Selbständigkeit und gerinnen zu einer Objektivität, die den Mitgliedern der Gruppe als schiere Selbstverständlichkeit erscheint. Erfahrungen und Interpretationen durchlaufen in stabilen Gruppen dauerhafte Rekursionen und verfestigen sich schließlich zu Weltbildern, die mit der »realen« Welt verschmelzen. Jedes Kind, das in eine solche Wirklichkeit hineinsozialisiert wird, erlebt diese symbolischen Konstrukte als die einzig denkbare Realität und kann nur noch Erfahrungen machen, die im Lichte dieser Vorverständnisse gedeutet werden. Dieses Weltbild ist niemals identisch mit der Welt selbst oder deren passives Abbild, sondern es handelt sich um ein kollektives mentales Konstrukt, das sich von Kultur zu Kultur unterscheidet. Diese kulturelle Konstruktion der sozialen Wirklichkeit hat jedoch keinen selbstbewußten Konstrukteur, sondern sie besitzt in dem Sinne Naturcharakter, daß sie sich selbst erzeugt, tradiert und transformiert. »Vernünftigen« Entscheidungen ist sie daher nicht zugänglich; diese bilden vielmehr lediglich Elemente innerhalb eines umfassenderen Spiels der Musterbildung.

Auf diese Weise konstituieren sich unterschiedliche mentale Welten, die untereinander nicht kommensurabel sind und von keinem Mitglied der Gesellschaft vollständig überschaut werden. Jede Kultur bildet gewissermaßen einen kleinen Kosmos für sich, der sich durch beschränkte Kommunikationen immer wieder selbst bestätigt und verfestigt. Weltbild und Welt verschmelzen so zu einer virtuellen Wirklichkeit, deren spezifische Identität von denjenigen, die innerhalb dieses Plausibilitätsraums leben, nicht erfahren werden kann, da sie über keinen Beobachterstandpunkt verfügen, der es ihnen erlauben könnte, die kulturellen Differenzen wahrzunehmen. Die Identität der Kulturen erscheint ihren Mitgliedern als schiere Selbstverständlichkeit, als offenkundige Struktur der Wirklichkeit selbst, deren Alternativen ebenfalls nur im Inneren der Kultur entworfen werden können. Im Zuge dieses Prozesses können sich spezifische Stile des Denkens und des Verhaltens herausbilden, deren Eigenart dann auch in der materiellen Kultur, in Artefakten aller Art abzulesen ist.

Jetzt entstehen Systeme, welche die Gruppenmitglieder dauerhaft kategorisieren, identifizieren und klassifizieren. Die Gruppen beginnen, sich selbst formal zu definieren, etwa als Abstammungsgemeinschaft, als Sippenverband oder über die Zugehörigkeit zu einem bestimmten Totem. Die Mitgliedschaft in einer Gesellschaft wird exklusiv und bindend, mit der Doppelfunktion, daß eine neuartige Kombination von Solidarität und Verpflichtung, von Schutz und Gehorsam auftritt. Die Verfestigung und Tradierung einer stabilen Sozialstruktur, die in der Regel nach (fiktiver) Abstammung und Verwandtschaft organisiert ist, wird von diesen Prozessen begünstigt. Größere Gemeinschaften teilen sich in Subgruppen, wobei Herkunft und Alter, Geschlecht und Initiation in einen bestimmten »Club« eine Rolle spielen können. Nun kennt nicht mehr jedes Gemeinschaftsmitglied jedes andere, was zur Folge hat, daß feste klassifikatorische Zuschreibungen der Individuen zu übergeordneten Verbänden erforderlich werden. Dabei kann es um mehrere Dimensionen zugleich gehen: Die Beziehung zu einer Person kann immer auch die Beziehung zu Ressourcen, zu Land, zu bestimmten weiterreichenden spirituellen Funktionen oder zu Machtträgern implizieren. Eindeutige Zuordnungskriterien gewinnen damit an Bedeutung. Es ist nicht mehr möglich, alles dem freien Spiel der Kräfte zu überlassen, da wesentlich mehr Elemente der Wirklichkeit tatsächlich kontrolliert und als prinzipiell kontrollierbar erfahren werden – und ebendies ist ein mentales Grundmotiv der Agrargesellschaft, die eine Grundunterscheidung zwischen Natur und Kultur, zwischen Wildnis und Hegung trifft.[57]

Konflikte innerhalb einer Abstammungslinie, eines Clans oder einer Sippe können noch immer informell, ad hoc und persönlich geschlichtet werden. Bei größeren Zusammenhängen steht aber zu viel auf dem Spiel, als daß man auf eine Institutionalisierung verzichten könnte. Hier treten also zunehmend Autoritätsinstanzen auf, etwa Älteste. Bei großen komplexen Gesellschaften kristallisiert sich ein Häuptlingstum heraus, das die letzte Kompetenz zur Rechtsprechung gewinnt. Auf diese Weise werden die Informationsflüsse, die Weisen der Konfliktschlichtung und der Entscheidung kanalisiert und formalisiert. Es entstehen Positionen mit speziellem Status, die sich stabilisieren – archäologische Hinweise dafür finden sich bereits in Steinzeitkulturen, die große Gräber oder Verehrungszentren hinterlassen haben.[58] Die zugeschriebene Autorität löst sich tendenziell von persönlichen Eigenschaften ihres Trägers, sie wird vererbbar, doch ist sie zunächst noch immer weitgehend auf Konsens angewiesen und hat noch keinen Zwangscharakter.

Mit Seßhaftigkeit und Landbebauung wird der Zusammenhalt der Gruppen immer wichtiger. Es entsteht ein Bedarf an Loyalität zu der Gemeinschaft, die legitimen Zugang zur Hauptressource Land gewährt und diesen stabilisiert, sichert und im Ernstfall auch verteidigt. Im Gegenzug werden jetzt aber auch von den Individuen spezielle Leistungen gefordert, materieller und immaterieller Art: Steuern und Patriotismus. Sozialer Zusammenhalt, Umverteilung von Ressourcen und Ausbildung eines Identitätsgefühls gehen Hand in Hand. Es ist wichtig zu wissen, welcher Gruppe man angehört, und dieses Zugehörigkeitsgefühl wird kulturell verstärkt, symbolisch unterstützt und durch Ursprungsmythen und Erzählungen bekräftigt. Es bilden sich spezifische Kulturen aus, die ihre Identität durch formale Besonderheiten ausdrücken, durch die Vorliebe für bestimmte Stile, Sitten, Moden, Trachten und Ausdrucksformen. Eine solche symbolische Differenzierung gibt es nicht nur zwischen den Kulturen, sondern auch zwischen sozialen Schichten der gleichen Kultur.

Die ideale Größe für entscheidungsfähige Gruppen liegt bei fünf bis sieben Personen. Dies bedeutet aber, daß bei wachsender Gesellschaftsgröße der Anteil der Entscheidungsträger an der Gesamtgesellschaft sinkt. Große Gesellschaften gewinnen damit an Komplexität, sie bilden Herrschaftszentren aus und erzeugen neuartige Asymmetrien, was sie vom Muster egalitärer, unstrukturierter Kleingruppen immer weiter entfernt. Dies hat nun einige Konsequenzen, aus denen sich bestimmte Merkmale der agrarischen Zivilisationen erklären lassen.

Wenn die Zahl der Beherrschten steigt, so nimmt die Bedeutung des Informationsmonopols der Herrschenden zu. Für die Beherrschten wird das System aber immer weniger transparent. Die Herrscher können umfassendere Informationsnetze knüpfen, während die Beherrschten gewissermaßen borniert auf kleinen Wissensinseln sitzen, von denen aus übergreifende Kommunikationen kaum möglich sind. Zwar gibt es immer wieder Versuche, Gegennetze »von unten« zu organisieren, doch scheitern solche Unternehmen in der Regel nicht nur an Ressourcenmangel, sondern auch an erfolgreicher Repression seitens der Herrschaftszentrale. Deshalb sind in Agrargesellschaften koordinierte Rebellionen der Bauern so schwierig, und so erklärt es sich, daß ihre Aufstände in der Regel sinnlos verpuffen.

Die Zahl der spirituellen oder technischen Spezialisten kann zumindest im gleichen Maß wachsen, wie die allgemeine Bevölkerungszahl zunimmt. Bei Erreichen einer bestimmten »kritischen Masse« von Spezialisten ist aber zu erwarten, daß Synergieeffekte eintreten. Spezialisten kommen zunehmend in die Lage, vermehrt mit Spezialisten zu kommunizieren (selbst wenn deren Anteil an der Gesamtbevölkerung konstant bleibt). Dadurch kann eine spezielle Fachsprache der Spezialisten entstehen, das heißt, die Diskussion der von ihnen thematisierten Fragen, seien sie religiöser, philosophischer oder »wissenschaftlicher« Natur, entfernt sich von der Einbindung in das Alltagsleben und gewinnt eine eigentümliche Dynamik. Es ist dies eine formelle Voraussetzung dafür, daß sich neuartige »zivilisatorische« Wissenssysteme bilden können, wie sie sämtlichen agrarischen Hochkulturen eigentümlich sind.

Die Konzentration von Informationen im Herrschaftszentrum begünstigt die Schaffung neuartiger Methoden der Informationsverarbeitung. Kulturtechniken wie die Schrift, das Rechnungswesen oder die formale Ausbildung steigern die Effizienz und das Gedächtnis der Zentrale. Religiöse, fiskalische oder infrastrukturelle Bürokratien verwalten ein Wissen, das an Komplexität gewinnt und sich immer weiter von der Aufnahmefähigkeit einzelner Individuen entfernt. Die fixierte hohe Kultur kann dadurch ein esoterisches Eigenleben gewinnen, was sie für das gewöhnliche Mitglied der jeweiligen Gesellschaft weitgehend unverständlich werden läßt.

Im Zuge dieses Prozesses schaukelt sich eine Herrschaftsdynamik auf, welche schließlich zur Herausbildung stabiler hochkultureller Strukturen führt. Das Gefälle von Macht und Ohnmacht, das auch in primitiven Gesellschaften sporadisch auftreten konnte, jedoch immer an einzelne Personen gebunden blieb, kann sich nun verstetigen. Im Gegensatz zu räumlich mobilen Gruppen sind Bauern an das Land gefesselt. Sie können die Konflikte, die jetzt vermehrt auftreten, nicht mehr durch Ausweichen lösen, sondern bedürfen friedensstiftender Entscheidungen. Dieses Problem wird dadurch verschärft, daß Bauern notwendigerweise über recht große Mengen an Eigentum verfügen: Land, Baulichkeiten, Gerätschaften, Vieh, Erntevorräte. Wo aber Eigentum besteht, gibt es auch Streit ums Eigentum, gibt es Tausch und Darlehen, Betrug, Diebstahl, Raub und Plünderung.

Die herrschaftlichen Institutionen, die sich in zahlreichen Agrargesellschaften unabhängig voneinander gebildet haben, erfüllen offenbar ein gemeinsames Bedürfnis dieser Gesellschaften: den Wunsch nach Schutz und Rechtssicherheit. Zugleich sind diese Institutionen aber von einer tiefen Ambivalenz geprägt. Den Bauern erscheinen sie als Segen und Last zugleich; sie schützen vor Plünderung und plündern zugleich aus; sie verleihen Sicherheit und wirken als Quelle neuer Unsicherheiten.

Stellen wir uns eine einfache, egalitäre und freie Gruppe von Bauern vor, die ihre Felder, Weiden und Wälder bewirtschaften, die Höfe und Ställe bauen, Geräte und Mobiliar unterhalten, Nahrungsmittel ernten und konservieren, so daß sie das ganze

Jahr über davon leben und im Frühjahr die Saat ausbringen können. Für eine kriegerische Nachbargruppe mag diese Anhäufung von Gütern einen großen Anreiz zur Plünderung bieten. Zweifellos ist es einfacher, einen Bauernhof auszurauben, als selbst mühsam das Feld zu bestellen, zumal der Bauer weniger wehrfähig sein wird als ein Jäger oder ein viehzüchtender Nomade.

Wenn Überfall, Plünderung oder gar Niederbrennung des Bauernhofs nur angedroht, aber schließlich vermieden werden, weil der Bauer dem Erpresser einen Tribut zahlt, so handelt es sich um ein wechselseitiges Geschäft: Der Bauer behält einen Teil seines Eigentums sowie seine Leistungsfähigkeit und der Plünderer kann im folgenden Jahr wiederkehren, um erneut einen Tribut einzufordern. Vielleicht wird der Plünderer sogar den Bauern vor anderen Plünderern schützen, da er den Tribut für sich selbst monopolisieren möchte. Auf diese Weise kann eine symbiotische Beziehung zwischen dem parasitären Ausbeuter und seinem Wirt, dem Ausgebeuteten, entstehen: Der Tribut wird zur Schutzgeldzahlung, schließlich zur Rente oder zur Steuer; die Brandschatzung wird zum Preis einer Dienstleistung.

Am logischen Ende dieses Vorgangs besteht kein Unterschied mehr, ob die Bauern selbst eine Schutztruppe aufstellen, die zu diesem Zweck von der bäuerlichen Arbeit freigestellt und besoldet werden muß, oder ob sich fremde Eroberer inmitten der Bauern ansiedeln, um die kombinierte Aufgabe von Schutz und Tributerhebung dauerhaft zu organisieren. Parasitäre Aneignung und Lohn für eine polizeiliche bzw. militärische Dienstleistung gehen bruchlos ineinander über. Es entsteht eine herrschende Klasse, die den agrarischen Überschuß für sich monopolisiert, jedoch ihre Legitimität daher bezieht, daß sie bestimmte militärische oder symbolische Dienste erbringt.

Die Leistung eines Tributs muß nicht unbedingt militärische, sondern kann auch rituelle Ursprünge haben. Dies kann man sich etwa so vorstellen, daß der Häuptling als Repräsentant überweltlicher Mächte stellvertretend für diese einen (symbolischen)

Anteil an der Ernte erhält, etwa die erste Frucht, als eine Art Opfer an die spendende Kraft der Natur. Der Häuptling kann diesen Anteil innerhalb der Gruppe umverteilen und sich so Loyalität sichern. Aus solchen Anfängen heraus wird es plausibel, wie Tributerhebung und Umverteilung von Ressourcen sich wechselseitig stabilisieren, wobei zunehmend parasitäre Züge auftreten können. Eine wichtige Schwelle wird dann überschritten, wenn der Tribut Zwangscharakter gewinnt und seine Verwendung feste institutionelle Formen einnimmt. Die erhobenen Mittel können dann zur Finanzierung von Infrastrukturleistungen dienen, wie etwa dem Bau von Bewässerungsanlagen, der Befestigung zum Zweck der Verteidigung oder der Rüstung zwecks offensiver, auf Eroberung angelegter Kriegsführung oder auch der Lagerhaltung für Notfälle. Auch auf diesem Weg kann sich eine herrschende Klasse bilden, die bestimmte Dienstleistungen erbringt, zugleich aber auch parasitäre, ausbeuterische Züge besitzt.

Die agrarischen Zivilisationen, deren Anfänge etwa 5000 Jahre zurückreichen, weisen alle gewisse strukturelle Ähnlichkeiten auf. Dies gilt auch für Kulturen, die keinen Kontakt miteinander gehabt haben können. Man findet bei den Inkas, Mayas oder Azteken ähnliche Merkmale wie in den eurasischen Hochkulturen, was als Indiz dafür angesehen werden kann, daß es sich um vergleichbare Lösungen ähnlicher Probleme handelt.[59] Die Basis der agrarischen Zivilisationen ist jeweils die bäuerliche Gesellschaft, die mindestens 80% der Bevölkerung umfaßt. Zusätzlich zu dieser bäuerlichen Grundlage haben sie jedoch einen städtischen und gewerblichen Sektor hervorgebracht, der gewöhnlich auf die Bedürfnisse der herrschenden Klasse zugeschnitten ist. Der Herrschaftsapparat schließlich, welcher aus Überschüssen der bäuerlichen Wirtschaft unterhalten wird, zerfällt gewöhnlich in drei Sektoren: das Militär, den Bereich der staatlichen Verwaltung und öffentlichen Arbeiten sowie die Sphäre von Ritus und Religion.

Dieser staatliche Apparat ist normalerweise in Städten konzentriert, die sich in sämtlichen agrarischen Zivilisationen finden. Die typische vorindustrielle Stadt erfüllt eine Reihe von Funktionen, die eng mit dem Herrschaftssystem verbunden sind. Fast immer besitzt sie eine militärische Befestigung, bildet also eine Großburg, die zur Verteidigung fähig ist. Zu diesem Zweck werden spezielle Bauten errichtet, vor allem eine Stadtmauer, auf die nur in den seltenen Fällen verzichtet werden kann, wenn wie in der frühen römischen Kaiserzeit ein wirksamer Landfriede existiert. Sodann ist die Stadt in der Regel auch ein religiöses Verehrungszentrum, in welchem sich das wichtigste Heiligtum sowie die Priester befinden, welche ihm dienen. Als Verwaltungszentrum bietet die Residenzstadt schließlich Beschäftigung für eine Vielzahl von Menschen, die mit Vorratshaltung, Tributerhebung, Rüstung, Rechtspflege und Archivierung befaßt sind. Zudem wohnen in der Stadt Aristokraten, die aus Karrieregründen die Nähe zum Hof suchen oder einfach nur vom urbanen Leben fasziniert sind. Zur Repräsentation nach innen und nach außen werden Prachtbauten, Theater, Arenen und technische Monumente errichtet, die von der bäuerlichen Bevölkerung als Wunder bestaunt werden.

Vom Land fließen Nahrungsmittel und Rohstoffe aller Art in die Metropole, die dort weiterverarbeitet und schließlich konsumiert werden. Zur Versorgung des Herrschaftsapparats siedeln sich zahlreiche Dienstleistungsberufe, Handwerker, Tagelöhner, Künstler, Ärzte und Händler an, welche die Masse der städtischen Bevölkerung bilden. Schließlich ist die Stadt ein attraktiver Ort, ein Magnet, der Menschen vom Land anzieht, die hoffen, dort ihr Glück machen zu können. Daher findet sich immer auch eine städtische Unterschicht, ein halbkrimineller Pöbel, der von den Herrschenden gefürchtet und mühsam in Schach gehalten wird.

Ein weiterer Typus der vorindustriellen Stadt ist ursprünglich nicht als Verwaltungszentrum der Herrschaftsträger, sondern aus der Ansiedlung von Händlern und Gewerbetreibenden entstanden. Auch die Handelsstadt, an natürlichen Häfen, an Oasen oder Verkehrsknotenpunkten gelegen, benötigt eine militärische Befestigung, um die Handelswaren vor Plünderern zu schützen oder um die Beute eines geglückten Raubzugs in Sicherheit zu bringen. Auch hier entstehen Paläste, in denen die erfolgreichen Handelsmagnaten leben, hier finden sich Heiligtümer und Sakralbauten, und hier können sich größere Bevölkerungsmengen massieren, die auf Beschäftigung oder Subsistenz hoffen.

Die Bevölkerungsgröße vorindustrieller Städte

Sumer	20 000
Uruk	50 000
Athen im 4. Jh.	100 000
Rom (Augustus)	1 000 000
Konstantinopel im 5. Jh.	1 000 000
Deutschland im Mittelalter	bis 60 000
Venedig im Mittelalter	100 000
Neapel im 18. Jh.	430 000
Paris im 18. Jh.	700 000
London im 18. Jh.	800 000

Die vorindustrielle Stadt gehört untrennbar zu den agrarischen Zivilisationen und bildet ein wichtiges Element der Agri-Kulturlandschaft. Als Handels- und Gewerbezentrum scheint sie auf den ersten Blick das agrarische Prinzip zu transzendieren, doch bleibt sie letztlich unlösbar mit der landwirtschaftlichen Basis verbunden. Die Stadtbewohner können niemals mehr als 20% der Gesamtbevölkerung ausmachen. Aus der bäuerlichen Perspektive ist die Stadt jedoch ein parasitärer Anhang, wo Überschüsse als Luxus konsumiert werden, die der Landbevölkerung zuvor als Rente abgepreßt worden sind.

Das urbane Herrschaftszentrum der agrarischen Zivilisationen bleibt immer darauf angewiesen, daß ihm Ressourcen vom

Land zufließen und daß die Landbevölkerung loyal bleibt. Aus diesen Gründen kann es nicht darauf verzichten, auch in der Fläche präsent zu sein, woraus sich spezifische Schwierigkeiten ergeben, die mit dem prinzipiell dezentralen Charakter des agrarischen Solarenergiesystems zu tun haben: Je größer die Entfernung zwischen Zentrum und Peripherie, desto schwieriger wird die Aufgabe der Loyalitätssicherung. Da man nicht permanent militärische Strafexpeditionen aussenden kann, muß eine gewisse Legitimität der zentralen Herrschaft an der Peripherie existieren und dauerhaft gewährleistet werden. Konsolidierung von Herrschaft ist nur durch Machtkonzentration möglich, doch bleibt Machtausübung letztlich an eine Dezentralisierung von Entscheidungskompetenzen gebunden. Es muß gewissermaßen ein dauerhafter symbolischer Legitimitätsfluß vom Zentrum in die Provinzen organisiert werden, dem ein materieller Rückfluß von Ressourcen in Gestalt von Steuern oder Tribut entspricht. Aus der Perspektive der lokalen Herrschaftsträger an der Peripherie kann dieser Rückfluß von Ressourcen in die Zentrale aber auch als durchaus überflüssig angesehen werden. Sie neigen daher zur zentrifugalen Rebellion, zur Sezession, die immer dann aktuell werden kann, wenn die Zentrale Anzeichen von Schwäche und Autoritätszerfall zeigt.

Die agrarischen Reiche sind häufig zu Recht mit Riesen auf tönernen Füßen verglichen worden, die alle früher oder später zusammengebrochen sind.[60] So gewaltig ihre konzentrierte Militärmacht auch erscheinen mochte, so eindrucksvoll ihre Städte mit Tempeln, Palästen und Verteidigungsbauten waren, so schwach konnten sie sich doch gegenüber relativ geringfügigen Erschütterungen erweisen. Man ist immer wieder überrascht, wie klein erobernde Mächte sein konnten: Das Heer der Moguln, die im 16. Jahrhundert einen großen Teil des indischen Subkontinents unter ihre Gewalt brachten, umfaßte kaum mehr als 5 000 Krieger. Eine Handvoll Spanier brachte das Aztekenreich zum Einsturz. Selbst private Handelsgesellschaften wie die britische

East India Company waren in der Lage, ganz Indien zu beherrschen. Das riesige chinesische Kaiserreich wurde periodisch von Reiternomaden aus Zentralasien überrannt. Die »barbarische Eroberung« war eine permanente Bedrohung für die agrarischen Zivilisationen. Dies ist ein Indiz dafür, wie wenig diese politischen Systeme doch integriert waren und was für eine entscheidende Rolle ihre permanente Ressourcenknappheit und der systembedingte Mangel an Kommunikations- und Transportmitteln spielten.

Der Zusammenbruch, von dem keine der agrarischen Zivilisationen verschont blieb, bedeutete jedoch in der Regel nicht, daß auch die agrarische Produktionsweise zusammenbrach. Es verschwanden immer nur die urbanen Herrschaftszentren, ihre Baulichkeiten verfielen, ihre Deutungssysteme gerieten in Vergessenheit, ihre Symbolwelten wurden unverständlich. Unterhalb des zerstörten zivilisatorischen Apparats blieb jedoch die bäuerliche Gesellschaft erhalten. Der Zusammenbruch war daher in der Regel eine Kontraktion: Das System zog sich auf seinen unzerstörbaren Kern zurück, auf die dezentrale kleine ländliche Welt, und an die Stelle der Könige und Priester traten wieder Grundherren und Schamanen.

In der flächenabhängigen Solarenergiegesellschaft hatte der Zugang zum Land, also der Grundbesitz, eine fundamentale Bedeutung. Land war nicht eine Eigentumskategorie unter anderen, sondern bildete die zentrale Ressource, so daß sein Besitz und seine Nutzung eine privilegierte Stellung vermittelten. In der Regel waren daher Erwerb oder Veräußerung von Land nicht in das Belieben von Individuen gestellt, sondern an den Willen von Institutionen gebunden und von diesen abhängig, seien es Familien, Klientelverbände oder herrschaftliche Organisationen. Da Land die Basis der Macht war, ging sein Erwerb mit Machterwerb und sein Besitz mit Machtausübung einher, was umgekehrt bedeutete, daß zur Machtausübung die Verfügung über Land gehörte. Land war daher nicht bloß eine ökonomische, sondern eine eminent politische Kategorie, an die sich eine Vielzahl von Funktionen heftete: Verpflichtungen, Berechtigungen, Loyalität und Status.

Eine wirkungsvolle Integration größerer Räume war in den agrarischen Zivilisationen gewöhnlich nicht gegeben. Der Zusammenhalt größerer Reiche war daher primär eine »politische« Angelegenheit: Er wurde gewaltsam hergestellt und unter Gewaltandrohung aufrechterhalten. Im Grunde waren die einzelnen Landesteile, vor allem die bäuerlichen Wirtschaften oder die Gemeinden, aber so gut wie autark, sieht man von bestimmten Materialflüssen ab, die zwar qualitativ von enormer Bedeutung sein konnten, quantitativ aber kaum ins Gewicht fielen. Dies galt etwa für Salz oder Metalle, die häufig über große Entfernungen transportiert wurden und auf welche die bäuerliche Wirtschaft spätestens seit der Durchsetzung der Eisenverhüttung nicht mehr verzichten konnte.

Diese weitgehende Selbstgenügsamkeit der einzelnen Landesteile machte die größeren politischen Gebilde, die militärischen Großreiche, die sich schon bald nach den ersten Anfängen staatlich organisierter Gesellschaften formierten, so fragil. Ein wesentliches Mittel der Loyalitätssicherung nach innen bestand angesichts dieser Problemlage in der Ausbildung umfassender kultureller Gemeinsamkeiten. Sie hatten die Funktion, den regional zerstreuten und immer wieder zur Sezession neigenden herrschenden Eliten eine symbolische Einheit zu vermitteln. Das Ergebnis dieser Elitenbildung war eine merkwürdige Dualität von regionaler und raumüberspannender Kultur, welche die Physiognomie der agrarischen Zivilisationen prägt.

Das Agrarsystem tendierte grundsätzlich dazu, sich in die Fläche auszubreiten, wobei die Gesellschaft wie ein Archipel von Knappheitsinseln aufgebaut war. Diese Knappheit bildete eine prinzipielle Barriere für jede großräumigere Homogenisierung kultureller Muster. Wenn Informationen über größere Entfernungen übermittelt werden sollten, gab es dazu nur zwei Methoden: den Transport von Informationsträgern oder die Wanderung von Personen. Transporte, Kommunikation und Verkehr, vor allem über den Landweg, waren allerdings sehr beschwerlich und mit hohen Kosten und mit enormem Arbeitsaufwand verbunden. Sie wurden daher weitgehend vermieden und blieben auf wenige Luxusgüter oder auf Materialien beschränkt, die für das Überleben unbedingt erforderlich waren. Die meisten Austauschprozesse fanden in einem eng umgrenzten regionalen Rahmen statt. Bauernmärkte etwa versorgten ein Gebiet, dessen Radius kaum größer als zehn Kilometer sein konnte.

Weiträumigere Transporte waren nur über den Wasserweg möglich. Eine reguläre Hochseeschiffahrt war jedoch mit großen Gefahren und Unsicherheiten verbunden. Dies galt weniger für die Küstenschiffahrt in Binnenmeeren wie dem Mittelmeer, wo es schon früh einen regen Handelsaustausch gab, der bis nach Nordwesteuropa ausgedehnt werden konnte. In den Hafenstädten kam es daher zu einem größeren Zusammenfluß nicht nur von Gütern, sondern auch von Informationen, von Stilen, Anschauungen und Lebensweisen, da hier Menschen aus verschiedenen Ländern und Kulturen zusammentrafen. Dies waren daher die Orte, an denen Prozesse der Relativierung von Wissen und der Aufklärung eingeleitet werden konnten, doch war es unter den Bedingungen der agrarischen Zivilisationen ausgeschlossen, daß sie sich raumdeckend ausbreiten konnten.

Der Austausch schriftlicher Medien war in allen agrarischen Zivilisationen weit verbreitet. Briefe und vervielfältigte Texte waren die Mittel, mit denen es den Kultureliten gelang, auch über weitere Entfernungen ein intellektuelles Netzwerk zu unterhalten, das ihr Selbstverständnis prägte. Grundvoraussetzung für den Anschluß an dieses Netzwerk war jedoch die Literarität, was nicht nur bedeutete, daß man selbst lesen und schreiben können mußte. Viel wichtiger war vielmehr die Fähigkeit, die zirkulierenden Texte auch zu verstehen, das heißt, sie in den Kontext derjenigen Texte zu stellen, auf die sie sich implizit bezogen. Für den

Erwerb dieser Fähigkeiten war jedoch ein langjähriges, kostspieliges Training erforderlich, das nur dem Elitennachwuchs zugänglich war.

Eine formalisierte Ausbildung erhielten in den agrarischen Zivilisationen nur die Angehörigen der Oberschicht, also die Aristokraten und der Priesternachwuchs. Die Elitenkultur, welche sich auf diese Weise bildete, lag wie ein feiner Schleier über der vielfältigen, sehr kleinräumig ausgeprägten Volkskultur. Die Eliten waren wegen ihrer einheitlichen Ausbildung, wegen ihrer Mobilität und ihres Zusammengehörigkeitsgefühls wie auch wegen ihrer Fähigkeit zur schriftlichen Kommunikation durchaus in der Lage, unter sich großräumig gültige Stile zu entwickeln, doch blieb deren Einfluß auf die Massenkultur notwendigerweise beschränkt. Zwar sickerten Elemente der Elitenkultur etwa über die religiöse Verkündigung in die Volkskultur ein, doch waren damit in der Regel Uminterpretationen verbunden, die aus der Perspektive der Hochkultur als Vulgarisierung und Verballhornung verstanden werden mußten.

Die einheitliche Bildung der Eliten hatte für diese eine doppelte Funktion: Sie diente der Distinktion und der Integration. Die kulturelle Integration der Eliten war gerade wegen des dezentralen Charakters der Agrargesellschaften ein wichtiges Herrschaftsinstrument der Großreiche. Während die Masse der Bevölkerung regional borniert blieb, ihre Mundarten sprach und lokalen Sitten folgte, verfügten die Eliten über einen Bildungskanon, der ihnen eine rasche Verständigung untereinander ermöglichte. Nicht selten hatten sie für diesen Zweck eine spezielle Bildungssprache erlernt, über die sie neben der Volkssprache verfügten: Akkadisch in Assyrien, Griechisch im Hellenismus, Latein in großen Teilen des Römischen Reiches, im Europa des Mittelalters und der frühen Neuzeit, Arabisch im islamischen Raum, Sanskrit in Indien, Mandarin in China. Die Angehörigen der herrschenden Klasse verfügten damit über eine kulturelle Gemeinsamkeit, die einen Zusammenhalt selbst unter

Bedingungen stiftete, die einen regulären physischen Kontakt erschwerten. Die herrschende Minorität war gut organisiert – dies hatte für die Zentrale den Vorzug, daß zentrifugale Tendenzen durch die symbolische Bekräftigung der Loyalität behindert werden konnten.

Das auf diese Weise entstehende dünne Netz herrschaftlicher Kommunikation diente zugleich auch der Distinktion, der Aneignung eines verfeinerten Habitus und der Demonstration einer Kultiviertheit, was eine lange formalisierte Ausbildung voraussetzte. Der in diesem Bildungsprozeß formierte »Herr« war von jedermann auf den ersten Blick erkennbar; er hatte sich eine Haltung zugelegt, deren Imitation ein ganzes Leben erfordern würde, so daß der banausische *Homo novus*, der Parvenu, jedem sofort auffiel. Auch hierin lag eine selbstbindende Funktion für die Eliten, die jetzt nicht mehr ohne weiteres als Sprecher regionaler Volksgruppen auftreten konnten. Dies alles macht verständlich, weshalb in den agrarischen Zivilisationen auf die Verfügung über kanonische Elemente der Hochkultur, vor allem auf Textverständnis, so viel Wert gelegt wurde.

Innerhalb des gleichen Kulturkreises konnte ein Gebildeter mit sämtlichen Personen kommunizieren, welche die Bildungssprache beherrschten. Die Mundarten dagegen blieben auf jeweils sehr kleine Gebiete beschränkt, so daß ein Bauer bereits Schwierigkeiten hatte, sich mit einem anderen Bauern zu verständigen, der nur hundert Kilometer entfernt lebte. Erst im 19. und 20. Jahrhundert setzten sich im Zuge der Volksschulbildung nationale Hochsprachen durch, die tendenziell jeder verstand, wenn auch nicht unbedingt aktiv beherrschte. Zuvor war aber die Fähigkeit zur raumübergreifenden Kommunikation ein Vorzug, dessen Bedeutung man nicht unterschätzen sollte und der erklärt, warum unter den agrargesellschaftlichen Eliten die literarische Bildung so hoch im Kurs stand – zugleich liegt hier ein wichtiger Grund dafür, weshalb in der heutigen Gesellschaft das Gewicht dieser exklusiven Bildungstradition rapide abnehmen kann.

Die bäuerlichen oder gewerblichen Unterschichten der Agrargesellschaften lebten dagegen vor einem räumlich stark eingeengten Horizont, denn ihre Beweglichkeit wurde von den energetischen Bedingungen des agrarischen Systems begrenzt. Die Masse der Bevölkerung blieb auf mündliche Informationen beschränkt, auf den Fluß von Erzählungen und Gerüchten, der von Reisenden unterhalten wurde. Diese mündliche Kommunikation mußte letztlich mit persönlicher Präsenz verbunden sein. Damit ein Informationsfluß größere Entfernungen überbrücken konnte, mußten die Menschen wandern. Räumliche Mobilität blieb aber immer eine Angelegenheit von Minderheiten: Mönche, Händler, Handwerksgesellen, Soldaten und allerlei »fahrendes Volk« waren häufig auf der Straße. Die Mehrzahl der Bevölkerung vermied jedoch die gefährlichen, kostspieligen und unnötigen Reisen. Dies bedeutete, daß in der Agrargesellschaft die meisten Menschen nur mit einer beschränkten Anzahl von Partnern reden konnten und für den Informationsaustausch auf die Wirkung von Mediatoren wie wandernden Predigern, Bettlern, Gauklern oder Hökern angewiesen blieben.

Auch die Sozialisation bzw. Enkulturation der Kinder fand für den Großteil der Bevölkerung unter engen lokalen Bedingungen statt. Sie wurden von ihren Eltern oder Lehrherren in einem wenig formalisierten, schriftlich kaum oder überhaupt nicht fixierten Prozeß angelernt. Auf diese Weise konnten sich rasch ortsspezifische Traditionen herausbilden und fortsetzen, die für die Menschen natürlichen, selbstverständlichen Charakter besaßen. Diese Gewohnheiten besaßen eine generationenübergreifende Verbindlichkeit und Zähigkeit, die sie gegenüber Einflüssen von außen weitgehend immunisierte. Dies ist ein Grund dafür, weshalb sich in den Agrargesellschaften keine großflächigen homogenen Stileinheiten bilden konnten, sondern häufig auch bestimmte »technische« Probleme von Ort zu Ort auf ganz unterschiedliche Weise gelöst wurden.

Wenn wenige Menschen auf engem Raum dauerhaft intensiv

miteinander kommunizieren, bauen sich bald spezifische Plausibilitäten auf. Schließlich bildet sich ein lokales Nebeneinander von Weltbildern, Befindlichkeiten und Stilausprägungen, unabhängig davon, ob diese auch einen pragmatischen Sinn, eine adaptive Funktion besitzen. Es handelt sich vielmehr um einen rein autopoietischen Vorgang: Die konkreten Inhalte dessen, was sich in diesen Kommunikationsprozessen verstetigt, sind weitgehend beliebig. Sie sind lediglich kontingentes Resultat beschränkten Austauschs. Ob eine sprachliche Lautverschiebung in die eine oder andere Richtung geht; ob sich eine bestimmte Tracht durchsetzt; ob die Götter den einen oder anderen Namen besitzen und den einen oder anderen Ritus verlangen; ob die Ornamente an den Geräten diese oder jene Form erfordern – das alles ist letztlich in das Belieben der jeweiligen regionalen Kultur gestellt, die ihre (unbewußten) Entscheidungen nach Maßgabe ihrer internen Regeln fällt.

Jede Kultur besitzt einen eigentümlichen Doppelcharakter in dem Sinne, daß sie im gleichen Maße einschließt, wie sie ausschließt. Ihr gehört eine Anzahl von Menschen an, die wichtige Überzeugungen teilen, bestimmte Symbole plausibel finden und sich im Gebrauch gewisser Stilelemente wiedererkennen. Diese Menschen werden zu einer kulturellen Gemeinschaft zusammengeschlossen und vereint. Indem dies geschieht, grenzen sie sich aber zugleich von anderen Menschen ab, die eben nicht dieser spezifischen Kultur angehören, sondern fremde Überzeugungen, Symbole und Stile besitzen. Von der Identität einer individuellen Kultur kann nur dann die Rede sein, wenn sie sich von einer anderen Kultur unterscheidet; sie ist Ausdruck von Besonderheit, von exklusiver Integration. Über die Reichweite von kulturellen Einheiten ist damit aber noch nichts gesagt. Jedes aus mehreren Menschen bestehende Gemeinschaftsgebilde prägt sich dann zur Kultur aus, wenn es eine Reihe stabiler Züge hervorbringt, die von den Angehörigen dieser Gemeinschaft für so selbstverständlich gehalten werden, daß sie ihnen nicht mehr auffallen, sondern zum Wesen der Wirklichkeit selbst gerechnet werden. In diesem Sinne kann von der »Kultur« einer Familie, einer Gemeinde, eines Landstrichs, eines Volkes, aber auch einer Institution, etwa einer Firma, einer Behörde oder einer Religionsgemeinschaft die Rede sein.

Eine Kultur muß sich daher nicht selbstbewußt als solche konstituieren, sondern es reicht aus, wenn sich in ihr ein Gefühl für das schlechthin Eigene, wie es eben der Fall ist, ausdrückt. Ein Mensch, der innerhalb der vielfältigen Agri-Kulturlandschaft lebt, nimmt diese als Ganze überhaupt nicht oder nur sehr rudimentär wahr. Da sie aus Differenzen besteht, kann ihr Charakter nur für denjenigen sichtbar werden, der diese Differenzen erfährt, also für den reflexiven Reisenden. Wem das Anderssein der Fremde ins Auge fällt, der kann sich der Eigenart des Eigenen gewiß werden. Daher ist innerhalb der ungebrochenen agrarischen Zivilisationen noch nicht zu erwarten, daß sich das Gesehene zu einer programmatisch-selbstbewußten Einheit von »Land und Leuten« in dem Sinne zusammenschließt, wie es im Rahmen des nationalistischen 19. Jahrhunderts der Fall sein sollte. Die ältere Agri-Kulturlandschaft kennt solche Konzepte noch nicht, da in ihr keine Position denkbar ist, von der aus ihr eigenes Prinzip transzendiert werden kann. Dies sollte erst im Zuge des industriellen Transformationsprozesses der Fall sein, wo Begriffe wie »Volk«, »Heimat« oder »Landschaft« einen polemischen Sinn gewannen, den sie im Rahmen der Agrargesellschaft noch nicht besitzen konnten.

Bei der Betrachtung der Agri-Kulturlandschaft sind also zwei Elemente zu unterscheiden, die auf den ersten Blick ganz verschiedene Ursprünge haben, sich aber doch aus dem Strukturprinzip der Dezentralität herleiten lassen. Das erste Element sind die kulturellen bzw. symbolischen Musterbildungen, die darauf zurückgehen, daß kleinere, recht isolierte Gruppen von Menschen dauerhaft miteinander kommunizieren, wodurch fast beliebige Weltbilder, Stile und Normen entstehen und sich stabilisieren können. Daneben tritt jedoch die Anpassung an Umweltbedingungen, die sich ebenfalls von Ort zu Ort unterscheiden und der materiellen Realisierung des autonomen Kulturprozesses physische Grenzen setzen. Erst die Kombination beider Elemente erzeugte schließlich den eigentümlichen Landschaftstypus, den wir als Agri-Kulturlandschaft bezeichnen können.

Das wichtigste ästhetische Merkmal der traditionellen Kulturlandschaft war ihre große Buntheit und Vielfalt. Von Land zu Land, von Region zu Region, oft von Dorf zu Dorf schufen sich die Menschen Lebensformen, die sich fast in jeder Hinsicht voneinander unterschieden. Die bäuerliche Landwirtschaft war in hohem Maße an ortsspezifische Bedingungen gebunden: an den Bodentyp, das Kleinklima, die Verfügung über Wasser, das Vorkommen bestimmter Mineralien und Gesteine, aber auch an den Zugang zu städtischen Märkten oder zu Transportwegen. Daher sah die Verteilung von Acker, Wald und Wiese überall anders aus, wurden unterschiedliche Fruchtkombinationen angebaut, bildeten sich Lebensräume für unterschiedliche Tiere und Pflanzen.

Dies war aber nicht alles. Zur bäuerlichen Kulturlandschaft gehörte nicht nur eine hochdifferenzierte Bodenkultur, sondern auch eine materielle Kultur der Menschen, eine Welt von Bauten und Artefakten, die sich von Landstrich zu Landstrich unterschieden. Ein Fischerdorf an der Nordsee sah fast in jeder Beziehung anders aus als eine Siedlung von Hirten in den Alpen. Aber auch ähnliche Umweltbedingungen führten zu höchst unterschiedlichen materiellen Ausprägungen. Niemand würde ein Bauernhaus in den Karpaten mit einem Schwarzwaldhof verwechseln. Die traditionelle bäuerliche Kultur bildete einen Reigen unverwechselbarer kleiner Welten. Niemals war die Wirklichkeit der Landschaft ästhetisch so reich, so voller Besonderheit und Abwechslung wie in der Zeit agrarischer Kulturen. Allerdings war dies ein Reichtum, der sich nur dem Vergleich von Ort zu Ort erschloß. Der bäuerliche Mikrokosmos als solcher war von einer Enge und Borniertheit, deren Beharrlichkeit eben die Voraussetzung dafür bot, daß der schweifende Blick von außerhalb so viele Unterschiede sah.

Diese Vielfalt der bäuerlichen Welt, ihre ökologische Kleinräumigkeit, aber auch die Ausprägung lokaler Stile in der Anlage der Dörfer, den Anbaumethoden und der Lösung technischer Probleme war also auch Ausdruck von unterschiedlichen materiellen Lebensumständen. So konnte man die Häuser nur mit Materialien errichten, die in unmittelbarer Umgebung verfügbar waren. Die Intensität von Niederschlägen, Stürme, Trockenheit – das alles stellte adaptive Anforderungen an die Bauten, denen mit den vorhandenen Mitteln begegnet werden mußte. Wo es keine behaubaren Steine gab, mußten die Gebäude aus Holz errichtet werden. Wo Holz knapp war, waren auch Backsteine teuer und man mußte sich mit Lehm und Stroh begnügen.

Die konkreten, ortspezifischen Umweltbedingungen stellten den Bauern Probleme, die sie immer wieder aufs neue lösen mußten, ohne daß der Lösungsweg vollständig von den Umweltbedingungen determiniert wurde. Es existierten vielmehr weite Räume für das freie Spiel der kulturellen Musterbildung. Selbst der Transfer von technischem Wissen im engeren Sinne war diesen Bedingungen ausgesetzt. Ein wandernder Schmied etwa mußte immer wieder neue Verfahren entwickeln, die den lokalen Erzvorkommen oder den Eigenschaften der jeweiligen Holzkohle gerecht wurden. Noch im 18. Jahrhundert hatte die französische Industriespionage in Großbritannien recht geringen Erfolg, wenn es um die Ausspähung neuer Methoden der Eisenverhüttung ging, da das metallurgische Wissen an sehr konkrete Bedingungen gebunden war. Der beste Weg des Technologietransfers lag daher in der Abwerbung oder Entführung von Spezialisten, die jedoch an ihrem Zielort häufig mit beträchtlichen Schwierigkeiten zu kämpfen hatten.

Dem heutigen Betrachter fällt auf, daß auch vergleichbare elementare Lebensprobleme wie der Umgang mit Geburt und

Tod, wie Eheschließung und Kindererziehung von Gebiet zu Gebiet auf höchst unterschiedliche Weise behandelt wurden. Die enorme Vielfalt von Sitten und Gebräuchen, die man in der bäuerlichen Welt findet, kann nur schwerlich als bloßes Ergebnis materieller Anpassungsprozesse entschlüsselt werden. Es sind für ähnliche Fragestellungen zu viele unterschiedliche Lösungen zu beobachten, als daß sich kulturelle Muster vollständig aus Anpassungszwängen erklären ließen. Manches scheint beliebig, vieles grotesk, einiges gar abwegig. Ob man etwa die Toten verbrennt oder in der Erde bestattet, mag auf Knappheit von Boden oder von Holz zurückgeführt werden. Wie will man aber adaptiv erklären, daß etwa die Hindu-Kultur auf Feuerbestattung selbst unter Umständen insistiert, in denen Holz geradezu unerschwinglich teuer ist, so daß die Leichen halbverbrannt in die Flüsse geworfen werden? Solche Fälle legen den Schluß nahe, daß die Kultur offenbar ein Eigenleben führt, dem von der natürlichen Umwelt relativ weite und elastische Grenzen gesetzt sind.

Einige Praktiken können funktional dadurch erklärt werden, daß sie es Angehörigen einer Gruppe erlaubten, eine spezielle Identität auszubilden. In diesem Sinne lag also eine evolutionäre Prämie darauf, sich gegenüber Nachbardörfern oder fremden Stämmen abzugrenzen, indem man sich eine symbolische Eigenart zulegt, die es auf den ersten Blick gestattet, einen Angehörigen des eigenen von dem des fremden Volkes zu unterscheiden. Gruppen, die auf eine solche Identitätsbildung mit Hilfe stilistischer Eigenarten verzichtet hätten, wären dagegen verschwunden, das heißt, sie hätten sich an andere Gruppen assimiliert und wären schließlich von ihnen absorbiert worden. Dieses Argument könnte die Tatsache, daß sich überall spezielle lokale und regionale kulturelle Stile ausprägten, dadurch erklären, daß nur solche Kulturen Bestand hatten, die zur Abgrenzung fähig waren. Die charakteristische enge Symbiose von agrarisch gestaltetem Landschaftstyp und menschlichen Siedlungen wäre dann selbst ein Resultat evolutionärer Musterbildung.

In der Agri-Kulturlandschaft waren die menschlichen Siedlungen unlösbar mit der Landschaft verwachsen und hatten damit selbst Naturcharakter gewonnen. Ebendies machte ihre unverwechselbare und unnachahmliche ästhetische Individualität aus. Dies galt auch noch für die Städte der agrarischen Zivilisationen. So sehr hier das Bestreben darauf zielte, Züge einer universellen Hochkultur über große Räume auszubreiten, so wenig gelang dies doch im einzelnen. Stile der europäischen Kulturelite wie Romanik, Gotik, Renaissance, Barock oder Klassizismus verbreiteten sich über den gesamten europäischen Großraum, doch benötigt man keine besondere kunsthistorische Schulung, um auf den ersten Blick eine gotische Kathedrale in England von einer gotischen Kathedrale in Frankreich unterscheiden zu können. Der einheitliche »Stilwille« scheiterte immer wieder an konkreten Bedingungen.

Die raumübergreifende Hochkultur der jeweiligen Bildungseliten war zwar prinzipiell universell angelegt, doch gelang es ihr niemals, sich vollständig von der Einbettung in die Regionalität der Volkskultur zu emanzipieren. Sie hatte gerade auf denjenigen kulturellen Feldern den geringsten Erfolg, die wirklich landschaftsprägend waren, also in Architektur und Städtebau. Ein Grund dafür war, daß selbst Repräsentationsbauten, bei denen die Kosten eine untergeordnete Rolle spielten, zum überwiegenden Teil mit regional verfügbaren Materialien gebaut wurden und den jeweiligen Bedingungen des Klimas und des gebauten Umfelds Rechnung tragen mußten. Schließlich bestand ein großer Unterschied darin, ob man mit Sandstein, Marmor oder Backsteinen baute. Hinzu kam aber, daß auch die Handwerker, welche die Pläne der großen Baumeister zu vollziehen hatten, über einen ganz individuellen Arbeitsstil verfügten, der spezifischen lokalen Traditionen entsprang und nicht beliebig manipuliert werden konnte.

Selbst die idealen Planungsstädte rational geprägter agrarischer Zivilisationen gewannen deshalb eine naturwüchsige Individualität, die sie untrennbar mit der umgebenden Landschaft verband. Sie können heute als Zeugnisse dafür gelesen werden, daß das Strukturprinzip der Agrargesellschaft, ihre Dezentralität, Insularität und Nichtverallgemeinerbarkeit sich selbst auf solchen Gebieten durchsetzte, wo ihm ein starker uniformierender Willen entgegengesetzt wurde. Das System behauptete sich gegen alle Versuche, ihm voluntaristisch Paroli zu bieten. Das Prinzip der Kulturlandschaft konnte erst gesprengt werden, nachdem sich seine Systemvoraussetzungen gewandelt hatten. Danach allerdings erfuhr es eine Transformation, die so gründlich war, daß von ihm kaum noch Spuren übriggeblieben sind.

Die Agri-Kulturlandschaft bildete eine Einheit von Kultur und Natur, da die Kultur in ihr selbst naturwüchsig-dezentralen Charakter besaß. Sogar nach massiven Störungen regenerierte sie sich immer wieder als Kulturlandschaft. Städte und Dörfer, die in Kriegen niedergebrannt wurden, hat man nach einigen Jahren wieder aufgebaut, und sie gewannen einen neuen, wiederum besonderen Charakter, eine neue Individualität. Die Kulturlandschaft war nicht stabil, aber stationär. Sie wandelte sich, aber sie war nicht in der Lage, ihre räumliche Gebundenheit abzustreifen. Neue Stile setzten sich oft überraschend schnell durch, doch blieben sie regional fixiert. Die wichtigsten Merkmale dieser Landschaft waren ihre Immobilität, ihre Unfähigkeit zur Verallgemeinerung und ihr naturwüchsiger Charakter. Es sind diese Eigenschaften, in denen sie sich von der Landschaft unterscheidet, die sie schließlich ablösen sollte.

3. Die grosse Transformation

Die Wandlung des Energiesystems

Die Epoche der agrarischen Zivilisationen hatte eine Lebensdauer, die sich über etwa 5 000 Jahre erstreckte. Aus dem Reigen dieser Hochkulturen, die sich an verschiedenen Stellen des eurasischen Raums, in bestimmten Gebieten Afrikas und in Amerika gebildet hatten, brach in den letzten Jahrhunderten eine singuläre Kultur aus, die völlig neue Systembedingungen schuf, denen sich der Rest der Welt immer weniger entziehen konnte. Die Erklärungsangebote für den Ursprung des europäischen Sonderwegs, der aus dem Muster der Agrargesellschaft hinausführte, sind zahlreich, sie sind umstritten und insgesamt noch immer wenig überzeugend. Je umfangreicher das Material wird, das die historische Forschung zusammengetragen hat, desto unübersichtlicher wird das Gesamtbild. Manche Beobachter sind daher überzeugt, daß die Zeit für synthetisierende Großerklärungen entweder vorüber oder noch nicht reif ist. Auch hier soll keineswegs eine erschöpfende Antwort auf diese Frage angestrebt werden. Statt dessen soll ein einzelner Faktorenkomplex näher betrachtet werden, dessen Darstellung bereits bei der Analyse der agrarischen Produktionsweise von Nutzen war: das Energiesystem.

Die Transformation des agrarischen Systems, die wir gewöhnlich als »Industrialisierung« oder »Modernisierung« bezeichnen, war mit einem Wechsel der energetischen Grundlagen der Gesellschaft verbunden. Letztlich ist die Frage nach den Gründen für den Übergang vom agrarischen Solarenergiesystem zum fossilen Energiesystem der Industriegesellschaft identisch mit der Frage nach den Gründen für die Industrialisierung überhaupt.

Hier soll nun aber keineswegs behauptet werden, der Wechsel des Energiesystems sei die *Ursache* für diese Transformation gewesen. Noch viel abwegiger wäre der Versuch, aus immanenten Tendenzen des Energiesystems, etwa aus dessen Krisenhaftigkeit, die Dynamik historischer Prozesse selbst herleiten zu wollen. Es geht vielmehr nur um die Rekonstruktion eines funktionalen Zusammenhangs: Es soll gezeigt werden, wie sich durch die Änderung des Energiesystems fundamentale Rahmenbedingungen geändert haben, was seinerseits Spielräume für Veränderungen in anderen Lebensbereichen schuf.

Nun steht außer Frage, daß das vorindustrielle Solarenergiesystem in dem Maße in eine problematische Situation geraten mußte, wie sich (aus welchen Gründen auch immer) eine Dynamik formierte, welche mit steigenden Anforderungen an die Energieversorgung verbunden war. Das flächengebundene Energiesystem tendiert grundsätzlich zur Dezentralität und zum Einschwenken auf einen stationären Zustand. In seinem Rahmen sind daher gesellschaftlichen und ökonomischen Entwicklungen naturale Grenzen gesetzt, die nicht überwunden werden können, ohne die Grenzen des Energiesystems zu sprengen.

Allerdings darf man gesellschaftliche Prozesse nicht nur als Ausdruck einer passiven Anpassung an materielle Bedingungen verstehen. Gesellschaften besitzen die Fähigkeit zur kulturellen Selbstorganisation, die sich autonom entfaltet und lediglich darauf angewiesen ist, daß ihr die naturalen Grundlagen nicht im Wege stehen. Der Kulturprozeß wird nicht von der ökologischen Basis gesteuert, doch kann er sich von dieser auch nicht vollständig emanzipieren. Die Naturgrundlagen bilden vielmehr eine letzte Schranke, an welcher die kulturellen Selbstorganisationen zu einem Halt kommen können, wenn ihnen nicht gelingt, technische und physische Prozesse in Gang zu setzen, die es gestatten, diese Schranken zu überwinden. Da der Kulturprozeß aber nicht ein bloßes Instrument zur Umweltbewältigung ist, also nicht unbedingt auf die Gewinnung von technisch-ökonomischer Kompetenz ausgerichtet sein muß, ja diese nicht einmal repräsentieren muß, ist die Erfüllung dieser Funktion alles andere als selbstverständlich.

Solange eine gesellschaftliche oder kulturelle Dynamisierung nur symbolischen Charakter hat, sich also im freien Raum der Kommunikation bewegt, sind ihrem Spiel keine Grenzen gesetzt. Anders ist dies, wenn sie mit materiellen Folgen verbunden ist, also etwa mit einer Steigerung der Produktion, mit Bevölkerungswachstum und zunehmendem Nahrungs- oder Ressourcenbedarf einhergeht. Das vorindustrielle Solarenergiesystem schnürte lediglich solche sozialen und kulturellen Dynamisierungstendenzen ein, die einen Niederschlag in »Wirtschaftswachstum« und vergleichbaren materiellen Vergegenständlichungen fanden. Es legte gewissermaßen die naturalen Regeln fest, innerhalb deren das autonome Spiel symbolischer Musterbildung stattfinden konnte. Die Entfaltungsräume der kulturellen Selbstorganisation waren allerdings sehr groß. Das weite Spektrum der agrarischen Hochkulturen von China bis nach Europa, von Ägypten bis zum Aztekenreich demonstriert, wie wenige Merkmale durch das ja prinzipiell in allen Fällen gleiche Solarenergiesystem letztlich festgelegt waren. Da sich aus einer Retrospektive, die erst heute möglich ist, jedoch auch zahlreiche strukturelle Gemeinsamkeiten dieser Zivilisationen zeigen, wird deutlich, daß der autonomen Ausprägung der Kulturen eben doch bestimmte physische Grenzen gesetzt waren.

In Agrargesellschaften, besonders in agrarischen Zivilisationen, ist immer eine Reihe von Prozessen im Gang, die prinzipiell dynamischen Charakter haben und nach einem wachsenden Zugriff auf Ressourcen streben. Dies darf allerdings nicht im Sinne einer automatischen Tendenz zur »Entwicklung« oder zum »Fortschritt« verstanden werden. Die agrarischen Zivilisationen können, was ihr technisch-ökonomisches Profil betrifft, mittelfristig durchaus stabil bleiben und neigen nicht in jedem Fall dazu, sich selbst zu überwinden. Zugleich ist aber unübersehbar, daß in ihrem Rahmen über längere Zeiträume hinweg bestimmte technische Kompetenzen zugenommen haben, so daß der Eindruck entstehen konnte, es seien längerfristig wirksame Kräfte im Spiel, die als »Modernisierung« zu verstehen sind.

Man muß aber keine Geschichtsteleologie unterstellen, um diese Dynamisierungsansätze zu begreifen. Vieles erklärt sich daraus, daß die agrarische Produktionsweise immer wieder Probleme erzeugt, zu deren Lösung sie Innovationen vornehmen muß. Dies gilt zunächst für die Landwirtschaft selbst, die permanent mit drohender Bodenverschlechterung, mit Erosion, mit neuartigen Schädlingen oder mit Nährstoffmangel zu kämpfen hat, worauf sie mit der Entwicklung neuartiger Methoden der Feldbestellung (Züchtung, Düngung, Fruchtwechsel, Zugkräfte, Bau neuer Geräte wie Pflug oder Egge) reagiert. Ähnliches gilt aber auch für den gewerblich-urbanen Sektor. So sind seit Beginn der agrarischen Zivilisationen kontinuierliche Verbesserungen in der Metallurgie zu beobachten. Hierbei muß es sich jedoch nicht um eine autonome Tendenz zum Fortschritt handeln, sondern man kann dies auch als eine Kaskade von Reaktionen auf drohende Verknappungserscheinungen verstehen.[61]

Gewerbliche Prozesse wie Metallurgie beruhen auf der Nutzung erschöpflicher Rohstoffvorkommen. Natürlich wird man am Anfang diejenigen Stoffe nutzen, die am leichtesten zugänglich sind, also etwa Kupfer, das auch von Natur aus gediegen vorkommt. Beim Gebrauch von Metallgegenständen werden diese aber korrodiert und abgerieben, so daß sie schließlich verschwinden, das heißt weiträumig in die Umwelt verteilt werden. Die gewerbliche Nutzung von Stoffen ist daher längerfristig mit einer Art stofflichen Entropie verbunden[62]: Die Metalle finden sich in den Erzlagerstätten in einer bestimmten Konzentration, werden im Verhüttungsprozeß weiter konzentriert, beim Gebrauch jedoch in einer Weise diffundiert, daß sie nicht mehr zurückzugewinnen sind. Dies bedeutet aber, daß im Laufe der Zeit immer wieder neue Lagerstätten erschlossen werden müssen, und es ist zu erwarten, daß diese immer schwieriger zugänglich sind oder daß der Metallgehalt der Erze immer geringer wird. Wenn daher längerfristig ein bestimmtes Verbrauchsniveau auch nur aufrechterhalten werden soll, müssen permanent technische Innovationen stattfinden, um dies zu ermöglichen.

Ein weiteres dynamisches Element der Agrargesellschaft ist ihre Neigung zum Bevölkerungswachstum. Die kulturelle Bevölkerungskontrolle, die unter Jäger- und Sammlergesellschaften und vermutlich auch in einfachen bäuerlichen Gesellschaften aufgrund ihrer recht großen Transparenz weit verbreitet war, versagt in den agrarischen Zivilisationen. Dies hat mehrere Gründe. Einer davon ist die Tatsache, daß hochentwickelte Agrargesellschaften eine kritische Bevölkerungsdichte erreichen, die das Auftreten von schweren Infektionskrankheiten, von Epidemien und Pandemien begünstigt.

Dies hat mit den ökologischen Beziehungen zwischen parasitären Mikroorganismen und ihrem Wirt zu tun.[63] Parasiten befinden sich gegenüber kleineren Wirtspopulationen in einer prekären Lage. Sie sind ja darauf angewiesen, daß ihre Generationenfolge nicht abreißt, was sowohl durch den Tod als auch durch die Immunität des Befallenen geschehen kann. Daher profitieren die Erreger von Infektionskrankheiten generell davon, wenn ihre Wirtsbevölkerung groß ist, da dann die Wahrscheinlichkeit steigt, einen neuen Wirt zu finden. Erst unter großen und dichten Bevölkerungen werden somit tödliche Epidemien möglich, denn sie beruhen auf einer kurzen Verweildauer des Erregers im befallenen Organismus, der relativ rasch entweder stirbt oder immun wird. Häufig handelt es sich bei den Erregern um Viren, die außerhalb der befallenen Organismen nur eine kurze Überlebenschance haben und daher auf eine ununterbrochene Infektionskette angewiesen sind – bei vollständig durchseuchten Bevölkerungen letztlich auf den permanenten Zugang von Neugeborenen.

Dies kann am Beispiel der Masern demonstriert werden, einer Viruskrankheit, die heute als Kinderkrankheit praktisch jeden befällt und entweder tötet oder immunisiert. In einem bestimmten Organismus kann das Virus nur wenige Wochen verweilen, es muß ihn also nach kurzer Zeit wieder verlassen. Eine Population von Masernviren benötigt eine menschliche Wirtspopulation von jährlich etwa 40 000 bis 50 000 neu zu infizierenden Individuen, bei denen es sich fast nur um Neugeborene handeln kann. Die kritische Mindestpopulation, innerhalb deren die Masern überleben können, beträgt daher etwa 500 000 Personen. Ist sie kleiner, so ist der Erreger vom Aussterben bedroht. Er verhält sich wie ein Waldbrand, der erlöscht, wenn alles Holz in Flammen aufgegangen ist – es sei denn, es gelingt ihm, die Brandgeschwindigkeit mit dem Nachwuchs zu synchronisieren, also gemäß dem Nachhaltigkeitsprinzip zu wirtschaften.

Unter isolierten und kleinen Wirtspopulationen kann ein aggressiver Erreger nicht überleben. Auf kleinen Inseln etwa oder auf einem Schiff kann es nur ein einziges Mal eine Epidemie geben, die von einem bestimmten Erreger ausgelöst wird, denn am Ende der Epidemie bleiben nur tote oder immune Menschen übrig, das heißt, daß Aggressivität (oder Pionierverhalten) des Erregers zu seinem Untergang führt. Eine Kette von kleinen Populationen, etwa von mobilen Jäger- und Sammlergesellschaften, wäre als Basis für eine Epidemie zwar denkbar, doch wäre die Spezialisierung auf sie aus der Perspektive des Erregers eine hoch riskante evolutionäre Strategie.

In Agrargesellschaften kommt es nun zu einer rapiden Zunahme von Infektionskrankheiten, und zwar vermutlich zunächst von Zoonosen. Dies sind Krankheiten, die von Organismen verursacht werden, welche gewöhnlich ihren Lebenszyklus in Tieren verbringen, deren normaler Wirt also nicht der Mensch ist, die aber doch in der Lage sind, den Menschen zu befallen. Aus der Perspektive des Erregers einer Zoonose ist der Befall eines Menschen häufig eine Sackgasse, da er ihn nicht mehr erfolgreich verlassen kann. Die Tollwut etwa wird durch den Biß eines infizierten Tieres auf den Menschen übertragen. Da der erkrankte Mensch aber selbst niemanden beißt, geht der Erreger mit dem Menschen zugrunde. Trichinen werden durch den Verzehr von befallenem Muskelfleisch übertragen. Da Menschen in der Regel nicht von Warmblütern gefressen werden, kann ein von Trichinen Befallener den Erreger nicht weitergeben. Damit also Zoonosen immer wieder auf Menschen übergehen können, ist ein permanenter Kontakt mit Tieren erforderlich, wie er in der bäuerlichen Wirtschaft üblich ist.

Mit der Zeit können sich die Erreger von Zoonosen aber genetisch so weit verändern, daß sie zu spezifischen Parasiten des Menschen werden. Viele Krankheiten, die heute beim Menschen endemisch sind, wurden erst im Zuge der Domestikation von Tieren übernommen. Masern kommen von der Rinderpest oder der Hunde-Staupe, Pocken von Rindern (oder Affen), die Grippe von Schweinen oder Hühnern; Erkältungskrankheiten vom Pferd, Diphtherie von Rindern. Auch ein Ursprung der Tuberkulose als Zoonose ist wahrscheinlich, wenn auch die Quelle unsicher ist. Insgesamt kann daher vermutet werden, daß mit dem Übergang zur Landwirtschaft, der Seßhaftigkeit und dem damit verbundenen Bevölkerungswachstum die Anzahl und die Gefährlichkeit von Infektionskrankheiten zugenommen haben.

Der Auftritt von Seuchen, die den Charakter von Pandemien annehmen können, also fast die gesamte Bevölkerung ergreifen, hat weitreichende Konsequenzen. In der Folge von unregelmäßig wiederkehrenden Seuchenzügen sind außergewöhnlich hohe Sterblichkeitsraten möglich. Der Schwarze Tod im Europa des 14. Jahrhunderts etwa hat innerhalb weniger Jahre bis zu 40% der Bevölkerung dahingerafft. Die Gefahr des Auftretens von Seuchen wurde von weiteren Merkmalen der agrarischen Zivilisationen verschärft – von der permanenten Kriegsführung um Land und Macht sowie von Hungersnöten, die auf Mißernten zurückgehen. All das hat zum Ergebnis, daß die Bevölkerungszahlen in den dicht besiedelten agrarischen Zivilisationen nicht stabil bleiben, sondern stark zu fluktuieren beginnen.

Ein weiterer Faktor, der ein unregelmäßiges Schwanken der Bevölkerungszahl begünstigte, kann in dem Sterblichkeitsgefälle zwischen Stadt und Land gesehen werden. Vorindustrielle Städte waren gewöhnlich nicht in der Lage, sich demographisch selbst zu erhalten, da in ihnen aufgrund der unhygienischen Lebensbedingungen und der kurzen Übertragungswege für Krankheitserreger die Sterblichkeit dauerhaft über der Geburtenrate lag. Für die Gesamtgesellschaft bedeutete dies, daß die Städte eine Art Bevölkerungssenke bildeten: Der ländliche Bevölkerungsüberschuß wanderte in die Städte, wo er schließlich verschwand. Dies hatte zur Folge, daß die bäuerlichen Haushalte auf dem Land durchaus ein leichtes Wachstum der Bevölkerung zulassen konnten, da es für den Überschuß eine Chance in der Abwanderung gab.

Krieg, Hunger und Seuchen sind die dauerhaften, nicht auszurottenden Geißeln der agrarischen Zivilisationen. Die erhöhte Sterblichkeit wird zwar immer wieder von einer entsprechenden Steigerung der Geburten kompensiert, doch sind die Ausschläge nach oben und unten weitaus größer, als dies in primitiven Gesellschaften oder in der Industriegesellschaft der Fall ist.[64] Dieser vergrößerte Durchsatz erschwert eine kulturelle Regulierung der Bevölkerungsbewegung: Wenn die Bevölkerung ohnehin »malthusianisch« von der unkalkulierbaren Sterblichkeit reguliert wird, verliert die verhaltensbedingte Steuerung durch die Geburtenzahlen an Bedeutung. Dies hat die Konsequenz, daß komplexe Agrargesellschaften immer dazu tendieren, Bevölkerungswachstum zuzulassen oder sogar positiv zu bewerten. Reife, hochentwickelte agrarische Zivilisationen sind daher tendenziell übervölkert, wodurch es einen permanenten Druck auf ihre Ressourcenbasis gibt, der zu Konflikten, aber auch zu Innovationen führen kann.

Die Agrargesellschaft befindet sich damit in einer Art Dynamikfalle: Ihr sind von ihrer energetischen Basis letzte stationäre Obergrenzen gesetzt, doch muß sie permanent versuchen, diese Grenzen zu überschreiten, sei es als Antwort auf Knappheit, sei es als autonome kulturelle Invention. Sie zerrt daher an den naturalen Fesseln, die ihr das Solarenergiesystem angelegt hat, und solange noch Spielräume existieren, hat sie damit auch Erfolg: Ihre Wachstumsgrenzen erweisen sich dann immer wieder als bloßes Wachstum der Grenzen. Solange ihre energetischen Systembedingungen jedoch erhalten bleiben, muß sie immer damit rechnen, daß dynamische Prozesse am Ende versanden oder abgebrochen werden müssen, was durchaus mit Katastrophen verbunden sein kann. Der einzige säkulare Ausweg aus diesem Dilemma bestand schließlich darin, daß sie ihre systembedingten Fesseln sprengte und zu einem andersgearteten Energiesystem überging.

Die Häufung von technischen und gewerblichen Innovationen, die sich in Europa seit dem späten Mittelalter kontinuierlich vollzog, dehnte die Grenzen des agrarischen Solarenergiesystems in einer Weise aus, daß dessen Potential, in Verbindung mit anhaltendem Bevölkerungswachstum, schließlich vollständig ausgereizt wurde. In diesem Sinne gab es im 18. Jahrhundert Indizien für eine allgemein drohende Krise des überkommenen Solarenergiesystems, aus der erst der Übergang zum fossilen Energiesystem herausführte. »Krise« bedeutet in diesem Zusammenhang allerdings nicht, daß das System vom Zusammenbruch bedroht gewesen wäre. Ein Solarenergiesystem kann überhaupt nicht zusammenbrechen, solange die Sonne scheint. Krisenhafte Tendenzen gab es lediglich für die soziale, technische und gewerbliche Dynamik, welche an die energetischen Systemgrenzen zu stoßen drohte. Wenn diese Grenzen allerdings nicht gesprengt worden wären, hätte man mit einem langwierigen, konfliktbeladenen Tauziehen um Macht und Ressourcen in einer Dramatik rechnen können, wie es sich wohl erst gegen Ende des fossilen Energiesystems in einer übervölkerten Welt einstellen wird.

Betrachten wir das allgemeine Bevölkerungswachstum in Europa etwas näher, welches sich während der letzten fünfzehn Jahrhunderte durch sämtliche Schwankungen und Störungen hindurch fast kontinuierlich vollzog.

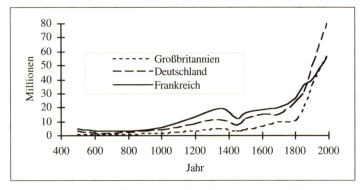

Bevölkerungsentwicklung in Mittel- und Westeuropa (in Millionen)[65]

Bevölkerungswachstum bedeutet im Rahmen der Agrargesellschaft, daß der Druck auf die gegebenen Flächen zunimmt, was in unserem Zusammenhang als Energieverknappung interpretiert werden kann. Wenn Bevölkerungswachstum, wie in Europa seit der frühen Neuzeit geschehen, mit gewerblicher Entwicklung, das heißt mit einer Steigerung des Pro-Kopf-Durchflusses von Stoffen und Energie, einhergeht, so wird dieses Problem verschärft. Natürlich gibt es auch entgegenwirkende Faktoren, zu denen vor allem technische Verbesserungen (etwa in der Landwirtschaft) zu rechnen sind, die als Steigerung des energetischen Wirkungsgrads interpretiert werden können. Dennoch sind in Europa bis zur Schwelle der Industrialisierung zwei Tendenzen zu beobachten, die als eine wachsende Energieverknappung verstanden werden können.

1. Die allgemeine Ernährungslage verschlechterte sich seit dem späten Mittelalter kontinuierlich. Dies war vor allen Dingen in qualitativer Hinsicht der Fall. Es wurde bereits darauf hingewiesen, daß sich ein Wachstum der Bevölkerung auf einer gegebenen Fläche darin ausdrücken wird, daß die Menschen auf einer niedrigeren trophischen Ebene ernährt werden müssen. Wenn der energetische Wirkungsgrad bei der Verwandlung von Futter in das Fleisch von Schlachttieren bei etwa 15% liegt, können bei einem Verzicht auf Fleisch achtmal so viele Menschen ernährt werden wie bei fleischlicher Nahrung. Angesichts von Bevölkerungswachstum ist in einem Solarenergiesystem grundsätzlich zu erwarten, daß der Fleischkonsum zugunsten des Konsums pflanzlicher Nahrung zurückgeht. Ebendieser Vorgang ist in der europäischen Neuzeit zu beobachten.[66]

In Deutschland betrug der jährliche Fleischverbrauch im 14. und 15. Jahrhundert etwa hundert Kilogramm pro Kopf. Dies sind Werte, wie sie erst in der Wohlstandsgesellschaft des 20. Jahrhunderts wieder erreicht wurden. Im 18. und frühen 19. Jahrhundert, also in der Endphase des Agrarsystems, war der Fleischkonsum auf vierzehn Kilogramm pro Person, das ist etwa ein Achtel, gesunken. Dieser sensationelle Rückgang schlug sich auch darin nieder, daß in vielen Städten die Zahl der Metzger trotz des Bevölkerungswachstums zurückging. Hierbei ist natürlich zu bedenken, daß die Oberschichten weiterhin viel Fleisch verzehrten, so daß der generelle Rückgang des Fleischkonsums für die unteren Schichten bedeutet, daß sie sich so gut wie überhaupt kein Fleisch mehr leisten konnten.

In die gleiche Richtung zielt der beobachtete Anstieg des Brotverbrauchs auf fünfhundert bis tausend Gramm am Tag, je nach sozialer Schicht. Armenhäuser in Paris versorgten ihre Klientel im 17. und 18. Jahrhundert mit 1500 g Brot am Tag, was als Indiz dafür gelten kann, daß Brot zum einzigen Nahrungsmittel der Armen geworden war. Auch die Qualität des Brots verschlechterte sich für die Masse der Bevölkerung. Der eigentlich favorisierte Weizen (Weißbrot) blieb der Oberschicht vorbehalten, Graubrot (Roggen) wurde von den Mittelschichten gegessen, Schwarzbrot (Gerste, Hafer, Hülsenfrüchte, Eicheln, Kastanien) von der städtischen Unterschicht und den Bauern. Es gibt viele Hinweise auf chronische Mangelernährung, die auf den geringen Proteinanteil an der Nahrung zurückzuführen ist.

Schließlich gab es bis an die Schwelle der Industrialisierung zahlreiche, sich verschärfende Hungersnöte. Die meisten davon blieben regional begrenzt, doch gab es auch Jahre, in denen ganz Europa Hunger litt, etwa in den Krisenjahren 1709/10. Für Frankreich wurde nachgewiesen, daß die Zahl der Hungerjahre im 18. Jahrhundert stetig zugenommen hat. Die letzte dieser traditionellen, auf Mißernten zurückgehenden Hungersnöte war die sogenannte Pauperismuskrise des frühen 19. Jahrhunderts, die von manchen zeitgenössischen Beobachtern als Auswirkung der Frühindustrialisierung interpretiert wurde.

2. Im 18. und frühen 19. Jahrhundert scheint sich der Zustand der mitteleuropäischen Wälder dramatisch verschlechtert zu haben. Die Klage über aktuellen oder in unmittelbarer Zukunft drohenden Holzmangel war weit verbreitet, es gab eine Vielzahl von Bemühungen zu einer besseren Bewirtschaftung der Wälder sowie Maßnahmen, die auf die Entwicklung technischer Methoden zur Energieeinsparung zielten. Die Entstehung der modernen Forstwirtschaft wird vielfach als Antwort auf die akute Holzkrise gedeutet.[67]

Insgesamt ist es in der Forschung jedoch umstritten, mit welchem Recht von einem generellen Holzmangel an der Schwelle zur Industrialisierung die Rede sein kann. Schließlich war ja lokale Energieknappheit dem traditionellen Solarenergiesystem prinzipiell inhärent. Sämtliche Siedlungen lebten grundsätzlich auf Knappheitsinseln, so daß die Klage über eine aktuelle oder gar erst in der Zukunft drohende Verknappung von Brennholz nicht unbedingt als Indikator dafür angesehen werden kann, daß das energetische Potential der Gesamtfläche tatsächlich erschöpft war, denn es war ja immer denkbar, daß irgendwo noch Reserven bestanden, die mit verbesserten (Transport-) Methoden nutzbar gewesen wären. Die zeitgenössische Wahrnehmung einer drohenden Holzkrise macht daher nicht den Schluß auf eine tatsächlich bevorstehende Energiekrise zwingend. Auch könnten die obrigkeitlichen Versuche zur verstärkten Bewirtschaftung und Regulierung von Energieträgern wie Brennholz aus fiskalischen Motiven sowie einem generellen Wunsch zur Ausdehnung staatlicher Reglementierung erklärt werden.[68]

Trotz dieser Einwände sprechen aber prinzipielle Überlegungen dafür, daß sich das vorindustrielle Solarenergiesystem im 18. Jahrhundert an einer Schwelle befand, die ein weiteres Wachstum wichtiger physischer Parameter (Bevölkerungsgröße, Stoffdurchsatz) verhinderte. Das energetische Potential der Fläche war gewissermaßen ausgereizt. Technische Fortschritte, die zu Wirkungsgradverbesserungen der Flächennutzung führten, waren zwar möglich, doch standen sie immer vor dem Problem des rapide abnehmenden Grenznutzens. Dies kann ein Beispiel verdeutlichen: Die mittelalterliche Dreifelderwirtschaft mußte jeweils ein Drittel der Anbaufläche brachliegen lassen. Wenn es nun gelang, durch komplexere Formen der Bodenbestellung und des Fruchtwechsels auf die Brache zu verzichten, so hatte dies den gleichen Effekt, als wenn die Anbaufläche um 50% zugenommen hätte. Allerdings war eine solche Innovation nur ein einziges Mal möglich.

Besonders der Wald als wenig intensiv genutzte Restfläche geriet durch diesen Prozeß gewissermaßen in eine Zwickmühle. Im Rahmen der bäuerlichen Wirtschaft diente der Wald mehreren Zwecken zugleich. An erster Stelle wurde in ihm Brenn- und Bauholz gewonnen, es gab jedoch eine Reihe von »Nebennutzungen«, die häufig in Konflikt mit seiner Rolle als Holzlieferant treten konnten. So wurden in ihm Tiere, vor allem Schweine, aber auch Ziegen, Schafe und Rinder geweidet; Äste wurden abgeschnitten, um mit den Blättern Vieh zu füttern; fruchtbarer Boden wurde entnommen, um damit die Gärten zu düngen. Vor allem die Ziegenweide erschwerte den natürlichen Nachwuchs von Bäumen, da die jungen Triebe bevorzugt abgefressen wurden. Der wachsende Flächenbedarf für Acker- und Weideland konnte letztlich nur auf Kosten des Waldes gedeckt werden, und dies in einer Situation, in welcher auch der Holzbedarf zunahm.

Jenseits der Auswertung zeitgenössischer Quellen, in denen sich Klagen über den anstehenden Holzmangel ausdrücken, ist es möglich, mit quantitativen Methoden abzuschätzen, wieviel Holz tatsächlich zur Verfügung stand. Wenn man die Entwicklung der Bevölkerungszahlen in Relation zu den gegebenen Waldflächen setzt, von denen Holz gewonnen werden kann, läßt sich die pro Kopf der Bevölkerung theoretisch verfügbare Holzmenge errechnen. Hierbei hat man es natürlich mit grob geschätzten Daten zu tun: Wir verfügen weder über verläßliche Bevölkerungsstatistiken, die über längere Zeiträume zurückreichen, noch ist es ohne weiteres möglich, die Fläche dessen, was man etwa »Deutschland« nennt, eindeutig festzulegen. Trotz dieser Schwierigkeiten wurde eine solche Berechnung angestellt, und sie kam zu dem Ergebnis, daß in Deutschland auf eine Person im frühen Mittelalter 33 m^3, im 13. Jahrhundert 6 bis 8 m^3 und in der Mitte des 18. Jahrhunderts schließlich nur noch 1,5 m^3 Holz kamen, die pro Jahr zur Verfügung standen.[69] Angesichts der Bedeutung von Holz als vorindustrielle »Zentralressource«, das heißt als Werkstoff, Baumaterial und Energieträger, waren 1,5 m^3 pro Person und Jahr sicherlich zu wenig, um alle diese Bedürfnisse zu befriedigen.

Diese Tendenz zur Holzverknappung kann besonders leicht am Beispiel Englands demonstriert werden. Großbritannien bietet als Insel für solche Berechnungen den enormen Vorteil, daß die Fläche insgesamt gegeben ist und nicht immer wieder politischen Veränderungen unterlag, wie dies auf dem Kontinent der Fall war. Wenn wir davon ausgehen, daß von einem Hektar Land dauerhaft 5 m³ Holz im Jahr gewonnen werden können, und wenn wir pro Kopf der Bevölkerung einen Flächenbedarf von einem Hektar für nichtforstliche Zwecke ansetzen, so ergibt sich angesichts der in groben Zügen bekannten Bevölkerungsentwicklung die folgende Tendenz:

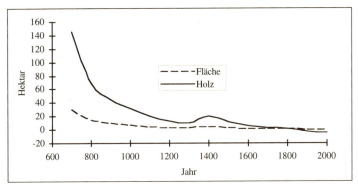

Flächen- und Holzverfügung in England und Wales
(Holz in m³/Person und Jahr, Fläche in ha/Person)

Hieraus wird deutlich, daß das Solarenergiepotential Englands im 18. Jahrhundert weitgehend erschöpft war, jedenfalls auf Basis der seinerzeit üblichen agrarischen bzw. forstlichen Technik. Dies bedeutet aber nicht, daß das System kurz vor dem Zusammenbruch gestanden hätte, denn ein Solarenergiesystem hat prinzipiell die Eigenschaft der Nachhaltigkeit, das heißt, es kann immer auf einem bestimmten Niveau des Energieflusses dauerhaft gewirtschaftet werden. Bei Verknappung der Fläche ist zwar mit verschärften Verteilungskämpfen zu rechnen, doch besteht immer die Möglichkeit, die anfallenden Probleme im Rahmen des gegebenen Systems durch ein verbessertes Management der Flächennutzung anzugehen.

Allerdings ist dann, wenn das Energiepotential der Gesamtfläche ausgeschöpft ist, kein weiteres Wachstum der Wirtschaft oder der Bevölkerung mehr möglich, sofern dieses auf der Nutzung von Energie beruht. Umgekehrt bedeutet dies, daß Wirtschaftswachstum in dem Umfang, wie es mit der Industrialisierung verbunden war, nur möglich wurde, weil die Grenzen des agrarischen Solarenergiesystems durch den Übergang zum fossilen Energiesystem gesprengt wurden. Eben hierin bestand die Lösung, welche die energetische Voraussetzung für den Prozeß der industriellen Transformation bildete und einen epochalen Einschnitt markiert.

Fossile Energie ist nichts anderes als in Biomasse gespeicherte Sonnenenergie. Doch zwischen einem Solarenergiesystem und einem auf fossilen Energieträgern beruhenden System bestehen gravierende Unterschiede. Fossile Energieträger wie Kohle (oder auch Erdöl bzw. Erdgas) sind Ergebnisse der Millionen von Jahren anhaltenden Photosyntheseleistung von Pflanzen. Über längere geologische Zeiträume hinweg wurde mehr Strahlungsenergie der Sonne in chemische Energie verwandelt, als wieder von heterotrophen Organismen veratmet oder sonstwie oxidiert wurde. Diese pflanzliche Biomasse wurde vielmehr fossiliert, das heißt, sie wurde der Biosphäre entzogen und unter Luftabschluß unter der Erde gelagert. Wenn es nun gelang, technischen Zugriff auf diese Lagerstätten zu gewinnen, bedeutete dies, daß sich das Energiepotential für die betreffende Gesellschaft vervielfachte. An die Stelle der konstitutiven Energieknappheit eines Solarenergiesystems trat nun ein relativer Energieüberfluß. Energie bildete nicht mehr einen Engpaß, sondern die Relationen wurden gewissermaßen umgekehrt: Der Energieüberfluß drängte auf eine Dynamisierung, die in kurzer Zeit sämtliche Lebensprozesse ergreifen konnte.

Ein weiteres Element kommt hinzu. Die Strahlungsenergie der Sonne trifft mit einer recht geringen Dichte auf die Erde. Um vom Menschen genutzt werden zu können, muß sie daher erst konzentriert werden. Wenn dies mit technischen Mitteln geschehen soll, sind aber recht umfangreiche, große Flächen und große Materialmengen erfordernde Anlagen nötig. Die eleganteste Weise, Solarenergie nutzbar zu machen, ist deshalb der Gebrauch von Pflanzen als Energiekonverter. Bäume etwa schaffen sich von selbst eine enorme Oberfläche, auf der sie die Strahlungsenergie der Sonne so vollständig wie möglich einfangen können, und zwar mit ihren Blättern, die aus Biomasse bestehen, die mit Hilfe ebendieser Sonnenenergie synthetisiert wurde. Ihre »Sonnensegel« sind aus dem gleichen Material, in dem auch die von ihnen gesammelte Energie gespeichert wird, und zu ihrem Unterhalt ist kein spezieller Aufwand erforderlich. Es dürfte sehr schwierig sein, den gleichen Wirkungsgrad wie Pflanzen bei der Umwandlung von Strahlungsenergie in chemische Energie auf technischem Weg zu erreichen, wenn man den gesamten Lebenszyklus der Anlage von ihrer Errichtung bis hin zu ihrer Entsorgung berücksichtigt.

Dennoch fällt pflanzliche Biomasse notwendigerweise über eine weite Fläche verteilt an und muß mit einem hohen Transportaufwand zum Verbraucher gebracht werden. Ähnliches gilt auch für die Wasserenergie: Wenn Stauseen angelegt werden, um Wasserkraft nutzbar zu machen, müssen große Flächen überschwemmt werden. Auch benötigt man gewaltige Mengen an Material, das für den Bau der Staudämme bewegt werden muß. Vergleichbares gilt für die Errichtung von Windkraftanlagen, die wegen der geringen Energiedichte der bewegten Luft große Flächen benötigen und noch größere Flächen beeinträchtigen. Das Grundproblem des Solarenergiesystems ist eben unausweichlich: Wenn Energie von geringer Dichte in eine brauchbare Form gebracht werden soll, ist der Aufwand an Fläche und Material enorm, was den energetischen Ernteertrag grundsätzlich schmälert.

Fossile Energie dagegen findet sich nicht nur von Natur aus in starker Konzentration, sondern auch in einer für menschliche

Zwecke idealen Form. Bei Kohle handelt es sich um chemische Energie mit einer Energiedichte, die mehr als doppelt so groß ist wie die von Brennholz, bei ansonsten ähnlichen Eigenschaften. Der Umgang mit Kohle oder auch mit anderen fossilen Brennstoffen wie Erdöl oder seinen Derivaten, etwa Benzin, ist weitgehend unproblematisch. Im Gegensatz etwa zur Kernenergie sind die Temperaturen, die bei der Verbrennung erreicht werden, gewöhnlich in der Nähe dessen, was für gewerbliche Zwecke benötigt wird. Es entsteht keine tödliche Strahlung, daher sind keine komplizierten Anlagen erforderlich, um mit diesen Stoffen umzugehen. Im Gegensatz zu Wasserstoff müssen fossile Energieträger nicht gekühlt oder unter Druck gehalten werden. Im Gegensatz zu elektrischem Strom ist der Kontakt mit ihnen ungefährlich; weder muß der Verbraucher vor ihnen geschützt werden, noch bedürfen sie selbst des Schutzes. Daher konnten sie sukzessive an die Stelle von Holz oder Holzkohle treten, ohne daß von vornherein umfangreiche technische Innovationen und komplizierte Anlagen erforderlich waren.

Aus der Perspektive des agrarischen Solarenergiesystems wurde die Nutzung von Steinkohle zunächst nur als willkommenes Mittel angesehen, an einzelnen Orten auf die lokale Energieknappheit zu reagieren. Die Anfänge der Kohleförderung gehen bis in die Antike zurück, und seit dem Mittelalter wurde in Großbritannien, aber auch in bestimmten Gebieten Mitteleuropas, etwa im Raum Aachen, Kohle genutzt, ohne daß dies eine sprengende Wirkung für das traditionelle Solarenergiesystem entfaltet hätte. Zur Formierung eines neuartigen Energiesystems mußte sich erst eine spezifische gesellschaftliche und ökonomische Dynamik aufbauen; zudem waren für bestimmte Verwendungszwecke beträchtliche technische Schwierigkeiten zu überwinden. Man kann daher sagen, daß von der energetischen Seite nicht die entscheidenden Impulse ausgingen: Das Vorkommen von Kohle war nicht die »Ursache« der Industrialisierung, doch ist kaum vorstellbar, daß es ohne die Nutzung von Kohle und an-

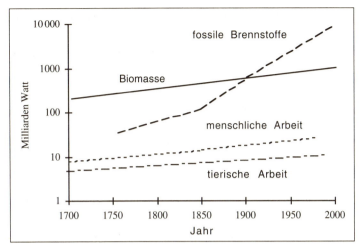

Jährlicher anthropogener Energieumsatz in Milliarden Watt[70]

deren fossilen Energieträgern je zur Industrialisierung gekommen wäre.

Die neuzeitliche ökonomische Dynamik entfaltete sich zunächst unabhängig vom Energiesystem. Für sie bildete die Energieversorgung lediglich eine Randbedingung, die sich im Laufe der Zeit allerdings als ernsthafter Engpaß erweisen sollte. Das fossile Energiesystem formierte sich nicht auf einem Schlag, sondern es gab eine Reihe von Stadien, in denen Kohle das Holz als Energieträger ablöste, von der einfachen thermischen Nutzung, etwa beim Hausbrand oder der Salzsiederei, über anspruchsvollere Nutzungen wie Ziegelbrennen, Keramik, Glasherstellung, Brauerei, Bäckerei bis hin zur Meisterung der schwierigsten Probleme in der Metallurgie, vor allem der Eisenverhüttung. Das Hauptproblem ging von den chemischen Eigenschaften der Steinkohle aus, die einen größeren Gehalt unerwünschter Stoffe wie Schwefel oder Phosphor enthält als Holz(kohle).

Zwei technische Schlüsselinnovationen, welche die Durchsetzung des fossilen Energiesystems ermöglichten, fanden im Laufe des 18. Jahrhunderts statt: Durch Verkokung und die Entwicklung des Puddle-Verfahrens wurde es möglich, Eisen auf der Basis von Steinkohle zu verhütten. Dies führte zu einem explosiven Anstieg zunächst der britischen, dann der mitteleuropäischen und amerikanischen Eisenproduktion, wodurch die stoffliche Basis der Schwerindustrie und des Maschinenbaus geschaffen wurde. Der zweite Durchbruch hatte mit einem Engpaß der Steinkohleförderung selbst zu tun: Zur Entwässerung von Kohlegruben wurden Pumpen gebaut, die auf dem Prinzip der Dampfexpansion beruhten und aus denen sich schließlich die Dampfmaschine entwickelte, die zum mechanischen Kraftzentrum von Industrie und Verkehr im 19. Jahrhundert werden sollte. Die Dampfmaschine ermöglichte zum ersten Mal eine technische Konversion von chemischer in mechanische Energie und stellte damit die Weichen für ein weitreichendes Wachstum von Transport und mechanischer Arbeit, unabhängig von der Verfügbarkeit von Weideflächen.

Diese Durchbrüche führten zu der Formierung eines neuartigen Energiesystems. Was dies unter ökologischem Gesichtspunkt bedeutete, sollen die folgenden Zahlen illustrieren: Holz hat einen Heizwert von etwa 12 MJ/kg, während der Heizwert von Kohle bei etwa 30 MJ/kg liegt. Das mittlere spezifische Gewicht von Holz liegt bei 0,5 g/cm^3, das heißt, der Heizwert von 1 t Kohle entspricht dem von etwa 5 m^3 Holz, also dem nachhaltigen jährlichen Ertrag von 1 ha Wald.[71] Diese Relation ermöglicht nun eine Abschätzung der Folgen, welche die Durchsetzung von Steinkohle für das traditionelle Solarenergiesystem hatte. Um sie verständlich zu machen, rechnen wir historische Kohleverbräuche auf das zentrale Element der Agrargesellschaft, nämlich die Fläche, um. Wir nutzen bekannte Daten über geförderte Mengen von Kohle und ordnen diesen jeweils eine hypothetische Fläche zu, von welcher man Holz mit dem gleichen Brennwert hätte gewinnen müssen. Für England (inklusive Wales) ergibt sich das folgende Bild:

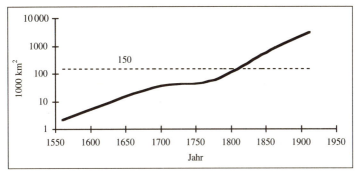

Flächenkorrelate der britischen Kohleförderung (in 1000 km²) [72]
150 000 km² = Fläche von England und Wales

Bereits im ersten Jahrzehnt des 19. Jahrhunderts wurde die energetische Flächenkapazität von England und Wales durch den Einsatz von Kohle überschritten! Diese einfache Überlegung macht deutlich, was der Übergang zur Nutzung fossiler Energieträger aus der Perspektive des traditionellen Solarenergiesystems bedeutete. Das System entkoppelte sich prinzipiell von der Fläche, deren Nutzung zuvor seinen Bewegungsspielraum definiert hatte. Mit anderen Worten: Bereits um 1800 stand in England und Wales so viel Energie zur Verfügung, als ob sich die Gesamtfläche des Landes verdoppelt hätte, und im weiteren Verlauf entfernte sich das Energiesystem immer weiter von den Restriktionen, die ihm die alte Flächenabhängigkeit gesetzt hatte.

Dieser Prozeß der Transformation des Energiesystems wurde mit der Mechanisierung und Chemisierung der Landwirtschaft abgeschlossen. Die Landwirtschaft änderte im Zuge dessen ihren Charakter grundlegend. Die moderne Landwirtschaft kann im Unterschied zur traditionellen Landwirtschaft mit einem negativen energetischen Erntefaktor operieren, also mehr Energie in Form von Brennstoffen, Düngemitteln oder Pestiziden verbrauchen, als in der von ihr produzierten Nahrung enthalten ist. Damit hat sie sich von einem Bestandteil des Energiesystems in einen Betrieb zur Stoffumwandlung transformiert, der weitgehend auf die Verfügbarkeit fossiler Energieträger angewiesen ist.

Der Übergang zu fossilen Energieträgern schuf eine Reihe neuartiger energetischer Systembedingungen, die sich fundamental von denen des traditionellen Solarenergiesystems unterscheiden. Der Kern dieser Transformation liegt in einer Loslösung vom agrargesellschaftlichen Flächenprinzip. Von hier aus werden die charakteristischen Merkmale des fossilen Energiesystems verständlich.

- Die Primärenergieträger sind nicht mehr gleichmäßig über eine Fläche verteilt, so daß sie mit hohem Transportaufwand beim Verbraucher konzentriert werden müssen, sondern sie fallen von vornherein in verdichteter Form am Schachtausgang oder an der Förderstelle an. Daher begünstigt das fossile Energiesystem industrielle Konzentrationen mit hohem Energieverbrauch an bestimmten Standorten. Dies gilt vor allem unter den Bedingungen des Eisenbahntransports, wodurch Ballungszentren von Bevölkerung, Stoffen und Energie miteinander verbunden werden. Erst jetzt können sich die eigentlichen Industrierevieren bilden, in denen sich Produktion und Umweltzerstörung zusammenballen.
- Fossile Energieträger ermöglichen eine rasche Expansion von Produktion und Verbrauch. Das stationäre Nachhaltigkeitsprinzip wird (zumindest vorübergehend) überwunden. Technische und industrielle Innovationen werden jetzt nicht mehr von Energieknappheit ausgebremst, sondern sie können sich weitgehend ohne Rücksicht auf physische Beschränkungen entfalten.
- Es wird eine neue Pioniersituation eingeleitet, also eine Phase von sensationellem »Wachstum« der Wirtschaft und damit verbundenen physischen Parametern wie Bevölkerungszahl, Pro-Kopf-Verbrauch, Stoffdurchsatz und Umweltproblemen.
- Mental begünstigt diese Entwicklung den Abschied vom

überkommenen Nullsummenprinzip, an dessen Stelle eine sich verfestigende Erwartung materiellen Fortschritts tritt, die sich zu Konzepten wie den in der Transformationsära verbreiteten Vorstellungen von einer naturgesetzlichen »Entwicklung« und »Modernisierung« der Welt auskristallisiert hat.
- Durch Verbrennung fossiler Energieträger werden große Mengen an Kohlenstoff mobilisiert und in die Atmosphäre entlassen, die zuvor in der Erdkruste deponiert waren. Die damit verbundene rasche Veränderung der Gaszusammensetzung der Erdatmosphäre führt zu neuartigen, bislang noch nicht völlig verstandenen Umweltproblemen: Änderung des Strahlungsmilieus, Treibhauseffekt, Änderung der Selektionsbedingungen für (Mikro-) Organismen.
- Schließlich steht das fossile Energiesystem vor einem historischen Horizont der Endlichkeit. Da mit Steinkohle, Erdöl und Erdgas ein gegebener und beschränkter Bestand von Ressourcen verbraucht wird, kann dieses System nicht auf einem bestimmten Niveau auf Dauer gestellt werden, sondern es ist zu einer permanenten »Flucht nach vorn« genötigt, zu einer nicht abbrechenden Spirale von Erschöpfung, Substitution und Innovation. Dies führt zu einer nie dagewesenen Dynamik, zwingt es aber auch dazu, diese Dynamik nicht abbrechen zu lassen. Was dies bedeutet, können die beiden folgenden Graphiken illustrieren.

An der Abbildung auf der nächsten Seite ist zweierlei bemerkenswert. Zum einen wird erkennbar, daß ein Solarenergiesystem immer zur asymptotischen Annäherung an eine Obergrenze tendiert, welche zwar durch technische Innovationen verrückt, aber nicht dauerhaft beseitigt werden kann. Rasche Expansionen physischer Parameter sind daher nicht zu erwarten, sondern Wachstumsphasen münden immer wieder in stabile Zustände ein. Zugleich kann das System aber (ceteris paribus) auf einem gegebenen Niveau dauerhaft existieren. Die Fläche unter der

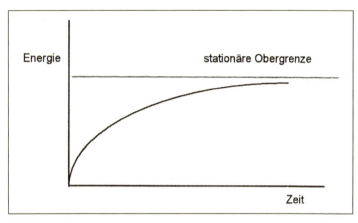

Zeitliche Struktur eines Solarenergiesystems

Kurve ist zur Zukunft hin offen, das heißt, die kumulierte Energiemenge tendiert gegen unendlich, solange mit der Einstrahlung von Solarenergie gerechnet werden kann.

Das Solarenergiesystem hat damit zwei komplementäre Eigenschaften, die unlösbar miteinander verbunden sind. Zum einen ist es innovationsfeindlich, da es sämtlichen technischen oder gewerblichen Neuerungen, die mit Energieverbrauch verbunden sind, eine wenn auch elastische, so doch zähe Grenze setzt. Dies ist der Grund, weshalb es in den agrarischen Solarenergiesystemen keine längeren Perioden rapiden Wirtschaftswachstums geben konnte, sondern die Mehrzahl der Menschen durchweg unter spürbarer Knappheit von Ressourcen lebte. Zum anderen aber bedeutete dies, daß das agrarische Solarenergiesystem auch nicht zusammenbrechen konnte, sondern ihm eine Perspektive der Dauerhaftigkeit offenstand. Es gab jedenfalls keinen prinzipiellen Grund dafür, daß sich dieses System von einem einmal erreichten Niveau wieder entfernen sollte. Wenn dies dennoch geschah, so hatte dies kontingente Gründe, die keineswegs notwendig mit dem Wesen des Energiesystems zusammenhingen.

Die Wandlung des Energiesystems 149

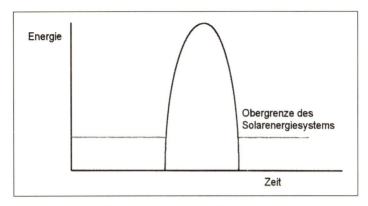

Zeitliche Struktur des fossilen Energiesystems

Wenn wir dagegen die oben dargestellte zeitliche Struktur des fossilen Energiesystems näher betrachten, so wird deutlich, daß in zweierlei Hinsicht ein Kontrast zur Struktur des Solarenergiesystems besteht. Zum einen weist das fossile Energiesystem in seinem frühen Stadium eine gewaltige Expansion innerhalb kurzer Zeiträume auf. Es macht weitaus größere Zuwächse an Energieumsätzen verfügbar, als dies auf der Basis einer technischen Ausreizung des vorindustriellen Solarenergiesystems je möglich gewesen wäre. Hier wird von der energetischen Seite aus verständlich, weshalb es in den vergangenen zweihundert Jahren zu so sensationellen Wachstumsprozessen hat kommen können. Zum anderen aber muß die Verbrauchskurve irgendwann wieder die Nullinie erreichen, nämlich dann, wenn der gesamte Bestand verzehrt ist. Das fossile Energiesystem ist sehr groß, aber beschränkt und damit endlich.

Die verfügbare Energiemenge liegt in der Wachstumsphase des Systems, in welcher wir uns heute noch befinden, weit über der Marge, die unter den Bedingungen des Solarenergiesystems je hätte erreicht werden können. Dennoch ist die Gesamtmenge an Energie über längere Zeiträume hinweg, im Gegensatz zum Solarenergiesystem, letztlich begrenzt. Daher ist es nicht möglich, das System auf einem bestimmten Niveau dauerhaft zu betreiben. Es steht vielmehr selbst vor einem Horizont der Transformation.

Der zeitlich endliche Charakter des fossilen Energiesystems mag nun einen Schatten auf die Erwartung grenzenlosen materiellen Fortschritts werfen, die sich im Zuge der Expansion dieses Systems in weiten Teilen der Welt aufgebaut hat. Für die Erklärung der Transformationsdynamik, welche die vorindustrielle Welt seit etwa zweihundert Jahren ergriffen hat, ist diese düstere Perspektive jedoch irrelevant. Die Menschen leben nicht so sehr in einer zu erwartenden Zukunft, sondern in der jeweiligen Gegenwart. Für sie sind daher Zukunftsprognosen, die sehr lange Zeiträume umfassen, nur von sehr geringer Bedeutung. Mit Beständen kann man nur dann wirtschaften, wenn diese überschaubar, das heißt, wenn sie recht klein sind. Innerhalb des agrarischen Systems war es daher durchaus möglich, »nachhaltig« mit den vorhandenen Ressourcen auszukommen, da deren Umfang transparent war. Die enormen Mengen an fossilen Brennstoffen, die plötzlich verfügbar wurden, sprengten jedoch jeden Erfahrungshorizont. Es gibt keine menschliche Intuition für den Umgang mit sehr großen Zahlen – sie werden vielmehr gerne für unendlich groß gehalten.

Zum Verständnis der Vorgänge, die von der energetischen Transformation ermöglicht wurden und noch immer werden, kann daher zunächst von der Zukunftsdimension abgesehen werden, die lediglich prognostisch-prinzipiellen, jedoch keinen erfahrbaren Wert hatte. Die Menschen empfanden die Wachstumsphase, welche von dem neuen Energiesystem gespeist wurde, als einen dauerhaften, geradezu natürlichen und selbstverständlichen Prozeß, und vielfach ist dies sogar heute noch der Fall. Die energetische Transformation hat weite Bereiche der ökonomischen und mentalen Wirklichkeit mit sich fortgerissen. Explosiver Wandel, Wachstum und Transformationen sind zur Signatur eines ganzen Zeitalters geworden.

Der industrielle Archipel

Der Übergang zum fossilen Energiesystem leitete eine umfassende Transformation der Wirklichkeit ein, die von den Zeitgenossen als Umwälzung aller Lebensbedingungen erfahren und daher mit dem emphatischen Namen einer Industriellen Revolution bedacht wurde. Als dieser Begriff in den ersten Jahrzehnten des 19. Jahrhunderts aufkam, wurde er in bewußter Analogie zur Französischen Revolution gewählt: Ein Ancien Régime, in diesem Fall der »Feudalismus« der Agrargesellschaft, wird von einer neuartigen Formation abgelöst, dem »Kapitalismus«, der auch »Industriegesellschaft« genannt wurde. Die Heraufkunft einer neuen Gesellschaft schien evident, sie war von zwingendem Charakter und vollzog sich mit solch einer rasenden Beschleunigung, daß der Übergang zu ihr den Namen einer Revolution verdiene. Die Wahl dieses Begriffes für die sich vollziehende Bewegung der Industrialisierung hatte für viele darüber hinaus den Vorzug, daß damit die Revolution in die Normalität der Geschichte hineingestellt wurde, mit der stillschweigenden Konsequenz, daß die eben erst entstehende kapitalistische Gesellschaft in absehbarer Zukunft durch eine auf sie folgende sozialistische Revolution abzulösen sei.

Nun stellt man sich unter einer Revolution seit 1789 einen höchst dramatischen historischen Akt vor, mit spektakulären Auftritten, wobei zündende Reden gehalten werden und die Köpfe rollen. Dieses Schauspiel verläuft in mehreren Akten, doch ist es nach einer nicht allzu langen Zeit abgeschlossen. »Revolution« ist in dieser Sicht ein kurzer historischer Phasenübergang, in welchem ein Zustand in einen anderen transformiert wird. Wann immer solche Übergänge beobachtet werden können, kann daher der Begriff einer Revolution eingesetzt werden. Die Revolutionen sind, wie Marx es einmal ausgedrückt hat, die Lokomotiven der Geschichte.[73]

Diese Begriffsstrategie wird in dem großen universalgeschichtlichen Entwurf des britischen Archäologen Gordon Childe besonders deutlich.[74] Childe periodisierte die Geschichte der Menschheit in folgender Weise: Der stabile Zustand der paläolithischen Jäger- und Sammlergesellschaften wurde in einer »neolithischen Revolution« mobilisiert und in einen neuen Zustand der bäuerlichen Gesellschaft transformiert. Diese erfuhr nach einigen Jahrtausenden ihrerseits eine »urban revolution«, aus welcher die »feudale« agrarische Zivilisation hervorging, die sich ebenfalls über einige tausend Jahre hinweg stabilisieren konnte, bis sie von der »industriellen Revolution« ergriffen und in die kapitalistische Industriegesellschaft verwandelt wurde, die ihrerseits der sozialistischen Umwälzung harrt. Wir haben hier also eine Abfolge von stabilen Zuständen und dynamischen Prozessen, worin die »Revolution« die Aufgabe der historischen Beschleunigung, des Durchbruchs in eine neuartige Phase der Stabilität erfüllt.

Gegen dieses Bild sind nun Einwände erhoben worden, die sich vor allem auf die zeitliche Dimensionierung beziehen. Liegt im Begriff der »Revolution« nicht die Vorstellung von einem kurzfristigen, gewaltsamen Akt, dessen Anfang und Ende genau lokalisiert werden muß? Eine neolithische Revolution in dem Sinne, daß die frühen Bauern die Jäger an den Därmen der Sammler aufgehängt hätten, ist jedoch nirgendwo nachzuweisen. Statt dessen finden wir historische Prozesse, die sich über so lange Zeiträume hinweg vollzogen haben, daß sich der Betrachtung kleinerer Abschnitte nicht das Bild revolutionärer Umstürze bietet. Ähnliches gilt für die Industrialisierung. So konnte von einer »industriellen Revolution des Mittelalters« ebenso die Rede sein wie von einer zweiten oder dritten industriellen Revolution, die im 20. Jahrhundert stattgefunden haben sollen. Die nähere Betrachtung der Industrialisierung zeigt, daß ihre Anfänge ebenso schwer auszumachen sind, wie von einem Abschluß die Rede sein kann. Ein lang anhaltender Prozeß, so der Einwand, verdient aber nicht den Namen einer Revolution.

Nun ist es jedoch unbestreitbar, daß es in der Vergangenheit nicht nur zähe Zustände von längerer Dauer, sondern auch relativ rasche historische Übergänge gegeben hat. Wir können in der Tat eine (idealtypische) Struktur paläolithischer Jäger- und Sammlergesellschaften von der (idealtypischen) Struktur der Agrargesellschaft unterscheiden, bei allen geographischen und kulturellen Unterschieden. Wenn es aber möglich ist, zwei unterschiedliche Strukturen zu beschreiben, so ist es auch sinnvoll, einen Begriff für den dazwischen liegenden Strukturbruch einzuführen. Wie man diese Übergangsphase nennen will, ist dann nur noch eine Frage der Konvention und der Streit darum ein bloßer Streit um Worte: ob Revolution, Transformation oder Übergang, gemeint ist eben die Tatsache des historischen Phasenübergangs. Lediglich den Begriff einer »Evolution« sollte man vermeiden, denn er verschleiert den Charakter des qualitativen Bruchs, der diese Phasenübergänge kennzeichnet.

Was nun die »industrielle Revolution« betrifft, so ist die Angelegenheit etwas schwieriger. Einerseits steht außer Frage, daß mit dem Übergang zum fossilen Energiesystem und den sonstigen Prozessen, die wir mit dem Begriff der Industrialisierung verbinden, ein tiefgehender Bruch mit der agrargesellschaftlichen Vergangenheit vollzogen wurde, dessen universalgeschichtliche Bedeutung nur noch mit dem Übergang zur Landwirtschaft parallelisiert werden kann. Andererseits aber wissen wir noch nicht, welche Struktur sich nach Abschluß dieser Transformation bilden wird. Zwar ist viel von der »Industriegesellschaft«, vom »Industriesystem« oder gar von der »Moderne« die Rede, doch kann niemand genau sagen, was damit eigentlich gemeint ist. Die industrielle Revolution, die vor etwa zweihundert Jahren begonnen hat, ist noch immer voll im Gang. Wir befinden uns seitdem inmitten einer Explosion von universalgeschichtlicher und globaler Dimension. Diese Explosion hat schleichend begonnen und sich allmählich beschleunigt. Sie hat immer größere Teile der Erde ergriffen, immer mehr Elemente mobilisiert, doch ist noch nicht abzusehen, in welche stationären Zustände sie einst einmünden könnte. »Industrielle Revolution« im Sinne eines Phasenübergangs ist also insofern ein problematisches Konzept, als man die Eigenschaften der Phase überhaupt nicht kennt, in welche das System übergehen wird.

So sehr man sich allerdings über die sozialen und kulturellen Dimensionen dieses Vorgangs streiten kann, so deutlich stehen uns doch seine physischen Konsequenzen vor Augen. An erster Stelle kann das Bevölkerungswachstum genannt werden. Seit der Spätphase der agrarischen Zivilisation im 18. Jahrhundert hat sich die Zahl der Menschen weltweit etwa verzehnfacht, und ein Ende dieses spektakulären Wachstums ist noch nicht abzusehen. Ordnen wir die globale »Bevölkerungsexplosion« der letzten zweihundert Jahre in den Verlauf der universalgeschichtlichen Bevölkerungsentwicklung seit der neolithischen Revolution ein, so ergibt sich in der Tat ein spektakuläres Bild.

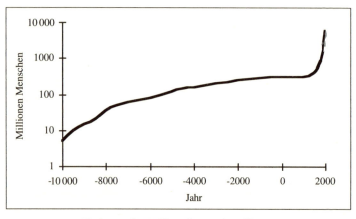

Wachstum der Weltbevölkerung in Millionen

Dieses Diagramm macht von der Bevölkerungsseite aus schlagend deutlich, daß die industrielle Transformation universalgeschichtlich den Charakter eines Bruchs besitzt, und es wird verständlich, daß ein solcher Vorgang von zahlreichen dynamischen Prozessen auf ökologisch-naturalem Niveau begleitet sein mußte. Dies gilt zunächst, worauf ja schon hingewiesen wurde, für die Energieumsätze, welche die formelle Voraussetzung dafür bilden, daß sich überhaupt materielle Durchsatzmuster von solchen Dimensionen bilden konnten. Der globale Primärenergieverbrauch ist innerhalb der Zeiträume, in denen er sinnvoll erfaßt werden kann, mit einer exponentiellen Rate gestiegen:

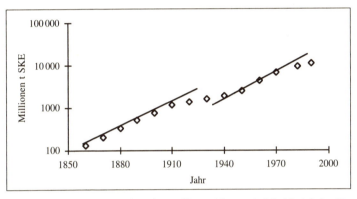

Globaler Primärenergieverbrauch in Millionen Tonnen Steinkohleeinheiten[75]

Angesichts dieser dramatischen Zuwächse ist es nicht verwunderlich, daß auch der Umsatz von Metallen und anderen Stoffen seit dem Beginn seiner statistischen Erfassung exponentiell zugenommen hat, und zwar völlig synchron mit dem Wachstum der Energieumsätze. Die großen Mengen an Energie, die mit dem Zugriff auf die fossilen Lagerstätten freigesetzt wurden, haben entsprechend große Mengen an Materialien mobilisiert, die gewissermaßen mitgerissen wurden und nun durch die Biosphäre kreisen. Dies kann anhand einiger Schaubilder leicht illustriert werden.

Weltproduktion verschiedener Metalle in 1000 t [76]

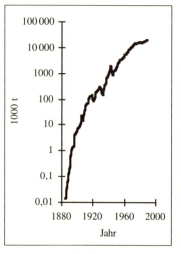

Aluminium

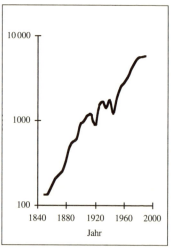

Blei

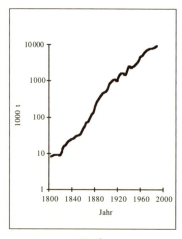

Kupfer

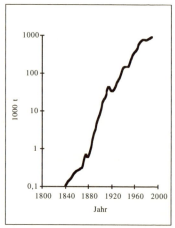

Nickel

Der industrielle Archipel 157

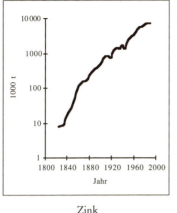
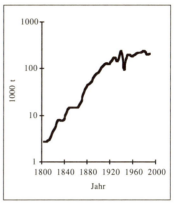

Zink   Zinn

Diese Darstellung bedarf einer knappen Interpretation. Eine logarithmische Darstellung macht es möglich, Wachstumsprozesse, die mehrere Größenordnungen umfassen, graphisch darzustellen. Wenn sich hierbei das Bild einer Geraden ergibt, so ist dies Ausdruck von exponentiellem Wachstum, also davon, daß jeder Zuwachs Funktion der jeweiligen Ausgangsdaten ist. Kleinere Schwankungen werden in einer solchen Darstellung jedoch geschluckt, was insbesondere dann der Fall ist, wenn man lange Zeiträume und Reichweiten über mehrere Zehnerpotenzen darstellt und relativ lange Intervalle (bei uns sind es fünf Jahre) wählt. Der Wachstumsprozeß vermittelt dadurch den Eindruck einer Glätte, die er in der Realität nicht besitzt. Sogar relativ große Abweichungen werden nivelliert. Der Betrachter nimmt dadurch einen vom Alltagsgetriebe sehr weit entfernten Standpunkt ein, wobei vieles von dem ignoriert wird, was für die Zeitgenossen die eigentliche Erfahrungswirklichkeit ihres Lebens ausmacht.

Das weiter oben angeführte Diagramm der globalen Primärenergieumsätze hat bereits demonstriert, daß der eindeutige Wachstumsprozeß der letzten zweihundert Jahre in der ersten

Hälfte des 20. Jahrhunderts gestört, wenn nicht unterbrochen worden ist. Eine ähnliche Interpretation provozieren auch die Schwankungen, die unsere obigen Diagramme für die einzelnen Metalle aufweisen.[77] Für einen zentralen materiellen Parameter der Industriegesellschaft, die Produktion von Roheisen, kann diese Unterbrechung besonders deutlich gezeigt werden.

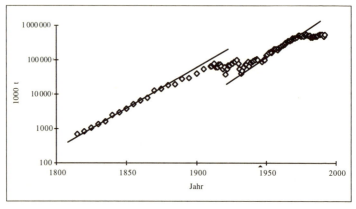

Weltproduktion von Roheisen in 1000 t. Ab 1910 jährliche Daten.[78]

Während des gesamten 19. Jahrhunderts, bis an die Schwelle zum Ersten Weltkrieg, findet sich also ein ungebrochenes exponentielles Wachstum der Produktion von Roheisen. Konjunkturelle Schwankungen, sogar die »Große Depression« der siebziger und achtziger Jahre, verschwinden fast spurlos. »Ökonomische« Vorgänge, welche auch retrospektiv das Bild des Wirtschaftsprozesses prägen, scheinen für den Gang der physischen Umsätze praktisch keine Rolle zu spielen. Vom Ersten Weltkrieg bis in die späten vierziger Jahre unseres Jahrhunderts wird die Entwicklung dann aber auch in Hinblick auf die Stoffumsätze chaotisch. Die Werte für die Roheisenproduktion springen wie wild nach oben und unten, so daß sich kein eindeutiger Verlauf mehr diagnostizieren läßt, und ähnlich verhält es sich auch mit anderen Metallen; dies gilt besonders für Blei und Zinn, weniger für Zink oder Nickel. Spannend ist dann aber die Beobachtung, daß sich die exponentielle Entwicklung der Produktion seit den späten vierziger Jahren fast nahtlos auf dem Niveau fortsetzt, auf welchem sie 1914 unterbrochen worden war. Könnte man die Jahre 1914 bis 1945 streichen, so würden die Wachstumskurven zu einer einheitlichen Tendenz verschmelzen. Am Ende ist vielleicht noch zu bemerken, daß sich seit den siebziger Jahren des 20. Jahrhunderts für bestimmte Stoffe materielle Sättigungstendenzen zeigen, was man aber nicht vorschnell als Beginn eines allgemeinen Einschwenkens in einen stationären Zustand interpretieren sollte.

Insgesamt ergibt sich das eindrucksvolle Bild einer unaufhaltsamen Dynamik, die von den politisch-militärischen Katastrophen in der ersten Hälfte des 20. Jahrhunderts lediglich irritiert, gestört und kurzfristig unterbrochen, nicht aber wirklich modifiziert oder gar umgelenkt worden ist. Unabhängig von politischen Regimes, von Wirtschaftsformen und von kulturellen Präferenzen hat sich das Wachstum von Stoffumsätzen seine eigene Bahn gebrochen. Die dreißigjährige Periode der Kriege und Bürgerkriege, die das Geschichtsbild des 20. Jahrhunderts so tiefgreifend geprägt hat, ist in dieser Perspektive eine bloße Episode geblieben. Dies läßt den Schluß zu, daß das stofflich-energetisch-industrielle System offensichtlich eine Eigendynamik besitzt, die sich jenseits der kulturellen-politischen Organisationsformen vollzieht, von diesen vielleicht gestört, nicht aber gesteuert wird. Das System scheint eine eigentümliche evolutionäre Selbständigkeit gewonnen zu haben, die Willens- und Entscheidungsprozessen unzugänglich bleibt.

Die Beobachtung dieser Vorgänge drängt jedoch zu weitergehenden Schlüssen. Generell gilt nämlich, daß Phasen exponentiell wachsender Stoffumsätze nicht von Dauer sein können, da die naturale Welt physische Grenzen besitzt. »Wachstum« kann prinzipiell immer nur ein Übergangsphänomen sein, es sei denn, es wäre rein immaterieller Natur. Theoretisch ist lediglich ein länger anhaltendes Wachstum von Informationen denkbar, denn nur diese können grenzenlos vermehrt (oder auch spurlos gelöscht) werden. Da sich aber der kulturelle Wandel und der Zuwachs von Wissen in den letzten zweihundert Jahren immer mit entsprechend wachsenden Stoffdurchsätzen verbunden hat, kann er in der bisherigen Form nicht von Dauer sein. Ein permanent wachsendes materielles System ist eine physikalische Unmöglichkeit.

Sofern irgendwo in der Wirklichkeit materielles Wachstum beobachtet werden kann, muß dies daher grundsätzlich als Ausdruck eines Transformationsprozesses interpretiert und darf keineswegs als Signatur eines stabilen, strukturierten Zustands verstanden werden. Da dieser Grundsatz auch für Gesellschaften gilt, muß der Schluß gezogen werden, daß eine »Industriegesellschaft« im Sinne einer dauerhaften sozialen, ökonomischen oder politischen Struktur überhaupt noch nicht existiert. Was immer wir in den letzten zweihundert Jahren beobachtet haben mögen, was immer Gegenstand soziologischer oder ökonomischer Theoriebildung gewesen sein mag, es hatte lediglich den Charakter eines Schnitts durch einen hochdynamischen Prozeß, der prinzipiell nicht von Dauer sein kann. Was man für die Strukturanalyse einer Gesellschaft gehalten hat, waren nichts als Momentaufnahmen von Wandlungsprozessen, deren scheinbare Stabilität sich der Täuschung verdankt, daß man die kurze lebensweltliche Zeit des Beobachters mit der länger angelegten Dauer der Systemzeit verwechselt hat. Die Merkmale des Zustands aber, auf welchen dieser Prozeß einschwenken wird, lassen sich aus den beobachteten Ordnungsmustern der Prozessualität selbst nicht ableiten.

Die Industriegesellschaft bzw. die »Moderne« ist daher lediglich eine Fiktion. Niemand weiß, wie eine stabile, auf Dauer angelegte Industriegesellschaft aussehen könnte, die nicht materiell (und vielleicht auch symbolisch und normativ) auf dem Verzehr von Beständen beruht. Daher muß (jenseits von Wunschvorstellungen) auch unbekannt bleiben, wie die inhaltlichen Eigenschaften einer »Moderne« beschaffen sein können – es sei denn, man begnügt sich mit der formalen Definition, daß »modern« eben die Entfernung von einer bestimmten Tradition ist. Niemand weiß das alles und niemand kann es wissen, solange die explosive Transformation anhält, inmitten deren wir uns seit zweihundert Jahren befinden. Völlig abwegig ist aber die Vorstellung, man könne eine Explosion zu einem bestimmten Zeitpunkt einfrieren, nämlich dann, wenn man zu notieren beginnt, daß einem die naturalen Bestände unkontrolliert um die Ohren fliegen. Die physische Dynamik der sich vollziehenden Transformation hat sich spontan entfesselt und sich von Anfang an der Steuerung entzogen; sämtliche Versuche, sie dennoch der Steuerung oder gar Planung zu unterstellen, haben sich immer nur blamiert. Der Prozeß, inmitten dessen wir leben, hat den Charakter eines Naturschauspiels zweiter Ordnung: Er ist Resultat »menschlicher«, das heißt kultureller Aktivitäten, doch steht er keinem »Subjekt« zur Verfügung, das in der Lage wäre, auf dem Niveau zu agieren, auf welchem dieser Prozeß sich organisiert.

Dennoch lassen sich über dessen generelle Richtung einige Aussagen machen, wenn auch weniger in Beziehung auf ein Ziel (das man nicht kennen kann), sondern auf den Ausgangszustand, von dem sich das System entfernt. Vielleicht ist es sogar möglich, in der immerhin schon zweihundertjährigen Geschichte dieser Transformation mehrere Stadien zu unterscheiden. Alle diese Versuche stehen jedoch vor der prinzipiellen Schwierigkeit, daß ihnen der Endzustand, auf den die Umwälzung zusteuert, unbekannt bleibt, so daß sämtliche Orientierungsanstrengungen immer nur in Hinblick auf die Vergangenheit vorgenommen werden können, von welcher der Prozeß sich wegbewegt. Die Zukunft dagegen bleibt prinzipiell offen und entzieht sich jeder Beschreibung.

Dies macht die Charakterisierung dieser Abläufe als »Modernisierung« so abwegig. Das übliche Gerede von der »Moderne« ist der dünnste (und dümmste) Rest des alten Fortschrittsglaubens. Solange man zu wissen glaubte, daß die Geschichte einem sozialistischen Endzustand zustrebt, in dem »alle Springquellen des genossenschaftlichen Reichtums voller fließen«[79], konnte man die gegebene Gesellschaft als »bürgerlich« oder »kapitalistisch« bezeichnen. Seitdem dieser Glaube sich aber verflüchtigt hat, ist nur mehr von der »Moderne« die Rede, einem Begriff, der deskriptive und normative Elemente heillos vermischt. »Modern« ist einerseits immer das, was gerade aktuell geschieht oder in Mode ist. So konnte man in den sechziger Jahren den Ausbau des Sozialstaats für »modern« halten, während die »Modernisierung« der neunziger Jahre auf seinen Abbau zielt. Als »modern« kann daher schlechthin jede Veränderung bezeichnet werden, gleich, worauf sie zielt und wovon sie sich entfernt. Andererseits wird »modern« aber weiterhin mit »gut« oder »begrüßenswert« konnotiert, so daß etwa diejenigen, welche von Transformationen wie dem Sozialstaatsabbau negativ berührt werden, als »Modernisierungsverlierer« oder gar als »Modernisierungsgegner« gelten und ihr Widerstand das doppelte Stigma des Ungerechtfertigten und Unzeitgemäßen erhält. Modern ist der jeweilige Status quo sowie die Überwindung dieses Status quo zugleich; es ist das, was geschieht, und zugleich das, was geschehen soll. Da man aber kein Wissen davon besitzen kann, wohin sich dieser Prozeß bewegt, ist »modern« schlechthin alles, und das bedeutet: nichts.

Wenden wir uns daher lieber noch einmal der Vergangenheit zu. Den Ausgangspunkt unserer Betrachtungen zur Landschaft und Umwelt soll die hochdifferenzierte Agri-Kulturlandschaft bilden, also die physiognomische Einheit der agrarischen Zivilisation, von welcher schließlich die industrielle Transformation ihren Ausgang genommen hat. Die Industrialisierung begann zunächst nicht als flächendeckender Prozeß, sondern es bildeten sich gewissermaßen Industrie-Inseln innerhalb der überkommenen Kulturlandschaft. Aus der Perspektive dieser alten Kulturlandschaft war das nichts Ungewöhnliches, es mußte keineswegs als Systembruch verstanden werden, im Gegenteil: Ihre innere Differenzierung nahm durch die Bildung von Industrierevieren zunächst einfach zu.

Selbst die massiven Umweltzerstörungen, welche die frühe Industrialisierung des 19. Jahrhunderts mit sich brachte, entbehrten nicht einer gewissen Faszination für Beobachter, die ihnen auf Reisen begegneten. Die Belastungen waren häufig geradezu monströs, und zwar gerade im Vergleich mit Zuständen in unserer Gegenwart. Es gab Flüsse, in denen jedes Leben abgestorben war. Aus Mittelengland wurde berichtet, daß Kinder sich den Spaß erlaubten, die über der Wasseroberfläche wabernden Faulgase zu entzünden und zu beobachten, wie sich eine Stichflamme den Fluß entlang bewegte.[80] Anderswo richteten Rauchgase der Fabriken solche Schäden an der Vegetation an, daß größere Flächen blank und kahl dalagen.[81] Oder Kanäle enthielten so große Mengen an Salzsäure, die von der chemischen Industrie in sie eingeleitet worden waren, daß man beim Bau von Schleusen auf den Gebrauch von Eisen verzichten mußte: Sie wären in wenigen Monaten zerfressen und korrodiert worden.[82]

Entscheidend war jedoch, daß diese enormen Umweltbelastungen keineswegs flächendeckend waren. Sie konzentrierten sich vielmehr auf bestimmte eng umrissene Gebiete, in denen heute unvorstellbare Belastungen auftraten, während in nicht allzu großen Entfernungen weiterhin Umweltzustände existierten, die sich nicht von denen unterschieden, wie sie in der seit Jahrtausenden bestehenden Kulturlandschaft üblich waren. Das Hauptmerkmal der Kulturlandschaft, ihre Buntheit und Vielgestaltigkeit, nahm durch diese Industriezentren also weiter zu. So wie die Agri-Kulturlandschaft schon seit langem Städte kannte, die im Stadium der agrarischen Zivilisationen zu ihren wichtigsten Merkmalen gehörten, so kamen jetzt eben noch Industriereviere hinzu. Biologisch tote Gewässer waren, rein formal betrachtet, dann eine ökologische Bereicherung, wenn es woanders noch Flüsse höchster Reinheitsstufe gab. Die Gewässerlandschaft als solche hatte durch die Immissionen an Differenziertheit gewonnen, und ähnliches galt auch für die rauchigen Quartiere der neuen Schwerindustrie.

Die Fabrikzentren wuchsen und breiteten sich aus. Sie wurden von neuartigen Verkehrsmitteln, von Kanälen, vor allem aber von der Eisenbahn miteinander verbunden, so daß sich ihre Produkte schließlich über das ganze Land ergießen konnten. Dennoch wurde die Landwirtschaft und mit ihr der größere Teil der Kulturlandschaft erst relativ spät von der industriellen Transformation erfaßt. Es bildete sich im späten 19. Jahrhundert eine bemerkenswerte Dualität aus: Neben den neuen, wachsenden Industrierevieren gab es nach wie vor das »flache Land«, auf dem sich nicht allzu viel verändert hatte. Die Umweltzerstörungen etwa, die in den Industriezentren einen so massiven Charakter angenommen hatten, verschonten die ländlichen Räume noch weitgehend. Auch wenn man aus der Eisenbahn blickte, sah man noch immer das seit Jahrhunderten vertraute Bild von Pferd und Wagen, allerdings auf Straßen, die jetzt zunehmend gepflastert wurden.

Ein wesentliches Merkmal der Kulturlandschaft hatte in ihrer Dezentralität bestanden. Energetisch hatten die Menschen auf Knappheitsinseln gelebt, während die große Mehrzahl des Volkes auf kleinen Informationsinseln miteinander kommunizierte. Die frühe Industrialisierung fügte nun dieser Struktur als ein weiteres Element neuartige Verschmutzungsinseln hinzu. Dies bedeutete aber, daß das zugrundeliegende Muster zunächst nicht gestört, sondern eher bestätigt wurde. Erst der spätere Blick sieht hier die ersten Anzeichen einer umfassenden Transformation, die sich dem zeitgenössischen Beobachter noch nicht erschließen konnten.

Für den aufmerksamen, ästhetisch geschulten Betrachter bereicherte der industrielle Archipel vielmehr die überkommene Landschaft, fügte ihr einen neuen Reiz hinzu, dem sich Landschaftsmaler und reisende Kunstliebhaber nicht entziehen konnten. Dies wird am Beispiel von Christian August Gottlieb Goede deutlich, der in den ersten Jahren des 19. Jahrhunderts eine Kunstreise nach Großbritannien unternahm, über deren Eindrücke er ein fünfbändiges Werk schrieb. Im Vordergrund seiner Schilderung standen architektonische Sehenswürdigkeiten und die Gemäldesammlungen, zu denen er Zutritt hatte. Aber auch die Landschaft erweckte seine Aufmerksamkeit, und in Mittelengland, auf der Straße zwischen Birmingham und Shrewsbury, stieß er auf eine Märchenszenerie, der gegenüber ihm »auch die beste theatralische Vorstellung der Hexenscene in Macbeth nur matt colorirt« erschien:

> Endlich kommt man in ein Thal, wo sich ein überraschend wunderbares Schauspiel darstellt. Meilenweit stehen bei Oaken Gates und Ketley Berg und Thal in Flammen. Hundert verschiedene Feuer brennen auf den Feldern, und wohin das Auge blickt, sieht es aus Dampfwolken blitzende, funkelnde Lichter hervorleuchten. Aber vorzüglich zwei Hauptpuncte im Ganzen erscheinen wie offene Krater zweier großer, feuerspeiender Vulkane. Hier lodert die Gluth wie eine unübersehbare Menge großer Oefen in hohen Feuersäulen auf, und färbt meilenweit den Horizont purpurroth. Vor ihnen brennen in freiem Felde helle, Funken sprühende Feuer in unendlich verschiedenen Nüancirungen der Farben. Es läßt sich keine prächtigere Erleuchtung denken; denn das Ganze gleicht einer großen, auf allen Seiten brennenden Stadt, durch die auch die nah gelegenen Gegenden in Brand geraten sind. Viele Gruppen beschäftigter Menschen bewegen sich bei diesen Feuern auf und ab, von der glänzenden Kohlengluth schön beleuchtet. Man glaubt sich in Vulkans Werkstätte zu befinden. Die Mannichfaltigkeit dieser mahlerischen Nachtscenen ist unbeschreiblich.[83]

Auch Karl Friedrich Schinkel konnte sich dem dramatischen Eindruck der englischen Industrielandschaft nicht entziehen.

Als er am 20. Juni 1826 die Eisenwerke von Dudley besichtigte, notierte er in sein Tagebuch: »Grandioser Anblick von Tausenden von Obelisken, welche rauchen. Größtenteils Förderungsmaschinen, um Steinkohlen, Eisen und Kalk aus den Gruben zu bergen.«[84] Die von der neuartigen Landschaft ausgehende Faszination kommt schließlich bei dem Fürsten von Pückler-Muskau zum Ausdruck, der 1827 aus dem mittelenglischen Industrierevier schrieb:

> Von den Eindrücken des Tages ganz verschieden, und doch nicht minder schön war der Abend. Mit anbrechender Dämmerung erreichte ich die große Fabrikstadt Leeds. Eine durchsichtige Rauchwolke war über dem weiten Raum, den sie auf und zwischen mehreren Hügeln einnimmt, gelagert; hundert rote Feuer blitzten daraus hervor, und ebenso viel turmartige, schwarzen Rauch ausstoßende Feueressen reihten sich dazwischen. Herrlich nahmen sich darunter fünfstöckige, kolossale Fabrikgebäude aus, in denen jedes Fenster mit zwei Lichtern illuminiert war, hinter welchen bis tief in die Nacht hier der emsige Arbeiter verkehrt. Damit aber dem Gewerbe-Gewühl der industriellen Illumination auch das Romantische nicht fehle, stiegen hoch über den Häusern noch zwei alte gotische Kirchen hervor, auf deren Turmspitzen der Mond sein goldenes Licht ergoß und am blauen Gewölbe, die grellen Feuer der geschäftigen Menschen unter sich, mit majestätischer Ruhe zu dämpfen schien.[85]

Die finsteren qualmenden Fabriken, die in einem Wiesental standen, erregten die Phantasie; sie konnten als Einbruch des Dämonischen oder auch des Erhabenen in die vertraute bäuerliche Landschaft gedeutet werden, ohne daß zunächst daran zu denken war, daß hiermit ein neuartiges Element in die Wirklichkeit gestoßen war, das daranging, diese gründlich umzugestalten und unter sich zu begraben. Allerdings wurden gegen Mitte des 19. Jahrhunderts die ersten Stimmen laut, in denen sich eine Ahnung davon ausdrückte, daß hier nicht etwa nur etwas Neuartiges bereichernd in die alte Landschaft hineintrat, sondern daß diese sich anschickte, in einen Zustand transformiert zu werden, der in den überkommenen Begriffen der Kulturlandschaft nicht mehr zu fassen war.

Der vereinheitlichende Blick auf die Landschaft war allerdings ein Phänomen, das sich überhaupt erst in der europäischen Neuzeit gebildet hatte. Erst jetzt wurde es in der Malerei und Literatur üblich, eine physiognomische Einheit von Feld, Wald, Wiese, Berg, Tal, Flüssen und menschlichen Siedlungen zu sehen. Diese Landschaft bildete eine phänomenale Ganzheit, die als das erscheinende Ganze der Natur gedeutet wurde. Diese Natur wurde jedoch bald nicht mehr als »Schöpfung« verstanden, die auf denjenigen zurückverwies, der sie geschaffen hatte. Die Einbindung in ein theologisches Sinnmuster wurde vielmehr von der Stiftung einer geschichtlichen Ordnung abgelöst: In der heimatlichen Landschaft erblickte man nicht mehr das Wirken Gottes, sondern das Leben des Volkes.

Um diese neuartige ästhetische Einheit von Artefakt und Natur sehen zu können, mußten beide zu einem Komplex verschmolzen werden, der seine Identität aus einer gemeinsamen Vergangenheit, einem gemeinsamen Werden gewonnen hatte. Die Gebäude und Gerätschaften konnten als selbstverständliche Elemente eines übergreifenden Ganzen gesehen werden, in welchem sich der gleiche Volksgeist ausdrückte, der auch die bäuerliche Landschaft geprägt hatte. Volk und Landschaft wuchsen zu einer Heimat zusammen, die von Land zu Land, von Kultur zu Kultur eine unterschiedliche Färbung einnahm.

Ein wichtiger Hintergrund für diesen mentalen Vorgang war die Herausbildung von nationalen Identitäten, als deren physiognomischer Ausdruck ebendiese Identität der Heimat aufgefaßt werden konnte. Albrecht von Haller etwa hatte bereits im frühen 18. Jahrhundert in seinem Poem »Die Alpen« (1729) aus der Symbiose der grandiosen Hochgebirgskulisse mit der Härte des bäuerlichen Lebens die Sittenstrenge, Einfachheit und Geradlinigkeit des Schweizer Volkes abgeleitet. Ein Schweizer ohne diesen Hintergrund der Alpen schien schlechthin undenkbar, das heißt, die Landschaft gehörte untrennbar zum Charakter des Volkes, welches in ihr lebte und sie aktiv als Kulturlandschaft gestaltet hatte.

Für das nationale Denken des 19. Jahrhunderts war dies ein zentrales, unausweichliches Motiv: Volk und Heimat, Blut und Boden, Mensch und Landschaft gehörten unauflöslich zusammen. Die spezifische Identität des jeweiligen Volkes, das sich politisch zur Nation formierte, war deshalb an die Eigenart der Landschaft gebunden, der es entstammte. Literarische Schilderungen und malerische Gestaltungen der Landschaft erhielten damit eine konkrete Bedeutung: Sie verwiesen auf das in jener Zeit hochplausible Motiv der Nationalität, doch beschworen sie es in einer Weise, daß hinter einem bald krampfhafte Züge gewinnenden Festhalten bereits die Ahnung spürbar wurde, daß es sich bei dieser Symbiose um etwas Verschwindendes handelte.

Hierin deutete sich vermutlich ein grundlegendes Problem an, das mit dem Übergangscharakter des Landschaftsgefühls zu tun haben mag. Wir haben gesehen, daß die Agri-Kulturlandschaft auf der Voraussetzung der Insularität beruhte, also darauf, daß sich unter den Bedingungen des Solarenergiesystems weder Materialien noch Informationen homogen über größere Räume verbreiten konnten. Die Partikularität der Kulturlandschaft war daher auf die Borniertheit ihrer Bewohner angewiesen. Vielleicht kann es aber eine selbstreflexive Partikularität überhaupt nicht geben, denn Reflexivität enthält immer den Bezug auf etwas anderes, so daß die Einfachheit einer selbstverständlichen, naiven Identität gebrochen wird. Aus diesen Gründen ist Landschaftsgefühl, ist die Betrachtung einer realen Einheit von Volk und Landschaft vermutlich ein Übergangsphänomen: Das Gefühl für die Besonderheit der Kulturlandschaften steht nur Personen offen, die bereits transkulturell gebildet sind, jedoch in ihrer Nähe noch Zustände beobachten können, die von der alten Begrenztheit kultureller Rekursionen geprägt sind. Damit ist das Landschaftsgefühl aber auf Ungleichzeitigkeit angewiesen; es steht vor der Perspektive der Selbstaufhebung, denn in dem Maße, wie sich eine reflexive Mentalität ausbilden kann, schwindet das materielle Substrat der Besonderheit.

Gerade die *nationale* Orientierung des Landschaftskonzepts macht diese Spannung verständlich. Die agrarischen Zivilisationen waren nicht national strukturiert, sondern in ihnen wurde eine Vielzahl kleiner, regional hochdifferenzierter und kulturell vielfältiger Kulturen zu einem bloßen Herrschaftsverband zusammengefaßt. Unterschiede der Sprache, der Sitten und Gebräuche wurden vom Herrschaftszentrum in der Regel respektiert, sofern sie nicht religiös anstößig waren oder von ihnen die Gefahr ausging, daß sie sich zu Widerstandsherden entwickelten. Das Nationalitätsprinzip löste nun gerade diese regionale, landschaftliche Besonderheit auf. Der Partikularität des bäuerlichen Archipels gegenüber repräsentierte die Nation die Mächte der Nivellierung und Homogenisierung. Es war aber ebendiese Nation, welche die unhintergehbare Besonderheit der heimatlichen Landschaft, die Symbiose von Volk und Raum beschwor und in ihren Bildern und Erzählungen zu fixieren bestrebt war. Als Motor der Homogenisierung vernichtete sie jedoch zugleich die Basis dessen, wodurch sie sich symbolisch definierte: Die Nation tendierte im Selbstvollzug ihrer kulturellen Konsolidierung dazu, das Volk und seine Heimat, aus deren besonderer Existenz sie sich doch legitimierte, mobil zu machen und damit zu beseitigen.

Im Vergleich zur agrargesellschaftlichen Vergangenheit erzeugte die industrielle Transformation zunächst ein Muster mittlerer kultureller Integration. Die vorindustrielle Welt hatte in einer charakteristischen Dualität von Volks- und Elitenkultur gelebt: Die enorme Pluralität bäuerlicher Regionalkulturen wurde von dem (religiösen oder weltanschaulichen) Universalismus der

Eliten überwölbt, ohne daß sich beide Kulturen wechselseitig durchdringen konnten. Mit der Industrialisierung und den sie begleitenden kulturellen Prozessen begann nun ein Angriff gegen beide, der darauf zielte, ihre Unterschiede einzuebnen. Die Regionen wurden integriert und die universale Orientierung wurde partikularisiert. Die Ideologien des Nationalismus, die ihren Ausgang von der Aufklärung und der Französischen Revolution nahmen, hatten daher einen Doppelcharakter: Sie zielten nicht nur auf einen überregionalen Zusammenschluß der jeweiligen Unterschichten, die zu einem einheitlichen »Volk« zusammengeschweißt werden sollten. Die Kehrseite dessen war vielmehr die Nationalisierung der Eliten, also die Wendung gegen einen aristokratischen Kosmopolitismus und gegen übernationale Ideologien wie den Katholizismus.

Im Zuge dieses Angleichungsprozesses sollten die kulturellen Unterschiede zwischen Massen und Eliten verringert werden, und zwar in zweierlei Hinsicht: Die Massen wurden in einen übergreifenden Informationsfluß eingebunden, die Eliten dagegen wurden von dem umfassenderen übernationalen kulturellen Netzwerk gelöst, an welches sie zuvor angeschlossen waren. Die kurzen Rekursionen der Lokalkultur wurden erweitert; die langen Rekursionen der agrarischen Hochkultur wurden dagegen verkürzt. Auf diese Weise bildete sich in Europa schließlich eine Vielzahl nationaler Kulturen, die sich in Kontrast zu anderen nationalen Kulturen definierten, wobei jedoch das zugrunde liegende Muster formal jeweils das gleiche war.

Eine wichtige Voraussetzung für diesen Prozeß war die öffentliche einheitliche Beschulung der gesamten Bevölkerung, die im 19. Jahrhundert in den meisten europäischen Ländern obligatorisch wurde. Ihr Ziel war eine kulturelle Homogenisierung im nationalen Rahmen. Das wichtigste Ergebnis war die Durchsetzung einer einheitlichen Hochsprache, die jetzt prinzipiell jeder Bürger zumindest passiv beherrschen sollte. Zu diesem Zweck wurde die Erziehungskompetenz den Familien oder anderen lokalen Akteuren entzogen und unter staatliche Aufsicht gestellt. In allen europäischen Ländern wurden vergleichbare nationale Ursprungsmythen gelehrt, wurden Nationalhymnen gesungen und Werke nationaler Dichter gelesen. Der realen »Angleichung der Lebensverhältnisse« sollte eine kulturelle Vereinheitlichung vorausgehen. In der »Volksschule« sollten alle Kinder das gleiche lernen, das heißt, sie sollten im Sinne der Nation kulturell gleichgeschaltet werden.

Ein wichtiges Resultat dieser Vereinheitlichung des Bildungswesens war eine sich jetzt anbahnende reale Homogenisierung von Stilprinzipien und kulturellen Ausdrucksformen im nationalen Rahmen, welche auch die Gebiete der höheren Bildung umgriff. In Abkehr von einer älteren Bildungstradition, die sich aus der Beschäftigung mit antiken oder christlichen Texten definierte, entstand nun ein neuer »klassischer« Bildungskanon mit nationalen Inhalten, die sich von Land zu Land unterschieden. Die Anfänge dafür reichen allerdings weit in die frühe Neuzeit zurück, bis ins 16. Jahrhundert, als man an der Peripherie Europas begann, Texte mit wissenschaftlichem Anspruch in der jeweiligen Nationalsprache zu verfassen, was damit erkauft wurde, daß man auf eine Rezeption in der Latein schreibenden und lesenden europäischen Gelehrtenrepublik verzichtete. Die Ersetzung des Lateinischen durch die Volkssprachen hatte aber eben die Funktion einer mittleren Integration, die mit der Nationenbildung überhaupt verbunden war: Unterschichten in der eigenen Nation wurden erreichbar um den Preis, daß man den Gebildeten im Ausland unverständlich blieb.

Auf den Besuch der Volksschule folgte in vielen Ländern der Militärdienst auf der Basis der allgemeinen Wehrpflicht. Das Militär konnte insofern zur »Schule der Nation« werden, als in ihm junge Männer aus unterschiedlichen Landesteilen zusammengebracht und auf ein gemeinsames nationales Ziel verpflichtet wurden. Die »Heimat«, für die jetzt zu kämpfen war, nahm die Züge eines umfassenden, häufig imperialen Großreichs an, so daß der

Patriot in allen Teilen der Welt die Interessen seines Vaterlandes verteidigen konnte. Seinen Höhepunkt fand dieses Muster im August 1914, als durch ganz Europa eine »levée en masse« ging, in der sich die einzelnen auflösen konnten. In dieser Massenkonfrontation wurde der Doppelcharakter der Nation als einer exklusiven Integration schlagend deutlich: Sie vereinheitlicht nach innen und grenzt sich nach außen ab.

Als weiteres Element dieser nationalen Gleichschaltung ist die Tendenz zum allgemeinen Wahlrecht zu nennen, welches in zahlreichen europäischen Ländern immer größeren Teilen der Bevölkerung einen zumindest symbolischen Anteil am politischen Prozeß gewährte. Hatte sich zuvor die »politische« Aufmerksamkeit vor allem auf den Nahbereich, also die Gemeinden, konzentriert, so gewannen nun Fragen von nationaler Dimension eine immer größere mentale Bedeutung. Die Bildung nationaler Parteien und die Durchführung nationaler Wahlkämpfe hatte zur Folge, daß die Menschen das Gefühl entwickeln konnten, Bürger eines Nationalstaates zu sein. Auch Institutionen wie Gewerkschaften oder Arbeiterparteien, die sich als Systemopposition verstanden, hatten an diesem Verschmelzungsprozeß Anteil, sofern sie darauf zielten, eine einheitliche »Arbeiterklasse« oder gar ein »werktätiges Volk« mental zu konstituieren, was von ihnen programmatisch als »progressive« Überwindung traditioneller Beschränktheit verstanden wurde.

Eine bedeutende Rolle im Prozeß der kulturellen Homogenisierung bildete schließlich die Tagespresse, die im Verlauf des 19. Jahrhunderts eine wachsende Leserschaft gewann. Ihre regelmäßige Lektüre verbreitete die nationale Hochsprache in einer Weise, wie es dem formalen Erziehungswesen niemals möglich gewesen wäre. Vor allen Dingen gelang es ihr aber, den Eindruck zu vermitteln, bestimmte in ihr behandelte Fragen seien aktuell und wichtig. Der Presse wuchs damit eine bedeutende Funktion zu, sorgte sie doch dafür, daß sich alle Menschen im gleichen Raum zur gleichen Zeit für informiert halten und über die gleichen Dinge reden konnten. Dadurch wurden ältere, auf bestimmte Landstriche oder kleine Personenkreise beschränkte Plausibilitäten aufgelöst, und an ihre Stelle traten gleichartige Überzeugungen und Einstellungen, was schließlich eine konforme Mobilisierung ermöglichte.

Aus der Perspektive des 19. und frühen 20. Jahrhunderts konnte diese Nationenbildung als eine Art Abschluß der Geschichte angesehen werden. Die Nationen wurden zu einheitlichen Komplexen verschmolzen, die einen je spezifischen Charakter hatten, eigene »Nationalkulturen« hervorbrachten und in einer je charakteristischen nationalen Heimat lebten. Sofern diese Heimat als heimatliche Landschaft gefaßt werden sollte, geriet dieses Konzept jedoch in Widerspruch zu der Tendenz nationaler Integration. Die Nation vereinheitlichte, sie nivellierte und homogenisierte, und dies waren Prinzipien, die im diametralen Gegensatz zu der Besonderheit standen, welche die überkommene Agri-Kulturlandschaft gekennzeichnet hatte.

Dieser Widerspruch wird als dumpfe Ahnung eines künftigen Verschwindens in nicht wenigen Texten erkennbar, die sich auf die Beschreibung von Landschaften konzentrieren. Nicht alle drückten es so plastisch aus wie Annette von Droste-Hülshoff, die bereits 1842 die Beschreibung einer heimatlichen Märchenlandschaft mit einem düsteren Ausblick beschloß:

So war die Physiognomie des Landes bis heute, und so wird es nach vierzig Jahren nimmer sein. – Bevölkerung und Luxus wachsen sichtlich, mit ihnen Bedürfnisse und Industrie. Die kleinen malerischen Heiden werden geteilt; die Kultur des langsam wachsenden Laubholzes wird vernachlässigt, um sich im Nadelholze einen schnellen Ertrag zu sichern, und bald werden auch hier Fichtenwälder und endlose Getreideseen den Charakter der Landschaft teilweise umgestaltet haben, wie auch ihre Bewohner von den uralten Sitten und Gebräuchen mehr und mehr ablassen; fassen wir deshalb das Vorhandene noch zuletzt in seiner Eigentümlichkeit auf, ehe die schlüpfrige Decke, die allmählich Europa überfließt, auch diesen stillen Erdwinkel überleimt hat.[86]

Die Schilderung heimatlicher Landschaft wird im 19. Jahrhundert daher zu einem Unternehmen, in welchem bereits die Trauer darüber zu spüren ist, daß es um die Fixierung eines Bestands geht, der dem Untergang geweiht ist. Nicht ganz bewußt wird man sich dabei jedoch der Tatsache, daß ein solcher synthetisierender Blick auf die Landschaft überhaupt nur aus der Perspektive ihrer drohenden Auflösung möglich wird. Mental ist die Landschaftsschilderung wie auch die Klage über die ästhetische Nivellierung und Zerstörung der Landschaft ein Element eben des Vorgangs, der real zur Vernichtung der Landschaft geführt hat. Die Universalisierung im Namen von Nation und Fortschritt ist ein Ausdruck des Transformationsprozesses, gegen dessen Auswirkungen schließlich im Namen des Heimat- und Landschaftsschutzes protestiert wird. Aus diesem Grund ist der Protest auch so wirkungslos geblieben und hat bestenfalls zu eindrucksvollen Ergebnissen in einer Landschaftsmalerei geführt, die nur auf diesem schmalen Grat zwischen den Epochen möglich war und immer vor der Gefahr stand, in den sentimentalen Landschaftskitsch abzustürzen.

Wir haben für den partikularen und insularen Charakter der Agri-Kulturlandschaft zwei unterscheidbare, wenn auch eng miteinander verbundene Gründe genannt: die Beschränktheit des Informationsflusses wie auch der Stoffströme. Beide konnten letztlich auf die Dezentralität des agrarischen Solarenergiesystems zurückgeführt werden. Mit dem Übergang zur fossilen Energie wurden nun beide Elemente mobilisiert. Die Informationsflüsse wurden im nationalen Rahmen erweitert und zugleich homogenisiert. Dies entzog jedoch jeder regionalen Stilbildung ihre Grundlage. In den nationalsprachlichen Räumen wurden die Menschen auf eine Nationalkultur ausgerichtet, die zu diesem Zweck konstruiert und durch Massenmedien und öffentliche Schulen im gesamten Territorium propagiert wurde. Neben diesem kulturell-symbolischen Prozeß darf aber der Prozeß einer Homogenisierung der Objektwelt nicht übersehen werden, der auf der Grundlage der sich beschleunigenden Mobilisierung von Stoffen und Materialien möglich wurde.

Die ersten Industriezentren hatten die Kulturlandschaft insofern ästhetisch bereichert, als sich jetzt punktuell Anblicke zeigten, die man niemals zuvor gesehen hatte. Mit der Zeit ging die Industrielandschaft jedoch daran, sich in die Kulturlandschaft hineinzufressen, diese zu zerstören und zu transformieren. Der ältere Differenzierungsprozeß kam so zu einem Halt, er wurde schließlich umgekehrt, und es bahnte sich eine neuartige Homogenisierung und Standardisierung der Landschaft an. Man kann den einsetzenden Umwandlungsprozeß mit dem Bemalen eines Blatts Papier vergleichen: Zunächst entsteht durch die eingezeichneten Kurven ein dunkles Muster vor einem hellen Hintergrund. Irgendwann halten sich Hell und Dunkel die Waage, und schließlich bleiben nur noch einige helle Flecken übrig, die sich vor einem dunklen Hintergrund abheben.

Eine wichtige Rolle hierbei spielte die industrielle Massenproduktion, die große Mengen standardisierter Waren erzeugte, die mit den neuen Verkehrsmitteln flächendeckend verteilt werden konnten. Fernhandel hatte es zwar schon seit Jahrtausenden gegeben, doch hatte er sich zumeist auf Luxusgüter beschränkt. Mit Hilfe der Eisenbahn konnten nun Massengüter, die auf der Basis fossiler Energie mit neuen industriellen Verfahren hergestellt wurden, noch in den letzten Winkel des Landes gebracht werden, wo sie allmählich die herkömmlichen Produkte und Verfahren verdrängten.

Die lokale Selbstgenügsamkeit des Handwerks wurde damit aufgelöst. Regionale Traditionen bei der Herstellung von Alltagsgütern wurden obsolet oder in folkloristische Nischen abgedrängt. Auch dieser Vorgang konnte von den Konsumenten als eine Bereicherung empfunden werden, stiegen doch die hygienischen Standards vieler Produkte an. Verloren ging im Grunde nur eine Tradition, von der man sich nicht ungern trennte, da sie aus der Perspektive des Neuen nicht nur plump und altfränkisch wirkte, sondern auch mit minderen Gebrauchsqualitäten verbunden war. Die rauchigen Bauernstuben und finstern Werkstätten erscheinen nur auf Gemälden von Heimatkünstlern anheimelig. Die Menschen, die inmitten dieser Zustände leben mußten, tauschten all das aber nicht ungern gegen die Arbeit in einer hellen, gut durchlüfteten Fabrik ein, mit geregelter Arbeitszeit und einem Lohn, der so sicher war, wie es überhaupt irgend etwas in einer unsicheren Welt sein kann.

Ebenso gerne tauschte man den Kienspan gegen die Petroleumlampe oder gar gegen elektrische Beleuchtung. Niemand hatte etwas dagegen, Teller aus Steingut oder Porzellan statt Holzgeschirr zu verwenden. Baumwollene Kleidung trug sich angenehmer und war leichter zu reinigen als Leinenstoffe. Nicht zu übersehen ist dabei aber auch, daß nicht nur neue Waren und Geräte an die Stelle der alten traten, sondern daß die Anzahl der Gegenstände, die sich in einzelnen Haushalten fanden, rapide zunahm.

Mit den neuen industriellen Massenprodukten wanderten schließlich auch neue, standardisierte Formen in sämtliche Landstriche. Gebrauchsgüter erfüllen ja nicht nur praktische Funktionen, sie haben nicht nur physische Materialeigenschaften, sondern sie sind auch Träger symbolischer Bedeutung. Gestalterische Moden, die im nationalen und zunehmend auch im internationalen Rahmen Geltung erlangten, materialisierten sich in den Benutzeroberflächen der Waren, die an jedem beliebigen Ort konsumiert werden konnten. Und so verdrängte ein Stoff den anderen, eine Form die andere, und es entstand jene stilistische Uniformität, die man zunehmend für selbstverständlich oder »modern« hielt. Der Zug zur ästhetischen Nivellierung wurde also von der Produktseite her massiv unterstützt, wobei es sich um Wirkungszusammenhänge handelte, die von den wenigsten Beteiligten bewußt wahrgenommen werden konnten.

Gravierend und spektakulär waren vor allem die Veränderungen im Bauwesen, die zu einer nachhaltigen Veränderung der landschaftlichen Physiognomie führten. Im Rahmen der alten Kulturlandschaft mußten die Materialien wegen der hohen Transportkosten in unmittelbarer Nachbarschaft der Baustelle gewonnen werden, auch blieb der Baustil von lokalen Traditionen, aber auch von konkreten Anforderungen bestimmt, die das Kleinklima stellte. Dies änderte sich nun. Ziegelsteine und Eisenträger, die auf der Basis von Steinkohle hergestellt wurden und mit der Eisenbahn kostengünstig über weite Entfernungen transportiert werden konnten, wurden jetzt überall leicht und preisgünstig verfügbar. Sie lösten schon aus Gründen der Praktikabilität die überkommene Bauweise mit Holz, Lehm oder Natursteinen ab. Die neuen Häuser waren stabiler, waren besser heizbar, gegen Feuchtigkeit isoliert und boten Schutz vor Ungeziefer. Ohne großes Bedauern riß man daher die alten Gebäude ab, sofern man sich dies leisten konnte, und errichtete Häuser, die den hygienischen Anforderungen besser gerecht wurden.

Als weiteres Element für die Wandlung der Baustile ist das Auftreten akademisch geschulter Architekten zu nennen, die jetzt auch im Bereich privater Bauten neue Aufgaben fanden, zunächst allerdings fast nur in der Nische des Luxusbaus. Sie orientierten sich vollständig an den Vorgaben des »großen Stils«, also an Baumoden, die gerade im nationalen Rahmen, wenn nicht europaweit im Schwange waren. Die überwiegende Mehrzahl der privaten Bauten wurde bis weit ins 20. Jahrhundert hinein weiterhin von Baumeistern errichtet, die sich zunehmend nach schablonenhaften Vorgaben richteten und mit Baugesellschaften bzw. mit Herstellern von Fertigelementen kooperierten, aus deren Katalogen sie Materialien bestellten, die wie in einem Bausatz miteinander kombiniert werden konnten. Erst jetzt wurde es möglich, im Rheinland Schwarzwaldhäuser zu errichten und in sämtlichen europäischen Städten Häuser im historistischen Allerweltsstil zu bauen. Die Gebäude emanzipierten sich immer stärker von dem Ort, an welchem sie errichtet wurden. Damit wurde aber ein wichtiges Element der überkommenen Kulturlandschaft gesprengt.

Die Ubiquität neuer Materialien spielte eine Schlüsselrolle bei der Umgestaltung der Landschaft. Eisen etwa wurde seit der Mitte des 19. Jahrhunderts so billig, daß es für alle möglichen Zwecke eingesetzt werden konnte, für die es früher viel zu teuer gewesen wäre: für Brücken, Zäune, Gewächshäuser, vor allem aber für landwirtschaftliche Geräte. Auch hier lohnte sich die Massenproduktion, die gußeiserne Teile hervorbrachte, die überall verwandt werden konnten. Auch für die Landwirtschaft war damit ein wichtiger Einschnitt verbunden. Zwar wurde das Pferd noch bis weit ins 20. Jahrhundert hinein eingesetzt, doch zog es nun zunehmend Maschinen, die aus Eisen gefertigt waren, was eine höhere Produktivität erlaubte.

Im Zuge der Industrialisierung wurde ein Stück der überkommen Kulturlandschaft nach dem anderen von der Transformation erfaßt. Zwei wesentliche Prozesse können hierbei unterschieden werden:

1. Die Siedlungen, die jetzt rapide wuchsen, verloren ihre fest umrissene Form und begannen, sich in die Landschaft zu ergießen, zu der sie keine spezifische Beziehung mehr unterhielten. Die Städte lösten sich von der überkommenen Bindung an ihr Umland; ihre Einwohner wurden mobil und wechselten den Wohnort und die Arbeitsstätte immer häufiger. Die alten städtebaulichen Ensembles wurden im Zuge der zeitgenössischen Hygienebestrebungen, die auf »Sanierung« der Städte drängten, zunehmend gesäubert, durchlüftet oder abgerissen, was zu einer stilistischen Angleichung ehemals unverwechselbarer Städtebilder führte. Dem stellten sich allerdings bewußte planerische Anstrengungen entgegen, durch die Errichtung »typischer« Großbauten der jeweiligen Stadt weiterhin ein unverwechselbares Profil zu geben.

2. In der Landwirtschaft begannen Prozesse der Flurbereinigung seit dem ausgehenden 19. Jahrhundert, die herkömmliche kleinräumige Struktur der Landschaft allmählich abzulösen. Hinzu kam eine wachsende Urbarmachung von Ödland, etwa die Trockenlegung von Mooren, mit dem Ziel, sie für landwirtschaftliche Zwecke zu nutzen. Der Übergang zur rationellen Forstwirtschaft schließlich ließ überall die gleichen monotonen Fichtenpflanzungen entstehen, die zwar den Holzbestand insgesamt steigerten, jedoch um den Preis, daß die überkommenen standortspezifischen Wälder verdrängt wurden.

Dieser Prozeß der Transformation der Kulturlandschaft in eine Industrielandschaft wurde seit dem frühen 20. Jahrhundert stark beschleunigt und stieß schließlich auf Proteste, auf Rufe nach »Naturschutz«, nach Heimat- und Landschaftsschutz sowie nach Denkmalschutz – alles eng miteinander verwandte Forderungen, die auf eine Konservierung der älteren Einheit von Siedlung und Landschaft zielten. Aus der Perspektive der Landschaft, in der wir heute leben, war die segmentierte Industrielandschaft noch immer von einem Nebeneinander von beträchtlichen, wenn auch dahinschmelzenden Resten der alten Kulturlandschaft einerseits und wachsenden industrielandschaftlichen Gebieten andererseits geprägt. Dies war schließlich die Voraussetzung dafür, daß überhaupt die Forderung nach Landschaftsschutz gestellt werden konnte, denn schützen kann man nur, was noch existiert, aber von einer vernichtenden Transformation bedroht ist. Was unter dem Titel »Natur- und Landschaftsschutz« aber geschützt werden sollte, war nichts anderes als die dem Untergang entgegentreibende Kulturlandschaft der Agrargesellschaft.

Die Kritik an der Transformation der Landschaft artikulierte sich zunächst in ästhetischen Begriffen, sie beklagte also einen Verlust von Schönheit. Nun mag das Urteil darüber, was in der Landschaft oder der Architektur (die zur Landschaft gehört) als schön gelten mag, durchaus in das Belieben des jeweilig Urteilenden gestellt sein. Allerdings scheint es Kulturen zu geben, die sich recht einig darüber sind, was »schön« und was »häßlich« ist; eine Einigkeit, die so weit geht, daß das Kollektiv-Unbewußte instinktiv die »Häßlichkeit« meidet und deshalb ihren Erzeugnissen eine stilistische Einheit und Harmonie aufprägt, die von Betrachtern außerhalb dieser Kultur konstatiert werden kann, unabhängig davon, wie »schön« der fremdkulturelle Beobachter dies selbst empfindet.

Eine Kultur, die sich in diesem Sinne unbewußt darüber einig ist, was als schön, nützlich, gut, erstrebenswert oder heilig zu gelten hat, wird ihren Produkten, ja ihrer ganzen Lebenswelt bis hin zu den Kostümen, Physiognomien und Bewegungen der Individuen eine bestimmte Färbung verleihen, ihnen eine spezielle unverkennbare Gestalt, eben einen epochalen Stil aufprägen, dem kein einzelnes Element der gestalteten Wirklichkeit entgehen kann, da es sonst als fremd oder eben als häßlich bzw. geschmacklos gelten müßte. Probleme entstehen nur bei der Transformation einer Kultur bzw. ihrer Kollision mit einer anderen, also dann, wenn das Stilprinzip sich ändert und das kulturelle Zentrum seine Identität wechselt. In einer solchen Situation kann über Schönheit gestritten werden und kann als häßlich gelten, was in einer späteren Zeit als schön akzeptiert sein wird, und umgekehrt.

Es fragt sich nun, ob man die Landschaftstransformation, die seit dem späten 19. Jahrhundert beklagt wurde, analog zu diesem Vorgang erfassen kann. Von nicht wenigen Zeitgenossen wurde ja behauptet, die verbreitete Wahrnehmung einer monströsen Häßlichkeit der modernen Architektur bilde nur ein mentales Anpassungsproblem und in wenigen Jahrzehnten würden diese Bauten als Ausdruck der »Formensprache ihrer Zeit« ebenso integriert und geschätzt sein, wie dies in früheren Epochen angeblich auch der Fall war. Das romantische Motiv des »verkannten Genies«, das vor allem im 19. und frühen 20. Jahrhundert stark im Schwange war, bestärkte diese Sicht: Mußte sich wahre Qualität nicht prinzipiell gegen die Widerstände des Hergebrachten durchsetzen? Ist Mißtrauen, Ablehnung, Auslösung von Schock nicht das Schicksal wahrer Kreativität? Liegt also nicht gerade eine Bestätigung der schöpferischen Potenz darin, wenn man bei den Philistern auf Unverständnis stößt? Die wahre Avantgarde bewegt sich eben immer auf unbekanntem Gelände, und es dauert notwendigerweise eine gewisse Zeit, bis der Troß dort anlangt, wohin sie mutig vorgestoßen ist.

Diese Sicht ist allerdings von einem naiven Vertrauen in einen historisch gerichteten Prozeß des »Fortschritts« geprägt, in dem es immer nur vorangehen kann. Eine Avantgarde kann es nur geben, wenn es auch eine eindeutige Front gibt. Im 19. und frühen 20. Jahrhundert waren die meisten Zeitgenossen davon überzeugt, die Richtung der Geschichte zu kennen, und zwar nicht nur, was ihre Entfernung von der Vergangenheit, sondern auch, was den Weg in die Zukunft betrifft. Die dramatische Mobilisierung sämtlicher Wirklichkeitselemente, die sich in der Transformationsphase vollzog, machte den Entwurf von Ideologien plausibel, die es gestatteten, Zukunftshorizonte zu beschreiben, deren Eindeutigkeit von der Zeit selbst garantiert schien. Restbestände dieses Glaubens finden sich noch heute, wenn mit Begriffen wie »Moderne« oder »Modernisierung« hantiert wird, die suggerieren sollen, die Geschichte steuere von selbst einem bestimmten normativ besetzten Ziel zu.

Die Transformationsphase, in der wir uns weiterhin befinden, besitzt jedoch kein erkennbares Ziel. In ihr geht es nicht wie in früheren Epochenbrüchen darum, daß sich die stilistische Identität einer Kultur wandelt, daß also eine ältere von einer neueren Figur abgelöst wird. Wir haben es vielmehr mit einer generellen Lockerung zu tun, mit einer kulturellen Dezentrierung, in der keine neuartigen stabilen Zustände aufgebaut werden. Der spezifische Charakter dieser Situation liegt gerade darin, daß die Verfestigung von Strukturen unterbunden wird. Das System hat nicht lediglich die stilistische Farbe geändert, in welche die kulturelle Welt getaucht ist. Es ist nicht etwa in einen neuen *Zustand* übergegangen, der als »die Moderne« fixiert werden könnte, sondern an die Stelle einer bestimmten Farbe ist ein ganzes Kaleidoskop getreten. Ebendies ist aber Ausdruck ihrer Nichtfestgelegtheit, ihres historischen Übergangscharakters.

Die kollektiv-unbewußte Haltung dazu, was als nützlich, gut, schön und heilig zu gelten hat, ist diffus geworden. Jeder kann im Grunde diese Attribute beliebig verteilen, wobei sich natürlich immer wieder kurzlebige Schulen stabilisieren können, aber die stilistische Einheit der Epoche als solche ist verschwunden. Das zu Stein und Erde geronnene Resultat, das wir in der neuen Landschaft vor uns haben, entspricht genau diesen Prinzipien. Es bildet ein unüberbietbares Chaos disparater Momente, die sich aus autonomen, nicht koordinierten und auch nicht durch Planung koordinierbaren Teilprozessen ergeben. Einzelne Elemente davon können durchaus Planungscharakter haben, sie können sich sogar als Ergebnis höchster Rationalität ausgeben, eines Grads von Bewußtheit, der in der Agri-Kulturlandschaft nirgendwo zu finden war: Verkehrsführung, Geschäftsanlagen, Denkmalschutz, Wohnungsbau, Gartenanlagen, Städtebau usw. Aus all diesen Anstrengungen einer bewußten architektonischen Gestaltung resultiert jedoch kein harmonisches Ganzes, auch wenn noch so gutwillige Planungsbehörden beteiligt sind. Ihre Bemühungen sind gegenüber der unbewußten Syntheseleistung, welche sich in der Agri-Kulturlandschaft materialisiert hatte, weit unterkomplex. Sie sind ebenfalls nur autonome Elemente eines diffusen Prozesses.

Kein Landschaftsplaner schrieb dem traditionellen Bauern vor, wie er sein Haus zu bauen hatte. Daß dennoch im Schwarzwald immer wieder ein Schwarzwaldhaus entstand, lag, wie bereits erwähnt, einmal an lokalen Umweltbedingungen, zum anderen aber an kulturellen Gemeinsamkeiten. Ein »richtiges Haus« hatte eben auf genau diese Weise auszusehen und nicht anders – dies wußten der Baumeister, der Zimmermann, der Maurer, und der

Bauherr hatte keinen Anlaß, daran etwas zu ändern. Aber selbst das hochkulturell geprägte Barockgebäude, das in eine mittelalterliche Stadt gestellt wurde, wahrte einen Sinn für Proportion und Gesamtwirkung, der nicht bis ins einzelne von Vorschriften reguliert sein konnte, auch wenn es diese sicherlich gab.

Ein wichtiges Element war hierbei die Zeitlichkeit. Die Gestaltung der traditionellen Kulturlandschaft erfolgte nicht bewußt totalisierend, kaum geplant, sondern im wesentlichen empirisch, sparsam und langsam. Diese Kombination prägte den Gesamteindruck einer harmonischen, organischen Einheit. Neuerungen setzten sich nur langsam durch, unter Abschleifung von Extremen, die immer nur punktuell realisiert werden konnten. Selbst die herrschaftlichen Planungsanlagen in den Residenzen des 17. oder 18. Jahrhunderts wurden in der Regel von Provisorien umstellt, von Anbauten umwuchert und bald in das gängige Muster integriert. Vor allem aber war es kaum möglich, wirklich umfassende Vorhaben in kürzerer Zeit zu realisieren, so daß monotone Großanlagen, wie sie vor allem im 20. Jahrhundert üblich wurden, nicht eine ganze Landschaft prägen konnten.

Die Idee, ein Haus an sich zu betrachten, es losgelöst von seiner Umgebung, von der Straße, dem Platz, der Landschaft, den Nachbargebäuden aufzufassen, lag ganz fern. Diese Verselbständigung des Einzelgebäudes, die dann wieder mühsam durch bürokratische Vorschriften eingegrenzt werden soll, ist ein Element des umfassenderen Prozesses der Differenzierung und Transformation, der die Welt seit zweihundert Jahren ergriffen hat. Zunächst wurden die Stile beliebig. Die Geschichte der Architektur wurde zu einem Arsenal, aus dem man mit wachsender Freiheit Stile, später bloße Stilelemente, ja Stilfragmente entnehmen konnte, die um die Jahrhundertwende fast beliebig kombinierbar geworden waren: barocke Tür, gotische Türmchen, Renaissance-Fenster, aber auch funktionales Stahlskelett. Damit ging eine Zerfaserung des Raums einher, das heißt, das Gefühl dafür verschwand, am rechten Ort das Richtige zu tun. Das Gebäude emanzipierte sich von seiner Umgebung und die Bauteile emanzipierten sich von dem Gebäude.

Im frühen 20. Jahrhundert formierten sich schließlich zwei Gegenbewegungen zu dieser Tendenz der stilistischen Verflüssigung und Pluralisierung. Es handelt sich hierbei einerseits um den Denkmal- und Heimatschutz sowie andererseits den architektonischen Funktionalismus. Beide wollten sie an die Stelle der stilistischen Dekontextualisierung, die sich in der frühen Transformationsära durchgesetzt hatte, eine neue Eindeutigkeit setzen, die komplementär-entgegengesetzten Prinzipien entsprang. Beide Bewegungen sind als Reaktionen auf den dominanten Prozeß zu verstehen und beide versuchten, eine Entwicklung zum Stillstand zu bringen, die von den jeweiligen Protagonisten als Ausdruck einer stilistischen Zerfaserung beklagt wurde. Beide sind sie jedoch, wie nicht anders zu erwarten war, letztlich gescheitert.

Der Heimatschutzstil wollte an die Bau- und Gestaltungstraditionen der Agri-Kulturlandschaft anknüpfen und diese in die Industrialisierungsphase hinüberretten. Zu diesem Zweck sollten bestimmte überkommene Bauformen kanonisiert werden, die als gelungen und vorbildlich galten. Seine Vertreter machten sich dabei nicht klar, daß diese Traditionen selbst Ausdruck komplexer materieller und kultureller Lebensformen waren und nicht ohne weiteres in Kontexte transportiert werden konnten, die nach anderen Prinzipien organisiert waren. Darin wurde ein ähnlich fundamentales Mißverständnis erkennbar wie in dem Wunsch, ein Naturschutzgebiet als ein »natürliches Biotop« einzurichten. Alle Versuche, sich über die Systembedingungen der Transformation hinwegzusetzen, konnten immer nur zur Karikatur führen, und zwar vor allem dann, wenn die Kulturlandschaft imitiert werden sollte.

Der Funktionalismus hingegen suchte das Prinzip der Eindeutigkeit nicht in der Vergangenheit, sondern in einer eigentümlichen Konstruktionsweise, die er in einem geschickten Propagandazug für zeitgerecht par excellence erklärte und zur »Moderne« schlechthin erhob. Es handelte sich um die bauliche Verwirklichung von geometrischen und stofflichen Elementarformen, denen zugleich vage die Erfüllung einer bestimmten Funktion zugeschrieben wurde. Allerdings konnte niemand wirklich sagen, worin diese Funktion eigentlich bestehen sollte. Das Ergebnis war schließlich ein bloßer Funktionsstil, also die Übertragung formaler geometrischer Elemente in die bebaute Umwelt, was mit dem realen Gebrauch, also den wirklichen Lebensprozessen der Menschen, nur noch wenig zu tun hatte. Kein Stil hat sich letztlich als funktionsunfähiger erwiesen als der Funktionalismus, aus dessen monotonen Hochhäusern die Menschen in historistische Gründerzeitbauten fliehen, wann immer sie dies können.

Letztlich bekräftigten Heimatschutz- und Funktionsstil nur das Prinzip, gegen welches sie rebellierten. Weit davon entfernt, eine neue Eindeutigkeit zu erzeugen, fügten sie dem Arsenal der Formen lediglich weitere Elemente hinzu, so daß ein späterer postmoderner Historismus sich auch der geometrischen Elemente bedienen konnte, welche der Funktionsstil hinterlassen hatte. Eben hierin liegt aber eine epochale Pointe: Das Strukturprinzip der Transformation machte sich physiognomisch in schlagender Weise geltend, und sämtliche Anstrengungen, die darauf zielten, ihm Widerstand zu leisten, konnten sich längerfristig nur blamieren. Die Mobilisierung der Landschaft und der Stadtbilder vollzog sich mit der gleichen Gewalt eines Naturprozesses, wie sie dem Gesamtprozeß der Transformation zu eigen ist.

Die Beschleunigung

Unter Umwelthistorikern hat sich seit einigen Jahren die Auffassung durchgesetzt, daß in der Mitte des 20. Jahrhunderts eine Epochenschwelle liegt, jenseits deren das Umweltproblem eine neue Qualität gewonnen hat. Dieses sogenannte »Fünfziger-Jahre-Syndrom«[87] bildet den Ausgangspunkt der aktuellen Umweltzustände. In ihm zeichnet sich der endgültige Abschied von den Resten der Agri-Kulturlandschaft ab, die noch immer inmitten der segmentierten Industrielandschaft existiert hatten, von dieser aber sukzessive verdrängt wurden. Es ging also um eine flächendeckende Ausbreitung der Industrialisierung und der mit ihr verbundenen Verhaltensmuster.

Auch dieses Stadium besitzt eine spezifische energetische Basis, die zwar innerhalb des generellen Rahmens des fossilen Energiesystems bleibt, doch auch eigene Merkmale besitzt. Es handelt sich um die Durchsetzung von Erdöl und Erdgas als Energieträger. Beide besitzen Eigenschaften, die sich von jenen der älteren Kohle unterscheiden. Steinkohle muß in der Regel recht aufwendig durch Untertagebau gewonnen werden, so daß einer bestimmten Fördermenge ein spezifischer Arbeitsaufwand entspricht. Hierbei können zwar Rationalisierungseffekte auftreten, doch bleibt davon die Tatsache unberührt, daß für jede zusätzliche Tonne Kohle, die abgebaut werden soll, eine zusätzliche Einheit an Arbeit aufgewandt werden muß.

Bei Erdöl und Erdgas ist dies anders. Hier steht der Aufwand bei der Produktion in keiner direkten Beziehung zu der Menge, die gefördert werden kann. Wenn die Pumpanlagen erst einmal errichtet und im Betrieb sind, können fast beliebige Mengen gewonnen werden, ohne daß der Aufwand wesentlich steigen müßte. Auch der Transport ist viel einfacher. Flüssigkeiten und Gase können durch Rohrleitungen über große Entfernungen befördert werden. Man muß sie nicht mühselig umladen, nicht zerkleinern oder zu Briketts verarbeiten, nicht in Säcke verpacken, zu den Endabnehmern fahren und dort mühselig in die Häuser tragen. Statt dessen bieten sich technische Lösungen an, mit deren Hilfe Erdöl in die jeweils gebrauchsgerechte Form gebracht werden kann. Hier liegen daher enorme Potentiale für die Rationalisierung.

Auch die chemischen Eigenschaften von Benzin oder Erdgas sind ideal. Es handelt sich um fast reine Kohlenwasserstoffverbindungen, was bedeutet, daß beide in ihnen enthaltenen Elemente, Wasserstoff und Kohlenstoff, von dem Sauerstoff in der Luft oxidiert werden können, ohne daß feste Rückstände entstehen. Sie besitzen eine hohe Energiedichte und verbrennen dennoch mit Temperaturen, die in der Nähe dessen liegen, was von den jeweiligen technischen Prozessen gefordert wird. Auch fällt keine Schlacke an, die mühsam beseitigt werden müßte, sondern im Idealfall wird lediglich das harmlose Kohlendioxid sowie Wasserdampf in die Umgebung entlassen.

Aus all diesen Gründen sind die Erdölprodukte optimale Träger chemischer Energie, die den ökonomischen Vorzug besitzen, durch eine Anzahl technischer Innovationen immer weiter verbilligt werden zu können. In den USA setzte sich die Mineralölwirtschaft bereits seit den zwanziger Jahren massiv durch, da man dort auf Vorräte zurückgreifen konnte, die im eigenen Land verfügbar waren. In Europa wurde dieser Durchbruch aus politischen Gründen bis in die fünfziger Jahre verzögert, doch folgte das Energiesystem dort dann rasch dem amerikanischen Vorbild. Es prägte sich eine Reihe von Merkmalen aus, die sämtlichen avancierten Ländern gemein waren, so daß sie als Ausdruck eines gleichen Musters verstanden werden können. Dieses Muster kann, ausgehend vom Verkehrssystem, idealtypisch so beschrieben werden:

Flüssige Brennstoffe bilden die Grundlage für die Massenmotorisierung. Das Automobil ermöglichte einen gewaltigen Zuwachs der individuellen Mobilität und damit verbunden eine nie dagewesene Expansion des Verkehrswesens. Die industrielle

Transformation wurde geradezu sinnlich erfahrbar, indem die Menschen und Dinge buchstäblich in rasende Bewegung versetzt wurden. Die Reste lokaler Selbstgenügsamkeit wurden jetzt hinweggesprengt. Alles wurde überall und gleichzeitig verfügbar. Entfernungen, Räume, Barrieren aller Art verschwanden. Die Tendenz zur materiellen Homogenisierung, die der Transformationsära insgesamt zu eigen ist, setzte sich nun in überstürzter Beschleunigung durch.

Die Expansion des Individualverkehrs bildete den Motor für eine totale Erfassung und Transformation der natürlichen Umwelt. Die Eisenbahn hatte noch ein recht grobes Schienennetz über das Land gelegt, welches weite Räume ausließ. Nur der industrielle Archipel war durch diese Kraftlinien verbunden, durch welche Energie sowie Nutz- und Schadstoffe flossen, doch durchdrangen sie noch nicht die gesamte Fläche. Der Individualverkehr dagegen macht jeden Punkt in der Landschaft für Waren, Personen, Abfälle und Lebensweisen erreichbar und läßt grundsätzlich nichts mehr unberührt. Zu Recht wurde daher das Automobil zum wichtigsten Symbol der Transformationsära: Es steht im Zentrum der Kritik, zugleich ist es aber das Objekt, an welches sich die Wünsche und Phantasien derer heften, die sich einen Zugang zu den künstlichen Paradiesen der industriellen Welt erhoffen.

Ein erstes Ergebnis der vom Automobil ermöglichten neuen Mobilität war die endgültige Auflösung der Städte als geschlossene Siedlungsformen. Die bisherige Enge und Beschränktheit städtischer Räume, Basis der eigentlichen »Urbanität«, hatte darauf beruht, daß die Transportkapazitäten begrenzt waren. Wenn es mühsam und aufwendig ist, von Ort zu Ort zu gelangen, dann bietet sich als Lösung die bauliche Verdichtung an, wodurch die Entfernungen verkürzt werden. Diese städtische Verdichtung hatte in der Zeit der agrarischen Zivilisationen darüber hinaus eine militärische Funktion, da die Städte wie in Europa üblich als Großburgen angelegt waren, die verteidigungsfähig sein mußten und deshalb nicht beliebig groß werden durften.

Schon im 19. Jahrhundert waren die Städte gewöhnlich keine Festungen mehr. Sie konnten in die Fläche wachsen, weil ihr Umfang nicht mehr vom Prinzip der inneren Verteidigungslinie begrenzt war. Auch wurde es jetzt möglich, innerhalb der Städte Parks anzulegen – eine Raumverschwendung, die sich in einer Festung von selbst verboten hätte. Dennoch wurden den jetzt entstehenden Großstädten vom Transportsystem noch immer Grenzen gesetzt, was ihnen den typischen kompakten Charakter verlieh, den man noch immer mit einer wirklichen Stadt assoziiert, wobei man an die alten urbanen Zentren von Paris oder London denkt, die bis heute den Mythos der Großstadt prägen, obwohl sie längst anachronistisch geworden sind.

Elektrische Kleinbahnen hatten bereits seit dem späten 19. Jahrhundert eine gewisse Bresche in den urbanen Komplex geschlagen. Die neuen Straßen-, S- oder U-Bahnen, die jetzt gebaut wurden, ermöglichten eine funktionale Trennung einzelner Stadtteile, da es mit ihrer Hilfe in recht kurzer Zeit möglich wurde, von der Wohnung zu einer Arbeitsstätte zu gelangen, die mehrere Kilometer entfernt war. Jetzt konnten reine Wohngebiete und reine Gewerbegebiete entstehen. Die Fixierung der schienengebundenen Verkehrsmittel an eine aufwendige Trasse verhinderte jedoch, daß sich die Stadt flächig in ihre Umgebung auflöste. Erst das Automobil erlaubte genau dies: Sofern überhaupt eine befahrbare Straße bestand, wurde jeder beliebige Ort in gleicher Weise erreichbar. Die innerstädtischen Straßen verwandelten sich in reine Trassen des motorisierten Verkehrs und verloren zunehmend ihre ältere Funktion als menschlicher Lebens- und Kommunikationsraum. Die Straße differenzierte sich gewissermaßen aus und wurde monofunktional.

Der autogerechte Ausbau von Verkehrswegen und Siedlungen führte zu einer ästhetischen Nivellierung und Gleichschaltung von Stadt und Land. Straßen sehen überall gleich aus, was auch für ihre Begleiterscheinungen, die Tankstellen, Parkplätze und cash-and-carry-Märkte gilt. Die größeren Geschwindigkeiten, mit denen man sich im Automobil bewegt, provozieren eine Dimensionierung der Verkehrsanlagen, die sich vom normalen menschlichen Maß entfernt. Es entsteht so ein neuartiger automobilo-morpher Raum, der nicht mehr auf den Fußgänger zugeschnitten ist. Die Straßen sind zu breit, die Schriften auf den Schildern zu groß, die verlangten Umwege zu lang, die Flächen zu öde, die Reize zu gering, als daß er sich in dieser monotonen technischen Landschaft so selbstverständlich bewegen könnte wie in der überkommenen agrarischen oder urbanen Welt. Er wird daher auf immer kleiner werdende anthropomorphe Inseln abgedrängt, die von den Todeszonen der Verkehrsströme gegeneinander isoliert sind, vom Verkehrslärm jedoch vollständig durchdrungen werden.

Zu einem vergleichbaren Differenzierungsprozeß kam es dann auch in Hinsicht auf andere Funktionen der Stadt. An erster Stelle ist die Suburbanisierung zu nennen. Man will dem Automobil entkommen und beschleunigt damit seine Verbreitung. Wer in die neuen Wohngebiete am Stadtrand zieht, will nicht zuletzt vor den Belästigungen durch den Autoverkehr fliehen, doch benötigt er für diese Flucht das Automobil. Verkehrssystem und Siedlungsstruktur sind daher unauflöslich miteinander verbunden. Beide bilden eine Einheit; sie verstärken sich wechselseitig und treiben so die überkommene geschlossene Stadt, die etwa seit 5000 Jahren in einer vergleichbaren Form existiert hatte, über sich hinaus. Das Auto erzeugt die Stadtflucht und die Stadtflucht begünstigt das Auto – das Prinzip des Individualverkehrs gerinnt auf diese Weise zu einer festen Struktur aus Asphalt und Beton, gegen die sich sämtliche Versuche der Umsteuerung als hilflos erwiesen haben.

Aber nicht nur Wohnsiedlungen, sondern auch Anlagen für Produktion und Konsum können jetzt die Grenzen der alten Städte verlassen. Auch dies hat mit dem neuen Verkehrssystem zu tun. Gewerbebetriebe können sich, wenn das Straßennetz dies erlaubt, an jedem beliebigen Ort ansiedeln. Es existiert keine Prämie auf gewerbliche Verdichtung mehr, im Gegenteil: Es wird sinnvoll, aus den alten belasteten Gebieten zu entweichen und sich dort einen geeigneten Standort zu suchen, wo die Umweltbedingungen oder die Bodenpreise günstig sind. Als Folge dieses Prozesses werden die Wohnsiedlungen und Gewerbeanlagen über eine weite Fläche zerstreut, was vielfach als Zersiedelung der Landschaft beklagt worden ist.

Sensationell sind auch die Vorgänge im Bauwesen. Die beliebige Verfügbarkeit von Baumaterialien und die Universalität architektonischer Moden, die an den Hochschulen gelehrt oder durch Medien verbreitet werden, hat zu einer vollständigen Austauschbarkeit der Gebäude geführt. Die Neubauten müssen sich nicht mehr, wie Architekten jetzt emphatisch verkünden, an den Bestand anbiedern, sondern können sich vollständig von ihrer Umgebung emanzipieren. Als Folge davon sind Nutzbauten und Wohnsiedlungen in aller Welt kaum noch voneinander zu unterscheiden.

Dieser Vorgang wurde in der Bundesrepublik, dem Land der programmatischen Geschichtslosigkeit, beschleunigt vollzogen. Sie wurde dadurch zum Pionier der totalen Landschaft. Die Bombenteppiche des Weltkriegs hatten die *tabula rasa* geschaffen, von welcher die architektonische Avantgarde immer geträumt hatte und auf der sie nun ungehindert begann, ihre Visionen in Beton, Stahl und Glas zu verwirklichen. Dies stand zunächst in einem merkwürdigen Kontrast zu den Nachbarländern, doch wurde dieser Prozeß auch dort bald nachgeholt.

Es ist aber doch ein großes Rätsel, wie vollständig sich im 20. Jahrhundert der geometrische Funktionsstil in aller Welt schließlich durchgesetzt hat – ein Stil des Knappheitskalküls, der eigentlich, wie Tom Wolfe bemerkt hat, Prinzipien des sozialen Wohnungsbaus entsprungen ist.[88] Selbst in sogenannten Luxuswohnungen sind die Räume niedrig wie Bauernstuben, auch spürt man allenthalben den Rotstift des scharfen Rechners. Wenn ein Haus aus der Gründerzeit abgerissen wird, hat der Neubau bei gleicher Höhe mindestens ein Stockwerk mehr, auch sind die großzügigen Treppenhäuser zugunsten enger und schäbiger Notaufgänge verschwunden.

Dies alles ist keineswegs selbstverständlich und bedarf der Erklärung. Die Allerweltsantwort »Profitstreben« greift allerdings nicht, denn auch die »Zinshäuser« der Gründerjahre waren nicht aus Nächstenliebe gebaut worden. Sollte es sich um eine Reaktion auf die überall spürbare Übervölkerung handeln, also um eine vorauseilende Verknappung und Verdichtung aus Gründen der Raumersparnis? Das klingt zwar plausibel, doch widerspricht dem die Tatsache, daß sich die Wohnfläche pro Kopf seit 1950 etwa verdreifacht hat und daß durch die niedrigen Wohnungen mit ihren engen Treppenhäusern ein Vielfaches der Stoff- und Energiemengen geschleust wird, die in den großzügigen älteren Bauten umgesetzt wurden. Offenbar handelt es sich doch primär um ein kulturelles Phänomen, eine symbolische Identifikation von eng, knapp, kalkuliert und »praktisch« mit zeitgemäß oder »modern«. Dafür spricht auch, daß die Flächen, die durch bauliche Verdichtung gewonnen wurden, durch die Anlagen kurzgeschorener Grünflächen wieder verschwendet werden.

Die ästhetische Homogenisierung von Stadt und Land wurde von dem architektonischen Einerlei des funktionalistischen Knappheitsstils stark vorangetrieben. Es gibt keine Unterschiede zwischen Bauten in der Stadt, am Stadtrand und auf dem Land, so daß der herkömmliche qualitative Sprung zwischen Stadt und Land zu einem reinen Kontinuum verflacht, zu einer bloßen Angelegenheit der Größe und Menge. Eine moderne Stadt ist nur ein großes Dorf, oder, umgekehrt, ein modernes Dorf nur eine Stadt im Kleinformat. Die Physiognomien gleichen sich an, doch es entsteht ein neuartiges Gefälle der Lebensstile.

Der Gegensatz von Stadt und Land war für die agrarischen Zivilisationen von konstitutiver Bedeutung. Dieser Gegensatz löst sich in seiner überkommenen Form nun auf und zum Teil verkehrt sich die Topik von Stadt und Land, von Urbanität und Provinzialität in ihr Gegenteil. Das Land wird monoton, die Stadt bewahrt aufgrund der gepflegten Bestände älterer Bauten noch immer Elemente der alten Buntheit und gewinnt sogar durch phantasievolle Neubauten Reize hinzu. In der Stadt gibt es zahlreiche verkehrsberuhigte oder sogar den Fußgängern reservierte Zonen, während man auf dem Land überall von Motoren umheult ist. Die Stadt ist ruhig, auf dem Land ist es laut. In der Stadt lebt man einsam und anonym; auf dem Land kann man der Geselligkeit nicht entkommen. In der Stadt gibt es eine Überfülle frischer Lebensmittel; auf dem Land ist man auf Standardkost angewiesen. Selbst an der Küste erhält man nirgendwo so frische Fische wie auf einem Großstadtmarkt. Auf dem Land wird gearbeitet, in der Stadt herrscht der Müßiggang. Das Land ist geschäftig, pragmatisch, traditionslos; die Stadt ist beschaulich, träge und schützt ihre Denkmäler. Schließlich ist die Stadt naturfreundlich, während das Land die Natur haßt und bis zur Ausrottung verfolgt.

Die Transformationsära brachte ein bislang unbekanntes Wachstum der industriellen Produktion, das auf einem Überfluß an billiger fossiler Energie beruhte, aber auch Folge von Produktivitätssteigerungen war. Bereits in der zweiten Hälfte des 19. Jahrhunderts wurde die im Rahmen der Agrargesellschaft unüberwindbare naturbedingte Armut beseitigt. Wenn es seitdem in den Industrieländern noch Hungersnöte gab, so waren sie Ergebnisse politischer oder ökonomischer Krisen, konnten also auf Kriege, Bürgerkriege oder Konjunktureinbrüche, nicht aber auf Mißernten zurückgeführt werden. Der materielle Lebensstandard stieg bis zur Mitte des 20. Jahrhunderts für die Mehrheit der Bevölkerung auf ein zunächst nicht sensationell hohes, aber doch stabiles Niveau.

Der Durchbruch zum eigentlichen Massenwohlstand fand erst seit den fünfziger Jahren statt. In den Industrieländern erreichte das Konsumniveau bald eine schwindelerregende Höhe, das heißt, die Menge an Stoffen, die durch die privaten Haushalte flossen, vervielfältigte sich. Diesem wachsenden Stoffumsatz waren aber die überkommenen Distributionsformen nicht gewachsen. Mit den Supermärkten, Einkaufszentren und Kaufhäusern »auf der grünen Wiese« entstanden Anlagen, die den Anforderungen der gewachsenen Warenströme gerecht werden sollten.

Auch hierfür bildete das neue Verkehrssystem auf der Basis des Automobils eine materielle Grundlage. Die großen Warenmengen, die jetzt gekauft und in die Wohnungen geschafft werden mußten, bedurften eines darauf zugeschnittenen Verkehrsmittels, welches eine individuelle Abstimmung von Einkaufsort, aufgewandter Zeit und zurückzulegender Entfernung gestattete. Das Auto bildet ein notwendiges Element dieser Distributionsform, die ihrerseits Ausdruck der gewachsenen Menge umzusetzender Stoffe ist.

Eine notwendige Begleiterscheinung dieser neuen Konsumstruktur ist schließlich das Verpackungs- und Müllproblem.[89] Es wäre kaum vorstellbar, daß das Verkaufspersonal die Mengen an Gütern, die täglich in die Haushalte gelangen, individuell aus dem Regal holt, abwiegt, einpackt und aushändigt. Die Rationalisierung der Produktion, welche den sensationellen Anstieg des individuellen Konsums gestattet hat, wird daher von einer Rationalisierung des Verkaufs und der Verteilung begleitet. Die Waren werden vorportioniert, fertig verpackt, mit einem Preis versehen und können vom Konsumenten selbst aus dem Regal geholt und zur Kasse gebracht werden. Dies bedeutet aber, daß mit dem gewünschten Produkt auch eine im Grunde unerwünschte, jedoch unvermeidliche Verpackung anfällt, die zu entsorgen ist. Da die Stoffe, welche als Waren in die Haushalte gelangen, diese als Abfälle wieder verlassen müssen, steigt insgesamt das Volumen des Mülls, der irgendwo wieder verschwinden soll. Die Haushalte spielen die Rolle eines Ortes, an dem Waren in Abfälle verwandelt werden, wobei sie also an Struktur verlieren, während die

Stoffmenge unverändert bleibt. Der »Konsum« ist in diesem Sinne eine Transformation höherer Ordnungszustände in Zustände von geringerer Ordnung, und die privaten Haushalte bilden eine Schnittstelle zwischen Warenlager und Müllhalde.

Eine für den Alltag der Menschen wichtige Hintergrundtendenz ist die damit verbundene Zunahme einer Ent-Autarkisierung der privaten Haushalte, die sich fast schleichend vollzogen hat und deren Gewicht kaum ins öffentliche Bewußtsein getreten ist. Natürlich waren auch die bäuerlichen Haushalte seit den Zeiten frühagrarischer Subsistenzwirtschaft nicht mehr wirklich autark, also nicht mehr völlig selbstgenügsam, sondern in gewissem Umfang immer auf Importe (und damit auch auf Exporte) bestimmter Materialien angewiesen, und seien es nur Metalle wie Eisen oder Mineralstoffe wie Kochsalz. Dennoch besaßen selbst städtische Haushalte bis weit in unser Jahrhundert hinein ein erstaunliches Maß an Autarkie, wie es sich heute noch in Ländern der Dritten Welt oder in Osteuropa findet.

Als Beispiel dafür, was die relative Autarkie der privaten Haushalte bedeutete, kann der Ofen genannt werden. Wer mit Holz oder Kohle heizt, muß zwangsläufig einen bestimmten Vorrat dieser Brennstoffe bereithalten, und er ist daher in der Lage, auch in einer Situation der Knappheit oder der Krise eine Zeitlang zu überleben. Wer dagegen an einer Fernheizung, an einer Gas- oder Stromleitung hängt, besitzt keinerlei Puffer mehr. Wenn die zentrale Versorgung ausfällt, ist er sofort davon betroffen, ohne eine Ausweichmöglichkeit zu besitzen. Er ist also gänzlich unselbständig geworden und in einem kalten Winter auf Leben und Tod darauf angewiesen, daß umfassende Systeme funktionieren, die seiner Kontrolle entzogen sind.

Diese Tendenz zur Ent-Autarkisierung der privaten Haushalte hat seit den fünfziger Jahren immer weitere Lebensbereiche ergriffen, wobei materielle und symbolische Prozesse miteinander verschmolzen sind. Zunächst sind natürlich alle leitungsgebundenen Versorgungssysteme zu nennen, also Wasserversorgung und Abwasserbeseitigung, Strom, Gas, Fernwärme, aber auch Informationsflüsse über Kabelnetze wie Telefon, Fernsehen bis hin zum Anschluß an das Internet. Die Bedeutung dieser Abhängigkeit von Leitungssystemen ist in den letzten fünfzig Jahren enorm gewachsen. Eine Ölheizung etwa funktioniert nur so lange, wie ihre Steuerungsanlage und die Umwälzpumpe mit elektrischem Strom versorgt werden. Ein Ölvorrat im Tank bleibt daher nutzlos, wenn diese Zuflüsse ausfallen. Hochhäuser können ohne Aufzug und Klimatisierung nicht mehr bewohnt werden. Manche Gebäudeteile besitzen keine Fenster, nicht nur in Bereichen wie Treppenhäusern oder Fluren, welche der Erschließung dienen, sondern auch innerhalb der Wohnungen. Sie sind nur benutzbar, solange elektrisches Licht verfügbar ist. Dies gilt besonders für Gewerbebetriebe oder Supermärkte, die ohne künstliche Beleuchtung nicht funktionsfähig sind.

Auch in Hinblick auf Lebensmittel und Gebrauchsgüter hat es eine dramatische Verschiebung in Richtung Unselbständigkeit gegeben. In dem Maße, wie der Fluß von Waren durch die privaten Haushalte zugenommen hat, hat sich auch die Abhängigkeit von der Permanenz dieses Flusses verstärkt. Die Haushalte verfügen kaum noch über eigene Vorräte und über die Möglichkeit, diese zu lagern oder selbst zu verarbeiten. Viele Vorräte sind auf Kühlung oder gar Gefrierung angewiesen, so daß sie wertlos werden, wenn die Netze ausfallen. Schon eine kurze Unterbrechung der Stromzufuhr kann dramatische Folgen haben. Eine längere, krisenhafte (etwa kriegs- oder bürgerkriegsbedingte) Störung hätte dagegen katastrophale Folgen. Die Individuen hängen an zahlreichen verletzlichen technischen Netzwerken, auf deren störungsfreien Betrieb sie auf Gedeih und Verderb angewiesen sind.

Darin wird eine merkwürdig paradoxe Struktur der Transformationsgesellschaft erkennbar. Vielen zeitgenössischen Beobachtern ist aufgefallen, daß sich die Menschen im Zuge der Durchsetzung dieser Gesellschaft immer stärker aus normativen

Bindungen emanzipiert haben. Es ist unübersehbar, daß verpflichtende Institutionen wie Ehe, Familie, Beruf, Kirche oder Nation, welche einst die ganze Person ergriffen hatten, an Bedeutung verloren haben. Dieser Prozeß wird häufig als »Individualisierung« beschrieben, womit gemeint ist, daß damit ein Zuwachs an persönlicher Autonomie und Freiheit für den einzelnen verbunden ist.

Dabei wird aber gerne übersehen, daß diese spektakuläre Verselbständigung der Individuen auf einer ganzen Reihe von Vorleistungen beruht, welche von Institutionen und Versorgungssystemen erbracht werden müssen. Die freie Beweglichkeit der Individuen setzt voraus, daß sie Verpflichtungen und Ansprüche aller Art delegieren und jederzeit damit rechnen können, daß diese Leistungen auch wieder abzurufen sind. Wenn etwa die Sorge um die Angehörigen von einer ganzen Kette von Sicherungsagenturen übernommen wird, vom Kindergarten über die Schule und Universität, der Kranken-, Arbeitslosen- und Rentenversicherung bis hin zur Sozialhilfe und zu Altersheimen, deren Kosten von der Pflegeversicherung getragen werden, dann ist die Emanzipation des einzelnen aus familiären Bindungen fast selbstverständlich. Die stillschweigende Voraussetzung dafür ist aber das Vertrauen darauf, daß diese Institutionen auch dauerhaft funktionieren. Die Kehrseite der Individualisierung erweist sich damit als eine wachsende Abhängigkeit von abstrakten, instabilen und undurchschaubaren Systemen, deren Bestand und Kontinuität von niemandem garantiert werden können.

Per saldo hat in der Transformationsphase der Zwang zur Konformität, zur Eingliederung in umfassendere technische und bürokratische Systeme enorm zugenommen, ohne daß man sich über die Dramatik dieser Entwicklung völlig im klaren wäre. Die Menschen haben einen großen Teil der Freiheit und Selbständigkeit verloren, die sie in der bäuerlichen Gesellschaft, aber auch im Frühstadium der Transformation noch besessen hatten. Sie sind an Stoff-, Energie- und Finanzströme angeschlossen worden, die selbst keinerlei Stabilität besitzen, sondern total im Fluß sind. Dies gilt in materieller, aber auch in symbolischer Hinsicht.

Die Gesellschaft der agrarischen Zivilisationen mußte mit Beständen wirtschaften. Sie mußte Vorräte anlegen, die zu schützen und zu verwalten waren. Ihre Reichtümer bestanden aus fest umrissenen Gegenständen, die an einen konkreten Ort gebunden und nur schwer transformierbar waren. Es handelte sich daher um eine Gesellschaft von Eigentümern. Wie auch immer die juristischen Formen jeweils ausgesehen haben – der Großteil der Gegenstände, die für das Überleben und für die Gewinnung des Lebensunterhalts erforderlich waren, stand in der selbständigen Verfügung der Individuen und Haushalte. Die Bauern besaßen ihr Land und ihren Hof mit allem Inventar als ihren persönlichen Besitz, zumindest in dem Sinne, daß sie die wichtigsten Entscheidungen über die Verwendung selbst treffen konnten. Ähnliches galt für die Handwerker, denen gewöhnlich ihre Werkstätten und Instrumente selbst gehörten. Die Haushalte hatten damit ein hohes Maß an Unabhängigkeit, sie konnten einigermaßen flexibel auf Krisen reagieren und waren nicht einer leichten Störung umfassenderer Systeme so hilflos ausgeliefert, wie dies heute der Fall ist. Sie waren selbständig, hatten große Spielräume zur autonomen Entscheidung, und ebendies bildete eine der Grundlagen für ihre bürgerliche Freiheit.

Die Gesellschaft der Transformationsära dagegen löst alle Bestände in Flüsse und Funktionen auf, an welche sich die Individuen zwangsläufig anschließen müssen. Sie ist zum überwiegenden Teil eine Gesellschaft von Eigentumslosen, im Grunde also keine bürgerliche, sondern eine proletarische Gesellschaft. Zwar besitzt fast jedes ihrer Mitglieder eine Anzahl privater Habseligkeiten, doch sind diese von nur geringem Wert und befähigen den einzelnen in der Regel nicht dazu, mit ihnen seinen Lebensunterhalt zu verdienen. Diesen verdankt er vielmehr seiner »Arbeit«, das heißt seiner Fähigkeit, sich in den industriellen Systemzusammenhang zu integrieren, indem er sich mit Dingen beschäftigt, die sozial als so wichtig gelten, daß er dafür entlohnt wird.

Die Einkünfte, die er hierbei erzielen kann, sind immens: Ein Facharbeiter oder Angestellter, der Arbeitskosten von jährlich etwa 100 000 DM verursacht, verdient in seinem gesamten Leben vier bis fünf Millionen. Sein persönliches Eigentum dagegen wird in der Regel nur einen Bruchteil davon betragen, und der Wert dieses Eigentums hat mit seinen Einkünften nichts direkt zu tun. Der größte Teil der Arbeitskosten, die er verursacht und von denen ihm nur weniger als die Hälfte ausgezahlt wird, besteht aus Verrechnungseinheiten, die ihm unzugänglich bleiben und deren Bedeutung er kaum durchschaut. Er bildet lediglich ein fungibles Element innerhalb eines sehr komplexen Prozesses, der nicht materiell fixierbar, sondern stofflich verflüssigt ist und sich letztlich in symbolische Relationen auflöst.

Auch das persönliche Eigentum, das jemand besitzen mag, ist zum überwiegenden Teil nicht stabil, sondern lediglich Element eines sich seiner Kontrolle entziehenden Flusses. Dies ist etwa mit dem Geld der Fall. In den agrarischen Zivilisationen war Geld an Edelmetalle gebunden, es lag also als Münze vor. Dieses Geld konnte man anfassen, man konnte es aufbewahren, verstecken, vergraben – es blieb doch Geld. Was wir heute dagegen unter dem Namen »Geld« besitzen, hat diesen stabilen Charakter vollständig verloren. Es handelt sich nur noch um einen fiktiven Anspruch, um ein Versprechen seitens unfaßbarer Agenturen, dessen Einlösung vollständig zu deren Disposition steht. Man kann dieses Geld nicht mehr der Zirkulation entziehen, denn außerhalb der abstrakten Finanzströme ist es überhaupt nicht mehr existent. Was man versteckt oder vergräbt, ist letztlich ein wertloses (oder rasch an Wert verlierendes) Stück Papier. In dem alten substantiellen Sinne existiert daher kein Geld mehr, was, am Rande bemerkt, auch die alten Geldtheorien von Marx bis Simmel entwertet hat.

Was für das Geld gilt, gilt für fast alle Elemente der Wirklichkeit innerhalb der Transformationszeit. Es gibt in ihr nichts Festes mehr, sondern alles ist flüchtig, vorläufig, abstrakt und bewegt sich unbekannten Horizonten entgegen. Nichts kann in diesem dynamischen Gefüge mehr Sicherheit verleihen. Es gibt keine Rückzugspositionen, keine stabilen Orte, in denen man sich den Zugriffen durch die Systeme entziehen könnte. Jeder ist angeschlossen, gleichgeschaltet, homogenisiert, und eben der Systemcharakter dieser Nivellierung begründet die eigentümliche individuelle Freiheit, welche diese Epoche kennzeichnet.

Die Transformationsgesellschaft muß, gerade weil sich in ihr keine stabilen Muster herausbilden, permanent offen für Veränderungen aller Art sein, denen sich ihre Elemente jederzeit flexibel anpassen müssen. Sofern sie überhaupt ein Strukturprinzip besitzt, liegt dieses in ihrer prozessualen Dynamik. Sie weiß selbst nicht, wohin sie sich bewegt, und besitzt daher (im Gegensatz zu den agrarischen Zivilisationen, die über stabile religiöse Deutungssysteme verfügten) keine Kriterien für objektive Richtigkeit oder Falschheit. Statt dessen hat sie eine Reihe sekundärer Verbindlichkeiten entwickelt. Diese bestehen in erster Linie aus formal eindeutigen, aber inhaltlich beliebigen Verfahren, also aus Regeln der Interaktion oder Kommunikation, deren Resultate jedoch immer zur Disposition stehen müssen.

Die verbreiteten ideologischen Ausdrucksformen für diese strukturelle Nichtfestgelegtheit sind die populären Gedankenfiguren »Freiheit«, »Gleichheit«, »Individuum«, »Diskurs«, »Markt« oder »Demokratie«, die eine enorme Plausibilität besitzen, wiewohl oder gerade weil sie inhaltlich leer sind. Sie zielen lediglich auf einen Funktionsmodus der Offenheit, welcher eine Anpassung an die jeweils neuesten Herausforderungen der Transformation gestattet. Das einzige, was dieser Gesellschaft wirklich schaden könnte, wäre der Versuch zur Fixierung eines bestimmten Zustandes, zur Unterbindung von Wandel oder zur normativen Festlegung auf inhaltliche Ziele. Dies alles wären

»totalitäre« oder »fundamentalistische« Bestrebungen, die bezweckten, ein Spiel künstlich auf Regeln zu verpflichten, das bereits sehr elementare und starke Regeln besitzt, die nur eben keinen intentionalen Charakter haben, sondern sich selbst organisieren.

Dies ist ein zentraler Grund dafür, weshalb die Motive der Emanzipation, der Freiheit und Gleichheit Grundelemente des symbolischen Feldes der Transformationsgesellschaft sind. Zugleich stehen diese Motive jedoch in einem fundamentalen Gegensatz zu der Tatsache, daß die Transformationsgesellschaft eine hohe Komplexität besitzt, denn diese ist mit Freiheit und Gleichheit ihrer Elemente prinzipiell unvereinbar. Eine wirklich egalitäre Gesellschaft kann nur einfach, klein und transparent sein, wie dies bei Jäger- und Sammlergesellschaften der Fall war. Die Existenz realer Freiheit schlösse die Wirkung starker Systemzwänge, die Einbindung in materielle und symbolische Netzwerke aus. Es ist daher ein merkwürdiges Paradox, wenn gerade diejenige Gesellschaft, welche die Menschen in zuvor unvorstellbarer Weise an funktionale und ideologische Ketten legt, sich selbst in Begriffen der Autonomie, der Selbstbestimmung und Freiheit definieren kann.

Aus diesen gegensätzlichen Merkmalen ergibt sich eine Grundspannung der Transformationsgesellschaft, die unauflöslich ist: Sie ist komplex strukturiert, von Sachzwängen geprägt und übt einen gewaltigen Konformitätsdruck auf ihre Mitglieder aus, dem kaum jemand entkommen kann; zugleich ist sie davon überzeugt, sich aus freien und gleichen Individuen zusammenzusetzen, die autonome Diskurse pflegen und über die »Werte« und »Ziele« ihres Lebens selbst bestimmen können. Dieser innere Gegensatz macht sich nun dadurch geltend, daß das eine gegen das andere Motiv gestellt wird, woraus sich politisch-ideologische Gegensätze formieren können, in denen jeweils eine Seite von gegnerischen Gruppen besetzt wird. So kann jederzeit das normative Programm individueller Freiheit und Gleichheit gegen die reale Komplexität und Strukturiertheit ausgespielt werden, wobei »links« mehr individuelle Autonomie verlangt, »rechts« hingegen auf die harten Sachzwänge der Wirklichkeit gepocht wird. Da es sich hierbei aber um einen konstitutiven Gegensatz handelt, ist nicht zu erwarten, daß er sich je im Sinne der einen oder anderen Seite auflösen könnte. Er bildet vielmehr das metaphorische Material, mit dessen Hilfe sich reale politische Machtansprüche formulieren und austragen lassen.

Im ausgehenden 20. Jahrhundert stellt sich allerdings die Frage, ob nicht das dem Prozeß der Individualisierung zugrunde liegende Versorgungs- und Entlastungsmuster auf historischen Voraussetzungen beruht, die nicht mehr auf Dauer gewährleistet werden können. Fast alle Institutionen, welche den Menschen ihre herkömmlichen Lebensrisiken abzunehmen versprechen, sind ja sozialstaatlich organisiert, beruhen also auf einer Umverteilung von Ressourcen, die innerhalb eines bestimmten Staatsgebiets stattfindet. Damit diese wohlfahrtsstaatlichen Systeme aber funktionieren können, wird stillschweigend vorausgesetzt, daß sich der ökonomische Prozeß, der diese Ressourcen bereitstellen soll, im wesentlichen innerhalb des jeweiligen staatlichen Rahmens vollzieht, wo er dem Zugriff des Umverteilungsstaats zugänglich bleibt. Der Sozialstaat beruht also auf der Existenz einer National-Ökonomie, deren Früchte von einem National-Staat verteilt werden können.

Die Ökonomie des 21. Jahrhunderts wird aber zunehmend von einem Prozeß geprägt sein, dem man den Namen Globalisierung gegeben hat. In diesem Rahmen setzt sich die Weltwirtschaft nicht mehr aus einem Zusammenwirken nationaler Ökonomien zusammen, sondern die Relation hat sich umgekehrt: Die jeweilige National-Ökonomie ist nur mehr ein unselbständiges Segment einer globalen ökonomischen Struktur, die sich nach ihren eigenen Gesetzen organisiert. Damit schwinden aber die Zugriffsmöglichkeiten der Nationalstaaten auf ökonomische Ressourcen und das Geschäft der sozialstaatlichen Umverteilung wird unsicherer. Es könnte daher sein, daß sich das Muster der sozialstaatlichen Individualisierung in dem Maße wieder auflösen wird, wie seine komplementäre Bedingung, die Existenz umfassender Versorgungsnetze, schwindet. Dann wäre es denkbar, daß sich in einem Prozeß der sekundären Vergemeinschaftung neuartige kleinere Institutionen bilden, die unterhalb des Staates operieren und eigentümlichen Verpflichtungscharakter gewinnen. Eine andere Möglichkeit bestünde darin, daß den Individuen wieder weit mehr Eigenverantwortung zugemutet würde, als es im Zuge einer systemgesicherten Scheinindividualisierung der Fall war.

Über all dies kann heute allerdings nur spekuliert werden. Als aktuelle Tendenz ist hingegen bereits ein kultureller Globalisierungsprozeß zu beobachten, der in symbolischer Hinsicht das ältere nationale Integrationsmuster, das sich seit dem 19. Jahrhundert durchgesetzt hatte, ablösen wird. Die kulturelle Nationalisierung hatte im Sinne einer exklusiven Integration gewirkt, das heißt, sie hatte kleinräumige kulturelle Einheiten aufgelöst, zugleich aber separate, gegensätzliche Nationalkulturen erzeugt. Heute zeichnet sich ab, daß dieser Prozeß der kulturellen Segmentierung über sich selbst hinausgetrieben wird, so daß neuartige komplexe Verschachtelungen und Gegensätze zu beobachten sind.

In den agrarischen Zivilisationen hatte die höhere Bildung der Eliten eine doppelte Funktion erfüllt: Sie diente der sozialen Distinktion sowie der symbolischen Integration einer herrschenden Klasse, die unter erschwerten Kommunikationsbedingungen über weite Räume verstreut lebte. In der Transformationsära schwinden nun beide Bedingungen: Durch öffentliche Finanzierung wird die Bildung sozial abgewertet und verliert damit ihre Distinktionsfunktion. Zudem werden alle Signale prinzipiell überall gleichzeitig verfügbar, so daß eine stilistische Verstetigung der Symbolflüsse durch Erwerb eines Bildungshabitus unnötig wird. Die Informationsmonopole, die es natürlich weiterhin gibt, sind nicht mehr an komplexe Fähigkeiten zur Symbolinterpretation gebunden, sondern beruhen auf privilegierten Zugängen zu an sich einfachem Wissen. Als Ergebnis dieses Prozesses können die Macht- und Funktionseliten der Transformationsära darauf verzichten, diejenige kulturelle Patina anzusetzen, die einst zur Physiognomie der herrschenden Klasse gehörte. Die Verfügung über die »höhere Kultur« ist dadurch gewissermaßen in die Horizontale gekippt. Sie wird zur Angelegenheit von akademischen Spezialisten, wirkt bisweilen recht angestaubt, und ihre Existenz beruht vielleicht schon heute nur noch auf dem Trägheitsmoment eingespielter Kulturinstitutionen. Es ist nicht auszuschließen, daß sie nach dem zu erwartenden Rückzug des Sozialstaats völlig zur Privatangelegenheit wird, zur Ausdrucksform spezieller Lebensstilmilieus.

Es wäre sicherlich naiv, wollte man erwarten, daß sich der anstehende kulturelle Globalisierungsprozeß im Sinne einer eindeutigen, konfliktfreien Universalisierung vollzieht. Er wird vielmehr Anlaß zur Bildung neuartiger politischer und kultureller Gegensätze geben, die nicht mehr den überkommenen Frontlinien des 20. Jahrhunderts folgen werden. Einiges davon deutet sich bereits in der Entstehung globaler Eliten an, welche die nationalen Bevölkerungen weit hinter sich lassen. Die »global players«, die jetzt die überkommenen nationalen Funktionseliten zu ersetzen beginnen, blicken auf die national gebliebenen Völker in ähnlicher Weise herab, wie einst Aristokraten auf die Bauern geblickt haben. Die Ideologie der »one world« oder des »global village« ist Ausdruck dieser neuen Spannung, ebenso wie die Abwehr des Nationalismus, der als bloße Defensivposition ins Hintertreffen geratener Unterschichten nun zunehmend anachronistische Züge gewinnt, zugleich aber das Potential enthält, zum ideologischen Kristallisationskern des Widerstands von Globalisierungsverlierern zu werden.

Im Prozeß der Globalisierung emanzipieren sich die Informationsflüsse zunehmend von den nationalen Räumen, wodurch sich die Verflüssigung von kulturellen Beständen, welche noch den agrarischen Zivilisationen entstammen, beschleunigen wird. Mit dem Amerikanischen setzt sich unter den Eliten sogar wieder eine neue Universalsprache durch, die eine ähnliche Funktion einzunehmen beginnt wie einst das Latein und die tendenziell die kleineren Nationalsprachen wie das Deutsche oder das Französische wieder zu nicht mehr kulturfähigen Dialekten degradiert. Für die Masse der Bevölkerung können universelle Symbolsprachen wie Popmusik oder Fernsehbilder eine ähnliche Funktion erfüllen. Dies kann aber bedeuten, daß sich die Epoche der Nationalkulturen, die ihr jeweiliges »klassisches Erbe« gepflegt hatten, ihrem Ende zuneigt.

Die der nationalstaatlichen Ära entspringenden Versuche der Verstetigung überkommener Landschaftszustände, wie sie sich in gesetzlichen Maßnahmen zu Umwelt-, Denkmal- und Landschaftsschutz niedergeschlagen haben, werden dadurch vielleicht konterkariert werden. Das merkwürdige Ineinander von Strukturiertheit und Formlosigkeit, von Verbindlichkeit und Beliebigkeit, von Bindung und Freiheit, von Gleichschaltung und Offenheit, von Selbstzensur und Selbstdenken, von Anschlußzwang und Flüchtigkeit, das bisher schon die Physiognomie der Transformationsperiode geprägt hat, wird dadurch vermutlich universalisiert.

Die totale Landschaft

Die industrielle Transformation hat die überkommene Agri-Kulturlandschaft allmählich zum Verschwinden gebracht. Als vorläufiges Ergebnis hat sich ein neuartiger Landschaftstypus formiert, der als totale Landschaft bezeichnet werden soll. Diese neue Landschaft ist allerdings nicht stabil und sie steuert auch keinem erkennbaren stabilen Endzustand zu. Sie bildet vielmehr einen hochdynamischen Prozeß, der andauern wird, solange die industrielle Expansion von ihren energetischen Grundlagen gespeist wird, so lange also, bis »die letzte Tonne Erz mit der letzten Tonne Kohle verhüttet sein wird«, wie dies einmal Max Weber im Gespräch mit Werner Sombart drastisch ausgedrückt hat.[90] Sofern diese Landschaft überhaupt Ordnungszustände annimmt, handelt es sich um flüchtige Muster, die auf die dauerhaft hohen Energiedurchflüsse angewiesen sind, welche die Transformationsperiode generell kennzeichnen.

Rückblickend bietet sich innerhalb der Ära industrieller Transformation die Unterscheidung zweier Stadien der Landschaftsentwicklung an: Auf die segmentierte Landschaft, das Nebeneinander von überkommener Agri-Kulturlandschaft und wachsendem industriellem Archipel, folgte die totale Landschaft. Die Zentren der segmentierten Landschaft waren in erster Linie Fabrikstädte, und ihr Charakter war von den Auswirkungen industrieller Produktion geprägt. Die Umweltzerstörungen, die in ihnen so massiv auftraten, gingen von den Fabriken aus, und häufig handelte es sich um Störfälle. Seit den fünfziger Jahren erlebten wir nun eine charakteristische Verschiebung. Im Vordergrund stehen nicht mehr die Emissionen durch die Produktion, sondern durch den Konsum. Der Sommersmog geht nicht auf die Automobilwerke, sondern auf deren Produkte, die Automobile, zurück. Auch handelt es sich nicht um vermeidbare Störfälle, sondern um den normalen, gewünschten Gebrauch der Autos: Sie werden gebaut und gekauft, damit man mit ihnen fährt, und ebendies ist grundsätzlich mit Emissionen von Abgasen verbunden. Ein weiteres Beispiel hierfür ist die Abgabe von Lösungsstoffen in die Atmosphäre: Diese *sollen* gerade verdunsten, damit der gewünschte Effekt, etwa der Anstrich einer Oberfläche, erreicht wird.

Die großräumige, flächige Verteilung schädlicher Emissionen ist nicht mehr primär ein Ergebnis der Produktion, sondern des Massenkonsums. Seine Wirkungen strahlen nicht mehr von einzelnen isolierten Zentren aus, sondern sie entstehen von vornherein gleichmäßig über die gesamte Landschaft verteilt. Im Zuge dieser Verschiebung sind die Verursacher von Umweltproblemen nicht mehr eindeutig zu identifizierende große Einheiten, sondern es ist die Masse der Konsumenten selbst, die über eine weite Fläche zerstreut lebt. Häufig ist es der normale Verbrauch der Güter, also der Farben und Lacke, Spraydosen und Baumaterialien, Unkrautvertilgungsmittel und Reinigungsstoffe, der zu einer Umweltbelastung führt, die nun auch die letzten Winkel des Landes erreicht. Dies erschwert aber den Umgang mit den neuartigen Umweltproblemen. Es ist relativ einfach, die Abgase eines großen Kraftwerks unter Kontrolle zu halten; es ist schier unmöglich, dies mit den zahlreichen Feuerstellen der privaten Haushalte zu tun. Gesetzliche Auflagen zum Umweltschutz können in der Industrie relativ leicht durchgesetzt und überwacht werden. Die Vielzahl der Konsumenten entzieht sich jedoch einer solchen Steuerung.

Allerdings hat das neuartige Umweltproblem einen durchaus zwiespältigen Charakter. Die segmentierte Industrielandschaft des 19. und 20. Jahrhunderts war von einem Dualismus zwischen stark verdichteten Industrierevieren auf der einen und weiterhin agrarisch-kleinstädtisch geprägten Gebieten auf der anderen Seite gekennzeichnet. Ökologisch bedeutete dies, daß sich gewaltige Umweltbelastungen in den Industriezentren ballten, während weite Landstriche von Immissionen nicht oder kaum beeinträchtigt wurden. In der späteren Phase der Transformationsära wird dieser Gegensatz nun aufgelöst. Der Archipel industrieller Verschmutzungsinseln geht jetzt in einem Meer der ökologischen Nivellierung unter. Es ist, als hätten sich große Schadstoffblasen geöffnet und ihren Inhalt über die Fläche entleert, mit einem doppelten Ergebnis: Einerseits wird ihr Inhalt verdünnt, so daß sich in ehemals hochbelasteten Regionen wie dem Ruhrgebiet die Lage dramatisch verbessert. Anderseits aber wird nun die gesamte Landschaft von schwächeren industriellen Immissionen erfaßt, die vor allen Dingen durch die Luft über weite

Entfernungen transportiert werden. Tendenziell unterscheidet sich dadurch die Umweltqualität in der Stadt nicht mehr von der auf dem Land.

Für die Menschen, die innerhalb der industriellen Verschmutzungsinseln lebten, bedeutete der Übergang zu dem neuen Stadium eine enorme Erleichterung. Zwar verschwand jetzt die »Natur«, in die man einst »aus grauer Städte Mauern« aufbrechen konnte, doch wurden die Lebensumstände in der Stadt, vor allem in den Industrierevieren, vollständig neu konstruiert. Zur totalen Landschaft gehört nicht nur die Ubiquität der Umweltbelastungen, es gehört dazu auch der Umweltschutz. Umweltschutz im Industrierevier bedeutet aber nicht Bewahrung überkommener Zustände, sondern Schaffung neuartiger Verhältnisse, wie sie noch niemals in dieser Form existierten. Eine Produktionszone mit reiner Luft, inmitten von Parks, durchzogen von Wasserläufen, in denen Fische und Enten schwimmen, umtost zwar vom Lärm, der jedoch von den privaten Automobilen, nicht von den Fabriken ausgeht – dies ist etwas fundamental Neues.

In der neuen Landschaft wird daher nicht nur der zivilisatorische Gegensatz von Stadt und Land, sondern auch der ökologische Gegensatz von Industriegebiet und Naturraum eingeebnet. Es wird ein neuer homogener Landschaftstypus geschaffen, den man auch als suburbanisierte Landschaft bezeichnen könnte, in welcher Reste der Kulturlandschaft nur noch in künstlichen Reservaten überleben. Der Übergang zur totalen Landschaft ist daher mit einer räumlichen Entdifferenzierung, mit einer Verödung und Vereinheitlichung verbunden. Es handelt sich um eine Zunahme nicht nur ästhetischer, sondern auch ökologischer Entropie.

Die traditionelle Kulturlandschaft hatte eine Vielzahl von neuen Lebensräumen geschaffen, so daß in ihr eine weit größere Artenvielfalt herrschte als in der von ihr abgelösten Naturlandschaft. Auch zu Beginn der Transformationsphase wurden noch einmal neue ökologische Nischen geschaffen, und zwar in erster Linie durch den Import von Pflanzen und Tieren aus fernen Ländern. Man braucht dabei nicht nur an die Zoos und botanischen Gärten zu denken, die während des 19. Jahrhunderts in sämtlichen größeren europäischen Städten angelegt wurden. Auch in der Landwirtschaft nahm das Spektrum der Kulturpflanzen durch den Import von Exoten (darunter auch Schädlinge wie Reblaus oder Kartoffelkäfer) noch einmal zu.

Seit dem ausgehenden 19. Jahrhundert wendete sich das Blatt aber deutlich und die Tendenz kehrte sich radikal um. Die Anzahl frei lebender Arten nahm in unserem Jahrhundert rapide ab. Am dramatischsten war dieser Vorgang wohl in den großen Flüssen wie dem Rhein, der seinen Verschmutzungshöhepunkt um 1970 hatte. Seine Flora und Fauna wurde auf einen Bruchteil des früheren Bestands reduziert, und trotz einer spektakulären Verbesserung der Wasserqualität seit den siebziger Jahren hat sich das Leben in dem Fluß nicht mehr völlig erholt. Die Artenvielfalt, die Ende des 19. Jahrhunderts bestanden hatte, wird wohl kaum je wieder erreicht werden, da eine Reihe von Kleinlebewesen endgültig ausgestorben ist oder aber nur über sehr lange Zeiträume hinweg wieder aus anderen Gebieten einwandern könnte.

Ähnliches gilt auch für Tiere und Pflanzen auf dem Land. Hier haben vor allem Prozesse der Mechanisierung und Chemisierung in der Landwirtschaft zu einer rapiden Vernichtung von Lebensräumen geführt. Zu erwähnen sind nur die nun überall durchgeführten Flurbereinigungen, die zur Nivellierung der Landschaft, zur Ausräumung ökonomisch nutzloser Kleingebiete wie Wegrainen, zur Rodung von Gehölzen, zur Trockenlegung von Feuchtgebieten und damit zur totalen Erfassung nutzbarer Flächen führten. Die Zahl der Betriebe ist drastisch gesunken, und wer überlebt hat, muß sich spezialisieren. Mittlerweile werden in der Bundesrepublik mehr als 50% der Gesamtanbaufläche lediglich drei Standardfeldfrüchten gewidmet, Gerste, Weizen und Mais. Als Folge dieser Monotonisierung werden Lebensmöglichkeiten für zahlreiche Arten beschnitten und die Biodiversität nimmt ab. Hinzu kommt der flächendeckende Einsatz von Kunstdüngern und Pestiziden, was das Artenspektrum auch in Gebieten reduziert, die keiner direkten Nutzung ausgesetzt sind.

Die industrielle Landwirtschaft hat mit der traditionellen Landwirtschaft nur den Namen gemein. Im Unterschied zu dieser ist sie kaum noch an Naturbedingungen gekoppelt, sondern immer stärker in der Lage, ihre Produktionsbedingungen technisch zu kontrollieren. Sie wird dadurch zu einem Industriezweig unter anderen, mit der Folge, daß der land- und forstwirtschaftlich genutzte Raum zu einem Sondertypus der Industrielandschaft wird.

Das Wesen dieser neuen Phase der Landschaftsentwicklung wird schlagend deutlich, wenn man die Situation in den beiden deutschen Staaten miteinander vergleicht, wie sie sich in den achtziger Jahren dargeboten hat. Für einen Besucher aus dem Westen ähnelte eine Reise in die DDR immer einer Reise in die Vergangenheit und erweckte die ambivalenten Gefühle, die man der Vergangenheit entgegenbringt. Man schwankte zwischen Rührung und Entsetzen. Auf der einen Seite gab es noch immer Reminiszenzen der Kindheit, die anheimelnden Reste der agrarischen Kulturlandschaft, die verträumten Dörfer, die alleenbestandenen, mit Kopfsteinen gepflasterten holprigen Straßen, die ungebrochenen Ensembles der Kleinstädte, die den Mief und die Aura des 19. Jahrhunderts bewahrt hatten. Auf der anderen Seite gab es aber auch noch die Schrecken der alten Industriebezirke, die vom Tagebau verwüsteten Mondlandschaften, die zur Kloake verseuchten Flüsse, Fabrikanlagen inmitten von Rauchwolken, wie man sie im Westen nur noch aus historischen Schilderungen kannte. Wirklich »modern« waren lediglich die agrarischen Produktionszonen der LPGs, die einen Landschaftstypus hervorbrachten, dessen Gegenstücke nur in bestimmten avancierten Gebieten der westlichen Agroindustrie zu finden waren.

Der Zerfall, die maroden Häuser, die gewaltigen Schrottlagern ähnelnden alten Fabriken, ihre Grauheit und Düsternis sowie der allgegenwärtige Chemie- und Kohlegestank – dies waren keine genuinen Errungenschaften des Sozialismus, sondern es handelte sich um das Erbe eines früheren Industrialisierungsstadiums, das in der DDR künstlich konserviert worden war. Noch heute kann man Vergleichbares in Großbritannien, im amerikanischen *rust belt* oder in Nordfrankreich beobachten, während in der Bundesrepublik die alten Industriezonen wie das Ruhrgebiet schon seit den siebziger Jahren grundlegend saniert worden sind. Die Bundesrepublik ist aufgrund ihres Reichtums, ihrer enormen Bevölkerungsdichte und ihres engen Raums zum Pionier der totalen Landschaft geworden, gemeinsam vielleicht mit der Schweiz und den Niederlanden. Der physiognomische Kontrast zwischen Ost- und Westdeutschland war der Kontrast zweier Stadien der Industrialisierung, die zwei unterschiedliche Landschaftstypen hervorgebracht hatten.

Was für die Landschaft gilt, betrifft vielleicht grundsätzlich den Charakter der sozialistischen Gesellschaft. Diese kann als Reflex und Ergebnis der ersten Industrialisierungsphase verstanden werden, also des segmentierten Stadiums der Transformation. Diese Ära formierte sich seit der zweiten Hälfte des 19. Jahrhunderts und wurde seit den sechziger und siebziger Jahren in den meisten westlichen Industrieländern wieder überwunden. Ihr wichtigstes Merkmal war die hohe Konzentration der Industrie, ein vergleichsweise niedriger Lebensstandard der Arbeitskräfte und die Bildung eines technischen Gravitationszentrums in der Schwerindustrie, also der Energiewirtschaft, der Stahlproduktion, der Großchemie und der Herstellung relativ einfacher, standardisierter Massengüter. Diesem Gesellschaftstypus entsprach die Erwartung, daß sich die Entwicklung in Richtung auf eine weitere industrielle Konzentration bewegte, mit großen, recht wenig qualifizierten Fabrikarbeitermassen, die in dichtgedrängten Quartieren wohnen und von einem allmächtigen Staat immer wieder mobil gemacht, gelenkt, aber auch versorgt und betreut werden. Die massenideologischen Bewegungen des 20. Jahrhunderts, Kommunismus, Faschismus und Nationalsozialismus, bildeten einen überschießenden politischen Ausdruck dieses Musters. Im Mittelpunkt ihrer Weltanschauungen stand das Motiv der direkten politischen Steuerung, Planung und Mobilisierung von Wirtschaft und Gesellschaft, einer unmittelbaren Herrschaft von Vernunft und Tugend, von Wille und Planung.

In den westlichen Industrieländern löste sich dieses Muster seit den sechziger Jahren, beschleunigt aber in den letzten beiden Jahrzehnten auf. An seine Stelle trat eine dezentralisierte, unübersichtliche und scheinbar individualisierte Gesellschaft, die nicht mehr mit umfassenden politischen Konzepten zu begreifen ist. Die großen, zentralen Industriestrukturen zerbröckelten; die Schwerindustrie verlor an Bedeutung; der Sozialstaat geriet in die Defensive und die Netze, an denen die Individuen hängen, wurden allmählich unsichtbar. Neue Initiativen, neue Qualifikationen, neue Techniken gewannen an Gewicht. Diese technisch-ökonomischen Strukturen entziehen sich zunehmend der Steuerbarkeit durch einen Nationalstaat, sie sind in immer größerem Maße global angelegt. Ihr Organisationsprinzip wird undurchschaubarer, unpolitischer, systemischer, damit aber auch unangreifbarer, ungestaltbarer. Zugleich wird eine ungeheure Dynamik entfesselt, der die alten Strukturen nicht mehr standhalten können. Der Wandel ergreift die überkommenen Industrien, aber auch die politisch-ideologischen Systeme, die ihm am Ende nicht mehr standhalten können und zusammenbrechen. Dieser schmerzliche Transformationsprozeß, der von der Bundesrepublik bis in die frühen neunziger Jahre noch relativ leicht vollzogen werden konnte, traf ein altes kapitalistisches Industrieland wie Großbritannien bereits zwanzig Jahre früher mit einer Wucht, die an die heutigen Vorgänge in den neuen Bundesländern erinnert. Der Übergang ist jedoch ohne Alternative; kein politischer Wille und keine ideologische Gewißheit war in der Lage, sich ihm entgegenzustellen.

In den letzten Jahren war in dramatischer Beschleunigung zu beobachten, wie sich in der ehemaligen DDR der Übergang von der produktionsorientiert-segmentierten zur massenkonsumorientiert-totalen Landschaft vollzog. Die eine Seite dieses Prozesses bildete die Auflösung der Verschmutzungsinseln durch De-Industrialisierung und Sanierung. Die veralteten Fabriken wurden stillgelegt. Man ging an die Re-Kultivierung der verwüsteten Trümmerlandschaften. Der industrielle Restbestand mußte sich den scharfen Umweltstandards der Bundesrepublik anpassen. Die Kehrseite dieses Prozesses aber war die rapide Vernichtung der überkommenen Reste der Kulturlandschaft, die von der einheimischen Bevölkerung selbst vollzogen wurde. Hier konnte man beobachten, wie eine Verschandelungsorgie durch das Land ging: Die Alleen wurden gefällt; die Häuser wurden mit Baumarktplunder verschönert; die Innenstädte wurden marktgerecht herausgeputzt; die verschlafenen ländlichen Räume wurden touristisch erschlossen; die Lärmglocke der Automobile legte sich flächendeckend über den Raum. Die Flüsse wurden gereinigt und ihre Wasserqualität stieg; zugleich wurden sie aber zu »Wasserstraßen« ausgebaut, also zu Betonrinnen, in denen relativ sauberes Wasser fließt.

Wir konnten im Zeitraffer eine fundamentale Transformation beobachten. Es ging um nichts Geringeres als um die Neukonstruktion einer Landschaft innerhalb kürzester Zeit, zum Teil begleitet von Planungen, vielfach aber im Selbstvollzug individueller Interessen. Diese sich neu bildende Landschaft ist weder eine Naturlandschaft noch eine Kulturlandschaft; sie bewahrt weder die Spontaneität der natürlichen Evolution noch die agrargesellschaftliche Einbettung von Natur und Kultur. Sie ist vielmehr Ausdruck einer vollständigen Mobilisierung, die kaum noch ein Element der Wirklichkeit ausläßt. Die Zustände, die jetzt geschaffen werden, sind daher auch nicht stabil: Es handelt sich um Transformationen, die sich permanent weitertransformieren werden.

Die Städte und Kulturlandschaften der agrarischen Zivilisationen waren auf Dauer angelegt, und der Wandel, der in ihnen stattfand, vollzog sich langsam, oft geradezu unmerklich. Manche Städte konnten als ewig gelten; in ihnen fanden sich Spuren einer weit zurückreichenden Vergangenheit, so daß sie eine unverwechselbare Physiognomie besaßen. Bereits im 19. Jahrhundert setzte ein Prozeß der Erosion dieses Musters ein, der zunächst nur einige wenige Metropolen ergriff. Städte wie London, Paris oder Rom verloren innerhalb kurzer Zeit ihren tradierten Charakter und wurden zu »modernen« Großstädten ausgebaut. Resultat dieser städtebaulichen Kraftakte war zunächst noch der Versuch, wiederum eine einheitliche »urbane« Stadt zu errichten, die in hohem Maße von Planungen geprägt war, die gerade auch auf eine ästhetische Gestaltung zielten.

Im Zuge des 20. Jahrhunderts wurde dann jedoch deutlich, daß die eigentliche schöpferische Leistung der Transformationsära nicht in der Erzeugung stabiler Formen, sondern im Abriß liegt, in der Demontage und der Verflüssigung sämtlicher Bestände. Dieser Vorgang hat rasch globalen Charakter angenommen, und heute ist das merkwürdige Schauspiel zu beobachten, daß die europäischen Zentren einen traditionelleren, geschlosseneren Anblick bilden als Städte der Dritten Welt, wo die Beschleunigung und Verdunstung der Bestände mit weit geringerer Rücksicht betrieben wird. Die Transformationsperiode konsumiert nicht nur fossile Energieträger, sondern schlechthin alles, worauf sie stößt.

Aufgrund dieses Primats der Verflüchtigung setzte sich in den vergangenen Jahrzehnten eine merkwürdige Physiognomie der Landschaft durch, die auf den ersten Blick als Stillosigkeit verstanden werden könnte. Schauen wir noch einmal zurück: In der Agri-Kulturlandschaft war die Bildung von »Stil« das Ergebnis dauerhaften Austauschs von Informationen zwischen einer beschränkten Anzahl von Teilnehmern in Verbindung mit einer dezentralen, begrenzten Verfügbarkeit von Materialien. Dies war der Grund, weshalb sich bestimmte Formen stabilisieren konnten, die nicht unbedingt von adaptivem Wert waren, sondern als das bloße Sosein formaler Lösungen plausibel geworden sind. Die kulturlandschaftliche Einheit von Agrikultur und Architektur war also Ausdruck einer Einheit von Adaption und Autopoiesis. In der Transformationsphase sind nun die herkömmlichen Adaptionszwänge durch die Mobilisierung von Materialien verschwunden, während sich die Autopoiesis durch Beschleunigung und Universalisierung der Informationsflüsse verflüchtigt hat.

Die Stabilisierung von »Stil« beruhte in der Vergangenheit auf dauerhafter kurzer Rekursion, also auf Beschränkung und Verstetigung des Informationsflusses. Unter den Bedingungen eines hochbeschleunigten Informationsaustauschs findet nun keine solche Verdichtung mehr statt. Prinzipiell kann es ohne Isolation keine Stabilisierung evolutionärer Muster geben, sondern sämtliche Ansätze dazu werden von einem Rauschen überlagert, innerhalb dessen kleinere und feinere Muster untergehen. Dieser Effekt tritt auch dann ein, wenn die Population der beteiligten Einheiten sehr groß ist, so daß Innovationen in der Masse verschwinden. Neuartige Muster können sich hier nur dann vorübergehend verfestigen, wenn zufällige, nichtvorhersagbare Drift-Phänomene auftreten. In einem solchen späten und komplexen Stadium gibt es zwar formale Differenzierungen, doch prägen sich diese nicht mehr zu stabilen und verbindlichen Stilen aus, sondern sie bilden ein bloßes horizontales Nebeneinander und verflüssigen sich ebenso rasch wieder, wie sie entstanden sind.

In der totalen Landschaft wird somit ein älteres, räumliches und verbindliches von einem neuen, individuellen und flüchtigen Differenzierungsmuster abgelöst, einer Einheit von Abwechslung und Monotonie. Es findet sich überall eine beispiellose Koexistenz höchst heterogener Elemente: Pampasgras neben Blautanne, Pferdekummet neben Satellitenschüssel, Oldtimer neben Mobiltelefon, Krötentunnel neben Legebatterie, Pornoshop neben Friedensmahnwache, Gartenzwerg neben Bauhauslampe. Im Unterschied zur älteren Kulturlandschaft können sich diese Formbruchstücke aber nicht mehr zu einem konsistenten und dauerhaften Stil verdichten, sondern sie bleiben einem permanenten Fließen ausgesetzt, das ihrer Konstellation keine stabile Form mehr verleiht. Die mobilisierte Stillosigkeit wird zum übergreifenden Merkmal dieser Zwischenlandschaften, deren einzige dauerhafte Eigenschaft die Permanenz des Wandels ist. Landschaftsfotos, die jetzt gemacht werden, tragen ein unverhülltes Verfallsdatum.

Die totale Landschaft folgt dem eigentümlichen Vorbild einer systemverhafteten Individualisierung. Sie ist mobilisiert und konstruiert, doch nicht geplant, im Gegenteil: Sie gehorcht dem Prinzip sekundärer Naturwüchsigkeit. Daher können sich in ihr beliebige Synkretismen behaupten, und es entsteht eine enorme Pluralität von Ausdrucksformen. Ihre Gestaltungen können sich in jederlei Beziehung verschachteln, sich auf besondere soziale Gruppen orientieren, ironische Referenzen zueinander aufbauen und sich sogar an dem einen oder anderen Ort zu Artefakten auskristallisieren, die für eine gewisse Zeit auf Dauer gestellt sind. In ihr gewinnt allerdings nicht einmal mehr die architektonische Gerinnung eines Entwurfs Denkmalcharakter im klassischen Sinn, sondern die hinterlassenen Gebäude bilden nur noch, wie dies Ernst Jünger schon Anfang der dreißiger Jahre hellsichtig ausgedrückt hat, eine »Flutmarke der Mobilisation«.[91] Diese Epoche baut mit flüssigem Sand, nicht mit Stein.

Die eigentliche schöpferische Kraft dieser Zeit liegt jedoch in der Gestaltung von Flüchtigem, also in einer Formgebung, die sich an Objekte heftet, die gerade keinen Bestand haben können und sollen. So werden bewegte Bilder und Warenströme erzeugt, in deren Design eine Kreativität eingeht, welche der eines gotischen Baumeisters ebenbürtig zur Seite steht. Dies gilt in ästhetischer wie auch in technischer Hinsicht. Eine Kardanwelle etwa besitzt eine Komplexität, wie sie zur Zeit der agrarischen Zivilisationen lediglich in den großen Werken eines Leonardo oder Goethe ihre Entsprechung findet. Im Gegensatz zu diesen ist sie jedoch das Produkt anonym bleibender Teams, nicht eines schöpferischen Genius. Eine erfolgreiche Werbekampagne bringt Bilder von einem ästhetischen Reiz hervor, der von dem, was noch immer als »Kunst« gehandelt wird, nicht mehr zu erreichen ist.

Ein wesentliches Merkmal dieser Schöpfungen ist ihre Flüchtigkeit. Die avancierteste Kardanwelle landet in wenigen Jahren auf dem Schrottplatz und wird wieder eingeschmolzen; die Werbekampagne wird vergessen, die Bilder verblassen und überleben lediglich in den Archiven. Ein zehnjähriger Videoclip ist so verstaubt wie ein alter Radioapparat, der in irgendwelchen Museumsdepots verrottet. All diese Produkte der Warenwelt blitzen kurz auf, erstrahlen im Glanz ihrer Gegenwärtigkeit und verfallen dann der stofflichen und ästhetischen Entropie, im besten Falle der Vergessenheit. Nur diese Vergänglichkeit macht sie aber erträglich.

Wenn im Strudel der Transformation doch stabilere Werke entstehen, wenn diese gar landschaftsprägend zu Stahl, Glas und Beton gerinnen, so wächst ihnen eine Dauerhaftigkeit zu, auf die sie prinzipiell nicht angelegt sein können. Sie geraten in eine zeitliche Dimension, der ihr Konstruktionsprinzip nicht gewachsen ist. Daher setzen sie keine Patina an, sondern werden nur schäbig und verlangen selbst ihre Beseitigung. Der einzige ästhetische Trost, den die Erzeugnisse der Architektur spenden, ist die Aussicht auf ihren baldigen Abriß. Nur sie macht die Bauten zeitgerecht, da sie ihnen die Anmaßung der Monumentalität nimmt, welche einst die Baulichkeiten der Agrargesellschaften besessen hatten. Städte, die keinen Ewigkeitscharakter mehr beanspruchen, sondern sich in den Strom der Flüchtigkeit stellen, vollziehen daher das Strukturprinzip der Transformation: Sie bilden einen bloßen Augenblick innerhalb einer pulsierenden Wirklichkeit.

Dennoch muß auf den leer geräumten Flächen immer wieder

etwas Neues errichtet werden. Abriß und Aufbau gehen notwendigerweise Hand in Hand. Dadurch stellt sich immer wieder die Frage nach der Form, der Neukonstruktionen folgen sollen. Wer setzt die Maßstäbe und wer fällt die Entscheidung? Wer kann sich zutrauen, eine neue materielle Wirklichkeit zu erzeugen, die über Jahre, wenn nicht Jahrzehnte hinweg das Bild der Landschaft prägen wird? Jede dieser Konstruktionen steht zwar grundsätzlich vor dem Horizont der Verflüchtigung und bleibt damit in hohem Maße vorläufig, doch ist bei Erzeugnissen des Hoch- und Tiefbaus mit einer höheren Lebensdauer zu rechnen als bei gewöhnlichen Produkten der Warenwelt. Auch ist es leichter, eine Kardanwelle wieder einzuschmelzen oder ein Video zu löschen, als einen Stadtteil abzureißen oder eine Autobahn rückzubauen. Die Entscheidung darüber, wie Landschaft konstruiert werden soll, ist daher auch weiterhin von beträchtlicher zeitlicher Tragweite und steht damit unter einem hohen Legitimationsdruck.

Ein Ausweg aus dieser Schwierigkeit besteht darin, der bewußten und expliziten Konstruktion dadurch auszuweichen, daß man vorgibt, lediglich Bestände zu schützen. Mit der Forderung nach Denkmal- und Landschaftsschutz wird der Schein erweckt, es sei möglich, Entscheidungen zu vermeiden. Man schützt ja nur das, was angeblich schon vorhanden ist. Damit hofft man, der Zwangslage zu entkommen, aus einer Vielfalt offener Möglichkeiten diejenige auswählen zu müssen, die man konstruktiv verwirklichen möchte. Dies ist jedoch ein Trugschluß: Was geschützt werden muß, ist ja gerade nicht mehr natürlich vorhanden, es existiert nicht mehr aus eigenem Vermögen, sondern ist letztlich dem Willen des Schützenden unterstellt.

Was das bedeutet, wird beim Blick auf die Baudenkmäler in den Städten deutlich. All diese restaurierten, aus ihrem einstigen praktischen Kontext gerissenen Gebäude wirken im Gegensatz zu ihrer agri-kulturlandschaftlichen Einbettung wie anatomische Präparate im Vergleich zu einem lebendigen Organismus. Dies macht die zerrissenen Städte mit ihren denkmalgeschützten Häusern so unwirklich und traurig: Die alten Straßen und Plätze sind längst zerstört und verschwunden, die übriggebliebenen Gebäude aber stehen da, als wären sie aus einem Leichnam herausgeschnitten und zur Schau gestellt. Es ist der Unterschied zwischen einem lebenden und einem ausgestopften Tier. Die museale Welt ist zu einem zusammenhanglosen Raritätenkabinett geworden, in dem die Dinge autonom und isoliert herumstehen. Die Reliquien einer alten, fremden Kultur sind zu zusammenhanglosen Schmuckstücken einer Gegenwart geworden, deren Prinzip aus ebendieser beliebigen Kombinierbarkeit sämtlicher überkommenen Elemente besteht. Unfreiwillig gibt so der Schutz seinen Konstruktionscharakter preis.

Dies gilt nicht nur für die Baudenkmäler, sondern auch für den Naturschutz. Ihm liegt der Gedanke zugrunde, daß die menschliche »Kultur«, also Technik und Wirtschaft, in einer Weise auf die »Natur« wirkt, daß diese gefährdet und zerstört wird. Die reale kulturelle Gestaltung der Landschaft wird als ein schädlicher Vorgang bewertet, woraus die Forderung abgeleitet wird, die Kultur möge einen besseren, »natürlicheren« Eingriff vornehmen. Da in der Regel mit der zu schützenden Landschaft aber ein bestimmtes Stadium der agrarischen Produktion konserviert werden müßte, deren Resultat sie war, ist Naturschutz innerhalb der Transformationsperiode identisch mit einer permanenten Landschaftspflege. Schutz der Natur bedeutet also nicht, daß man »die Natur« ihren eigenen Gang gehen lassen will und kann, sondern daß man einen bestimmten Zustand wiederherstellen will, der zuvor Ergebnis einer bestimmten Nutzung war, die jedoch mit der agrarischen Produktionsweise untergegangen ist. Trocken- oder Waldwiesen, Heiden und Moore, Bachläufe mit Kopfweiden, nichtbewaldete Feuchtgebiete und dergleichen sind, wie man weiß, ökologisch instabil und bedürfen zu ihrer Erhaltung des permanenten Eingriffs.

Wenn sie nicht mehr als spontanes Resultat der bäuerlichen Wirtschaft entstehen, müssen sie gewollt, rekonstruiert und unterhalten werden.

Bei der Gegenüberstellung von technischen Maßnahmen und Naturschutz handelt es sich also nicht um einen Gegensatz von Kultur und Natur, sondern um die Gegenüberstellung zweier Formen der Konstruktion. Sofern »Natur« als das aus sich selbst heraus Existierende definiert ist, kann und muß sie aber gerade nicht des Schutzes bedürfen. Die Naturschutzgebiete und Denkmalschutzzonen sind Produkte der Gegenwart; ihre Existenz verdankt sich einer aktuellen konservierenden Absicht, nicht aber dem Lauf der Dinge. Die totale Landschaft macht gerade dort, wo sie Natur schützt, das Versprechen der klassischen Moderne wahr: Wo Natur war, soll Vernunft sein; wo Spontaneität war, soll Konstruktion sein; wo Es war, soll Ich sein; wo Objektivität war, soll Subjektivität sein.

Zugleich wird im Landschaftsschutz der konstruktivistische Fehlschluß deutlich, der darin besteht, von dem prinzipiellen Konstruktcharakter der sozialen Wirklichkeit auf ihre beliebige Konstruierbarkeit, also bewußte Machbarkeit, zu schließen. Die Gesamtheit der resultierenden Landschaftszustände ist nämlich objektiven, rationalen Entschlüssen weitgehend unzugänglich. Die Physiognomie der totalen Landschaft ist ein Residualprodukt einer Vielzahl von Handlungen, die jeweils eigene Zwecke verfolgen. In ihr schlagen sich die Ergebnisse von Arbeit, Verkehr, Wohnen, Freizeit, Tourismus, Konsum, Landschaftsplanung und Naturschutz nieder, doch ist sie in ihrer realen Gesamtheit von niemandem gewollt. War es noch möglich, die Agri-Kulturlandschaft in dem Sinne als »natürlich« anzusehen, als sie »naturwüchsig« entstanden war und sich als formale Einheit stabilisiert hatte, so ist die Transformationslandschaft zu einem flüchtigen Resultat einer Vielzahl punktueller technischer Einwirkungen geworden. In diesem Sinne erscheint sie vielen als »unnatürlich«: Sie gilt, im Gegensatz zur Kulturlandschaft, als *bloßes* Konstrukt, da in ihr die Spuren der Gestaltung offensichtlich und allgegenwärtig sind.

Die Landschaft des ausgehenden 20. Jahrhunderts ist jedoch alles andere als eine Planlandschaft. Der zeitkritische Beobachter Eugen Diesel etwa hatte in den zwanziger Jahren vermutet, die »Maschinenlandschaft«, welche vor seinen Augen die überkommene »Kulturlandschaft« ablöste, steuere auf einen Zustand höchster Rationalität zu.[92] Die chaotischen Industriebauten und technischen Anlagen bildeten in seiner Perspektive lediglich eine Übergangsphase, an deren Ende die Einfachheit und Eindeutigkeit eines sämtliche Elemente der Wirklichkeit rational umfassenden Plans stehen würde. Dieser Gedanke war in der Ära industrieller Zentralisierung von großer Plausibilität: Am logischen Ende der partikularen Rationalität des kapitalistischen Fabrikwesens sollte die universelle Rationalität eines sozialistischen Plans stehen, der notwendig den Charakter der Universalität und Totalität haben sollte und deshalb auch auf die Landschaft übergreifen mußte.

Heute ist generell die Vision einer solchen Planbarkeit der sozialen, ökonomischen, aber auch technischen Wirklichkeit unglaubwürdig geworden. An ihre Stelle ist die Überzeugung getreten, daß es keinen totalisierenden Plan geben kann, sondern daß sein Scheitern vorprogrammiert wäre. Die Pläne, die in der Transformationsära gemacht werden, mögen sie von staatlicher, wirtschaftlicher oder privater Seite stammen, bleiben doch unterhalb des Niveaus der hohen Mobilität und Komplexität dieser Landschaft. Die Gesellschaft plant zwar in fast jeder Hinsicht, doch hat sie den Glauben daran verloren, daß ihre Pläne tatsächlich die gesamte Wirklichkeit erreichen könnten. Sie bewegt sich daher innerhalb der Paradoxie einer konstruierten Planlosigkeit, die ihrerseits Züge der Heteronomie und einer neuen Naturwüchsigkeit trägt. Dieser planlose Plan verleiht der gesamten Realität Konstruktionscharakter, ohne daß man doch von ihrer wirklichen Konstruierbarkeit überzeugt wäre. Die Forderung nach umfassendem Landschaftsschutz würde letztlich die Forderung nach einer bewußten Totalisierung der Konstruktion von Landschaftszuständen implizieren – dies gilt aber heute als schlechthin utopisch.

Die totale Landschaft ist eine vollständig ortlose, eine mobilisierte und planlos kontrollierte Landschaft. Es fragt sich schließlich, ob dieses Ende der herkömmlichen Stilbildung selbst ein bloßes Übergangsphänomen ist und an die Lebensdauer der Transformationsphase gebunden bleibt, so daß nach deren Abschluß mit einer neuen Strukturbildung im Sinne einer stabilen, stilistisch durchgeprägten Landschaft zu rechnen ist. Dies kann heute natürlich niemand wissen, doch können zumindest einige spekulative Überlegungen angestellt werden.

Das historische Schicksal der Stilbildung mag davon abhängen, ob die aktuellen Informationsprozesse prinzipiell auf einen großen Massendurchsatz von Stoffen angewiesen, ob also die materiellen Informationsträger stofflich relevant sind. Nach dem Abschluß der fossilen Phase wird Energie sicherlich wieder knapp sein und folglich wird sich der Stoffdurchsatz wieder verlangsamen. Informationsprozesse, die mit hohen stofflichen Umsätzen verbunden sind, werden dann vermutlich ebenfalls verlangsamt werden. Dies wird für eine Reihe von materialintensiven Gegenstandsbereichen gelten, vor allem für die Landschaftsgestaltung, die Architektur und das Verkehrswesen, aber auch für eine Anzahl von materialintensiven Konsumgütern, die Träger kultureller Bedeutung sind. Wenn hier die stofflichen Umsätze zurückgehen, ist in der Tat mit einer »Entschleunigung« und folglich mit neuartigen stilistischen Stabilisierungen zu rechnen.

Konterkariert wird dieser Vorgang allerdings dadurch, daß zahlreiche genuine Informationsprozesse weiterhin beschleunigt ablaufen können. Alles, was virtuell geschieht, was an elektronische oder optische Speichermedien gebunden ist, benötigt stoffliche Träger und Energieflüsse von so geringem Umfang, daß kaum zu erwarten ist, daß hier der Rauschpegel zurückgehen wird, auch wenn sich in stofflich-energetischer Hinsicht die Strukturen stabilisieren. Dies ist ein Grund, weshalb eine Rückkehr zum kulturellen Muster der agrarischen Zivilisationen ausgeschlossen werden kann, selbst wenn es sich als erforderlich erweisen sollte, wieder auf das energetische Niveau eines (nun technisch kontrollierten) Solarenergiesystems zurückzukehren. Die Bildung einer stabilen Kultur wird daher von den materiell-adaptiven Bedingungen nicht provoziert. Nicht auszuschließen ist aber, daß es autonome kulturelle Prozesse gibt, die in eine solche Richtung weisen: Die Eigenschaften eines technischen Solarenergiesystems würden einem solchen Vorgang jedenfalls keinen prinzipiellen Widerstand leisten.

Anmerkungen

1. Vgl. Clarence J. Glacken, *Traces on the Rhodian Shore. Nature and Culture in Western Thought from Ancient Times to the End of the Eighteenth Century*. Berkeley 1967.
2. Robert Boyle, *A Free Inquiry into the Vulgarly Received Notion of Nature* (1682). In: *Works*, Bd. 5, London 1772, 158-254.
3. Thomas Hobbes, *Leviathan* (1651), I, 13.
4. Vgl. Arthur O. Lovejoy/George Boas, *Primitivism and Related Ideas in Antiquity*. Baltimore 1935.
5. Lewis Henry Morgan, *Ancient Society*. New York 1877.
6. Margaret Mead, *Coming of Age in Samoa. A Psychological Study of Primitive Youth for Western Civilization*. New York 1928.
7. Vgl. zu diesem Komplex die klassische Studie von Joachim Ritter, »Landschaft. Zur Funktion des Ästhetischen in der modernen Gesellschaft«, in: *Subjektivität*. Frankfurt a.M. 1974, 141-190; R. Piepmeier, »Das Ende der ästhetischen Kategorie ›Landschaft‹«, in: *Westfälische Forschungen* 30, 1980, 8-46; R.P. Sieferle, »Entstehung und Zerstörung der Landschaft«, in: M. Smuda (Hg.), *Landschaft*. Frankfurt a.M. 1986, 238-265; Ruth Groh/Dieter Groh, »Zur Entstehung und Funktion der Kompensationsthese«, in: *Weltbild und Naturaneignung*. Frankfurt a.M. 1991, 150-170; diess., »Natur als Maßstab – eine Kopfgeburt«, in: *Die Außenwelt der Innenwelt*. Frankfurt a.M. 1996, 83-146. Einen guten Überblick zur aktuellen Diskussion geben die Beiträge in der Tagungsdokumentation *Zum Naturbegriff der Gegenwart*. 2 Bde, Stuttgart 1994.
8. G. Hard, »Die ›Landschaft‹ der Sprache und die ›Landschaft‹ der Geographen«, in: *Colloquium Geographicum* 11, 1970, 1-278; L. Trepl, »Was ist ›Landschaft‹?«, in: *Der Bürger im Staat* 44, 1994, 2-6; Hansjörg Küster, *Geschichte der Landschaft in Mitteleuropa*. München 1995.

9 Grundsätzlichere Überlegungen hierzu finden sich in meinem Aufsatz »Kulturelle Evolution des Gesellschaft-Natur-Verhältnisses«, in: M. Fischer-Kowalski (u.a.), *Gesellschaftlicher Stoffwechsel und Kolonisierung von Natur*. Amsterdam 1997, 37-53.

10 Vgl. etwa Jürg Helbling, »Ökologie und Politik in nicht-staatlichen Gesellschaften oder: Wie steht es mit der Naturverbundenheit sogenannter Naturvölker?« In: *Kölner Zeitschrift für Soziologie und Sozialpsychologie* 44, 1992, 203-235. Allgemein zur Kritik am Adaptionismus Thomas Bargatzky, *Einführung in die Kulturökologie*. Berlin 1986.

11 Nach Mark N. Cohen, *Health and the Rise of Civilization*. New Haven 1989.

12 Nach Stephen Boyden, *Western Civilization in Biological Perspective*. Oxford 1987.

13 Gisela Freund, »Evolution von Kulturen«, in: Rolf Siewing (Hg.), *Evolution*. Stuttgart/New York 1978, 397-410.

14 Vgl. Richard B. Lee, »What Hunters Do for a Living or How to Make Out on Scarce Resources«, in: R.B. Lee/I. DeVore (Hg.), *Man the Hunter*. Chicago 1968, 30-43; R. B. Lee, *The !Kung San*. Cambridge 1979.

15 Carmel Schrire, »An Inquiry into the Evolutionary Status and Apparent Identity of the San Hunter-Gatherers«, in: *Human Ecology* 8, 1980, 9-32.

16 Cohen, *Health and the Rise of Civilization*, 183.

17 Marshall Sahlins, *Stone Age Economics*. London 1974.

18 Vgl. Dieter Groh, »Strategien, Zeit und Ressourcen. Risikominimierung, Unterproduktivität und Mußepräferenz – die zentralen Kategorien von Subsistenzökonomien«, in: *Anthropologische Dimensionen der Geschichte*. Frankfurt a.M. 1992, 54-113; R.P. Sieferle, Ulrich Müller-Herold, »Überfluß und Überleben. Risiko, Ruin und Luxus in primitiven Gesellschaften«, in: *GAIA* 5, 1996, 135-143.

19 Z.B. J.B. Birdsell, »Some Predictions for the Pleistocene Based Upon Equilibrium Systems Among Recent Hunters«, in: R.B.

Lee/I. DeVore (Hg.), *Man the Hunter*. Chicago 1968, 229-240; F. Hassan, »Determination of the Size, Density and Growth Rate of Hunting-Gathering Populations«, in: S. Polgar (Hg.), *Population, Ecology, and Social Evolution*. Paris/Den Haag 1975, 27-52.

20 William Divale/Marvin Harris, »Population, Warfare, and the Male Supremacist Complex«, in: *American Anthropologist* 78, 1976, 521-38.
21 Vgl. hierzu Marvin Harris/Eric B. Ross, *Death, Sex, and Fertility. Population Regulation in Preindustrial and Developing Societies*. New York 1987.
22 Vgl. Marvin Harris, *The Rise of Anthropological Theory*. New York 1968.
23 Marvin Harris, *Cannibals and Kings*. New York 1977 überschreibt sein Kapitel über den Infantizid in Jäger- und Sammlergesellschaften denn auch »Murders in Eden«.
24 Vgl. die Übersicht in Anne Brigitte Gebauer/T. Douglas Price (Hg.), *Transitions to Agriculture in Prehistory*. Madison 1992.
25 V. Gordon Childe, *Piecing Together the Past*. London 1956.
26 Ester Boserup, *The Conditions of Agricultural Growth. The Economics of Agrarian Change under Population Pressure*. London 1965.
27 Etwa Lewis R. Binford, »Post Pleistocene Adaptations«, in: L.R. Binford/S.R. Binford (Hg.), *New Perspectives in Archaeology*. Chicago 1968, 313-341; Mark Cohen, *The Food Crisis in Prehistory*. New Haven 1977.
28 Jens Lüning, »Frühe Bauern in Mitteleuropa im 6. und 5. Jahrtausend v. Chr.«, in: *Jahrbuch des Römisch-Germanischen Zentralmuseums Mainz* 35, 1988, 29.
29 Brian Hayden, »Nimrods, Piscators, Pluckers and Planters. The Emergence of Food Production«. In: *Journal of Anthropological Research* 9, 1990, 31-69.
30 Barbara Bender, »Gatherer-Hunter to Farmer: A Social Perspective«. In: *World Archaeology* 10, 1978, 204-222.
31 Vgl. zu diesem Komplex Charles A. Reed (Hg.), *Origins of Agriculture*. Den Haag/Paris 1977; David Rindos, *The Origins of Agricul-*

ture. An Evolutionary Perspective. New York 1984; R.S. MacNeish, *The Origins of Agriculture and Settled Life.* Norman, Oklahoma 1991.

32 Seit der klassischen Studie Paul S. Martin/H.E. Wright (Hg.), *Pleistocene Extinctions. The Search for a Cause.* New Haven 1967 ist eine Vielzahl von Arbeiten entstanden. Einen Überblick geben D.K. Grayson, »Vicissitudes and Overkill. The Development of Explanations of Pleistocene Extinctions«, in: *Advances in Archaeological Method and Theory* 3, 1980, 357-403; A.D. Barnowsky, »The Late Pleistocene Event as a Paradigm for Widespread Mammal Extinction«, in: S.K. Donovan (Hg.), *Mass Extinctions.* Stuttgart 1989, 235-54.

33 Vgl. Mark N. Cohen, *The Food Crisis in Prehistory. Overpopulation and the Origins of Agriculture.* New Haven/London 1977.

34 David R. Harris/Gordon C. Hillman (Hg.), *Foraging and Farming. The Evolution of Plant Exploitation.* London 1989.

35 Vgl. Daniel Zohary/Maria Hopf, *Domestication of Plants in the Old World. The Origin and Spread of Cultivated Plants in West Asia, Europe, and the Nile Valley.* Oxford 1993.

36 Vgl. zu diesem Komplex Henry Hobhouse, *Seeds of Change.* New York 1986; Charles B. Heiser Jr., *Seed to Civilization. The Story of Food.* Cambridge 1990; Otto T. Solbrig/Dorothy J. Solbrig, *So Shall You Reap. Farming and Crops in Human Affairs.* Washington 1994.

37 Marvin Harris, *Wohlgeschmack und Widerwille. Die Rätsel der Nahrungstabus.* Stuttgart 1988.

38 Näheres bei Mark N. Cohen, *Health and the Rise of Civilization.* New Haven 1989.

39 Jared Diamond, *Der dritte Schimpanse. Evolution und Zukunft des Menschen.* Frankfurt a.M. 1994, 239.

40 Patrick V. Kirch, *The Evolution of the Polynesian Chiefdoms.* Cambridge 1984, nennt die Maori auf Neuseeland als ein Beispiel für eine solche Regression, doch bewahrten auch sie offenbar die Kultivierung von Süßkartoffeln. Vgl. auch Alfred W. Crosby, *Ecological Imperialism.* Cambridge 1986, 217ff.

41 Vgl. etwa William J. Cronon, *Changes in the Land. Indians, Colonists, and the Ecology of New England*. New York 1978; Antoinette M. Mannion, *Global Environmental Change. A Natural and Cultural Environmental History*. New York 1991; Donald Worster, *Rivers of Empire. Water, Aridity, and the Growth of the American West*. Oxford 1992.

42 Zahlreiche Hinweise zu diesen Prozessen finden sich in Arbeiten zur historischen Geographie. Vgl. etwa die klassische Studie W.G. Hoskins, *The Making of the English Landscape*. London 1955, sowie etwa: C.T. Smith, *An Historical Geography of Western Europe before 1800*. London/New York 1978; B.L. Turner (Hg.), *The Earth as Transformed by Human Action*. Cambridge 1990; I.G. Simmons, *Environmental History. A Concise Introduction*. Oxford 1993; Helmut Jäger, *Einführung in die Umweltgeschichte*. Darmstadt 1994.

43 Vgl. hierzu etwa Lena Hempel, »Flurzerstörungen durch Bodenerosion in früheren Jahrhunderten«, in: *Zeitschrift für Agrargeschichte* 2, 1954, 114-122; T. Jacobsen/R. Adams, »Salt and Silt in Ancient Mesopotamian Agriculture«, in: *Science* 128, 1958, 1251-1258; K. Kreeb, *Ökologische Grundlagen der Bewässerungskulturen in den Subtropen*. Stuttgart 1964; V.G. Carter/T. Dale, *Topsoil and Civilization*. Norman, Oklahoma 1974; J.D. Hughes, *Ecology in Ancient Civilizations*. Albuquerque 1975; J.V. Thirgood, *Man and the Mediterranean Forest. A History of Resource Depletion*. London 1981; Robert M. Adams, »Contexts of Civilizational Collapse. A Mesopotamian View«, in: N. Yoffee/G.L. Cowgill (Hg.), *The Collapse of Ancient States and Civilizations*. Tucson 1988, 20-43; Hans Joachim Rieseberg, *Verbrauchte Welt. Die Geschichte der Naturzerstörung*. Frankfurt/M. 1991.

44 Als Pionierstudie für diesen Zusammenhang noch immer wertvoll: Fred Cottrell, *Energy and Society. The Relation Between Energy, Social Change, and Economic Development*. New York 1955. Jean-Claude Debeir/Jean-Paul Deléage/Daniel Hémery, *Prometheus auf der Titanic. Geschichte der Energiesysteme*. Frankfurt/M. 1989 ver-

spricht im Titel mehr, als der Text hält. Vgl. auch die Beiträge in: Bernd Herrmann (Hg.), *Energieflüsse in prähistorischen/historischen Siedlungen und Gemeinschaften*. Saeculum 42, 1991 (Heft 3/4).

45 Vgl. R.P. Sieferle, *Der unterirdische Wald. Energiekrise und industrielle Revolution*. München 1982.

46 Nach Stephen Boyden, *Western Civilization in Biological Perspective*. Oxford 1987, im Anschluß an G. Leach, *Energy and Food Production*. Guildford 1976. 1 MJ (Megajoule) = 1000 kJ (Kilojoule).

47 Nach Vaclav Smil, *General Energetics. Energy in the Biosphere and Civilization*. New York 1991.

48 Cottrell, *Energy and Society*, 21.

49 Vgl. John Keegan, *A History of Warfare*. London 1993, 153 ff.

50 N. Ohler, *Reisen im Mittelalter*. München/Zürich 1986, 141.

51 R.L. Hills, *Power in the Industrial Revolution*. New York 1970, 95.

53 John Guilmartin, *Gunpowder and Galleys*. Cambridge 1974.

53 J.U. Nef, *The Rise of the British Coal Industry*. Bd. 1, London/Edinburgh 1932, 102.

54 Vgl. R.J. Gleitsmann, »Rohstoffmangel und Lösungsstrategien. Das Problem vorindustrieller Holzknappheit«, in: *Technologie und Politik* 16, 1980, 105-154.

55 Vgl. zur Bevölkerungsgeschichte Carlo M. Cipolla, *The Economic History of World Population*. Harmondsworth 1962; Colin Mc Evendy/Richard Jones, *Atlas of World Population History*. Harmondsworth 1978; Marvin Harris/Eric B. Ross, *Death, Sex, and Fertility. Population Regulation in Preindustrial and Developing Societies*. New York 1987.

56 Christopher R. Hallpike, *The Principles of Social Evolution*. Oxford 1988, 242.

57 Dies betont Ernest Gellner, *Plough, Sword and Book*. London 1988.

58 Colin Renfrew/Paul Bahn, *Archaeology*. London 1991.

59 Vgl. die Übersicht bei Patricia Crone, *Die vorindustrielle Gesellschaft. Eine Strukturanalyse*. München 1992.

60 Vgl. Shmuel N. Eisenstadt (Hg.), *The Decline of Empires*. Englewood Cliffs 1967; Joseph A. Tainter, *The Collapse of Complex Societies*. Cambridge 1988; Norman Yoffee/George L. Cowgill (Hg.), *The Collapse of Ancient States and Civilizations*. Tucson 1988.
61 Vgl. R.G. Wilkinson, *Poverty and Progress*. London 1973.
62 Nicholas Georgescu-Roegen, *The Entropy Law and the Economic Process*. Cambridge 1971 spricht in diesem Zusammenhang von einem 4. Hauptsatz der Thermodynamik.
63 Vgl. Mark N. Cohen, *Health and the Rise of Civilization*. New Haven 1989; William H. McNeill, *Plagues and Peoples*. Garden City 1976; ders., *The Human Condition. An Ecological and Historical View*. Princeton 1979; Paul Ewald, *The Evolution of Infectious Disease*. Oxford 1994.
64 Vgl. das Diagramm bei Josef Schmid, *Das verlorene Gleichgewicht. Eine Kulturökologie der Gegenwart*. Stuttgart 1992, 107.
65 Quellen: J.C. Russell, *Late Ancient and Medieval Population*. Philadelphia 1958; Roger Mols, »Population in Europe 1500-1700«, in: Carlo Cipolla (Hg.), *The Fontana Economic History of Europe*, Bd. 2, Glasgow 1974; Andre Armengaud, »Population in Europe 1700-1914«, in: *ebd.*, Bd. 3; Carlo M. Cipolla, *The Economic History of World Population*. Harmonsworth 1972; United Nations, *Statistical Yearbooks*.
66 Wilhelm Abel, *Agrarkrisen und Agrarkonjunktur*. Hamburg/Berlin 1978; ders., *Massenarmut und Hungerkrisen im vorindustriellen Deutschland*. Göttingen 1972; Massimo Montanari, *Der Hunger und der Überfluß. Kulturgeschichte der Ernährung in Europa*. München 1993.
67 Rolf J. Gleitsmann, »Rohstoffmangel und Lösungsstrategien. Das Problem vorindustrieller Holzknappheit«, in: *Technologie und Politik* 16, 1980, 104-54.
68 Joachim Radkau, »Holzverknappung und Krisenbewußtsein im 18. Jahrhundert«, in: *Geschichte und Gesellschaft* 9, 1983, 513-43.
69 G. Mitscherlich, *Zustand, Wachstum und Nutzung des Waldes im Wandel der Zeit*. Freiburg 1963.

70 Nach Vaclav Smil, *General Energetics. Energy in the Biosphere and Civilization*. New York 1991, 303.
71 Zahlen nach Smil, *General Energetics*, 323.
72 Berechnet nach den Zahlen bei J.U. Nef, *The Rise of the British Coal Industry*. Bd. 1, London/Edinburgh 1932, 20; S. Pollard, »A New Estimate of British Coal Production, 1750-1850«, in: *Economic History Review* 33, 1980, 229.
73 Karl Marx, »Die Klassenkämpfe in Frankreich 1848 bis 1850« (1850), in: K. Marx/F. Engels, *Werke*, Bd. 7. Berlin 1973, 85.
74 Gordon Childe, *What Happened in History*. London 1942.
75 Quellen: Ludwig Poth, *Die Stellung des Steinkohlenbergbaus im Industrialisierungsprozeß*. Berlin 1971; United Nations, *Statistical Yearbooks*.
76 Quellen: Adelbert Rössing, *Geschichte der Metalle*. Berlin 1901; Metallgesellschaft (Hg.), *Metallstatistik*, Jg. 79, Frankfurt/M. 1992.
77 Vgl. hierzu Martin Trömel, »Quantitative Analyse technischer Wachstumsprozesse. Drei Entwicklungsphasen der Industriegesellschaft im 20. Jahrhundert«, in: Jörn Sieglerschmidt (Hg.), *Der Aufbruch ins Schlaraffenland. Stellen die fünfziger Jahre eine Epochenschwelle im Mensch-Natur-Verhältnis dar?* (= Environmental History Newsletter, Special Issue 2), Mannheim 1995, 9-27.
78 Quellen: B.R. Mitchell, »Statistical Appendix 1700-1914«, in: *The Fontana Economic History of Europe*, Bd. 4, 2. Glasgow 1977, 773; *Historical Statistics of the United States*. Washington 1976; Adelbert Rössing, *Geschichte der Metalle*. Berlin 1901; Verein deutscher Eisenhüttenleute (Hg.), *Gemeinfaßliche Darstellung des Eisenhüttenwesens*, 14. Aufl., Düsseldorf 1937, 251; United Nations, *Statistical Yearbooks*.
79 Karl Marx, »Kritik des Gothaer Programms« (1875), in: K. Marx/F. Engels, *Werke*, Bd. 19, Berlin 1962, 21.
80 John v. Simson, »Die Flußverunreinigungsfrage im 19. Jahrhundert«, in: *Vierteljahrschrift für Sozial- und Wirtschaftsgeschichte* 65, 1978, 373.
81 Arne Andersen/Rene Ott/Engelbert Schramm, »Der Freiberger

Hüttenrauch 1849-1865. Umweltauswirkungen, ihre Wahrnehmung und Verarbeitung«, in: *Technikgeschichte* 53, 1986, 169-200; Arne Andersen, *Historische Technikfolgenabschätzung am Beispiel des Metallhüttenwesens und der Chemieindustrie 1850-1933*. Stuttgart 1996.

82 Anthony E. Dingle, »›Das schlimmste aller Übel‹. Landbesitzer, Alkalifabrikanten und Luftverschmutzung, 1828-1864«, in: R.P. Sieferle (Hg.), *Fortschritte der Naturzerstörung*. Frankfurt a.M. 1988, 61-94.

83 Christian August Gottlieb Goede, *England, Wales, Irland und Schottland. Erinnerungen an Natur und Kunst aus einer Reise in den Jahren 1802 und 1803*. Bd. 5, Dresden 1806, 292.

84 Karl Friedrich Schinkel, *Reise nach England, Schottland und Paris im Jahre 1826*. München 1986, 190.

85 Hermann Fürst von Pückler-Muskau, *Briefe eines Verstorbenen. Ein fragmentarisches Tagebuch aus Deutschland, Holland, England, Wales, Irland und Frankreich*. Bd. 1, Frankfurt a.M. 1991, 603.

86 Annette von Droste-Hülshoff, »Bilder aus Westfalen« (1842), in: *Werke*. München 1970, 977f.

87 Vgl. Christian Pfister, »Das 1950er Syndrom. Die Epochenschwelle der Mensch-Umwelt-Beziehung zwischen Industriegesellschaft und Konsumgesellschaft«, in: *GAIA* 3, 1994, 71-91; ders., (Hg.), *Das 1950er Syndrom*. Bern 1994.

88 Tom Wolfe, *Mit dem Bauhaus leben*. Frankfurt a.M. 1990.

89 Vgl. Hans J. Teuteberg, »Die Warenpackung durch das Eindringen der Kunststoffe und die Folgen«, in: J. Sieglerschmidt (Hg.), *Der Aufbruch ins Schlaraffenland. Stellen die fünfziger Jahre eine Epochenschwelle im Mensch-Natur-Verhältnis dar?* (= *Environmental History Newsletter*, Special Issue 2), Mannheim 1995, 112-148.

90 Erwähnt bei Werner Sombart, *Das Wirtschaftsleben im Zeitalter des Hochkapitalismus*. München/Leipzig 1927, 1010.

91 Ernst Jünger, *Der Arbeiter. Herrschaft und Gestalt*. Hamburg 1932, § 49.

92 Eugen Diesel, *Die Umgestaltung der Welt*. Stuttgart/Berlin 1931.

PETER NILSON
Zurück zur Erde

1996, 240 Seiten, gebunden
Aus dem Schwedischen von Jörg Scherzer

Der Anfang aller Kultur ist zugleich der Beginn der menschlichen Umgestaltung der Natur. Der Raum, in dem wir heute leben, ist das Ergebnis von Eingriffen in eine Umwelt, die der Mensch als sein Eigentum behandelt. Nilson verbindet in seinem Buch über die Erde die Beobachtung aus nächster Nähe mit der großen Perspektive, in der die Jahrtausende der menschlichen Evolution Revue passieren. So fasziniert er den Leser mit stets überraschenden Einsichten einer ebenso poetischen wie wissenschaftlich fundierten Betrachtung der Grundlagen unseres Lebens und einer ganzheitlichen Sicht auf die Welt.

»*Die Antworten, die sich in den drei Abteilungen des Buches ›entwickeln‹, machen immer wieder Staunen. ... Zurück zur Erde, das ist ein gebildetes Buch über Wiesen und Höhlen, über Pilgerwege und Brücken, über Expeditionen und Kosmogonien: ein Buch über die ganze Erfahrung der Welt.*«
SÜDDEUTSCHE ZEITUNG

John Horgan
An den Grenzen des Wissens
Siegeszug und Dilemma der Naturwissenschaften

1997, 464 Seiten, gebunden
Aus dem Amerikanischen von Thorsten Schmidt

John Horgan macht den Leser mit der Avantgarde der heutigen Forschung bekannt – darunter die Nobelpreisträger Murray Gell-Mann, Ilya Prigogine und Richard Feynman, Kosmologen wie Stephen Hawking und Fred Holye, Evolutionsbiologen wie Richard Dawkins und Stephen Jay Gould und Neurowissenschaftler wie Gerald Edelmann, Daniel Dennett und Francis Crick – und fragt, ob wir am Ende des wissenschaftlichen Zeitalters angelangt sind.

»Nach Jahrhunderten der Durchbrüche auf allen Gebieten zwischen Astronomie und Zoologie, so John Horgans provokative Behauptung, sind die meisten großen Menschheitsfragen nach Ursprung und Aufbau von Leben und Kosmos gelöst – und die übrigen als unlösbar enttarnt. ... Seit einigen Monaten sorgen Horgans Thesen in Amerika für erregte Debatten ... Inzwischen ist der Streit auf Europa übergeschwappt.« DER SPIEGEL

»Ein intellektuell fesselndes, hervorragend geschriebenes, vielfach brillantes Buch (...) An den Grenzen des Wissens *ist eine wunderbare Einführung in die wichtigsten wissenschaftlichen Entwicklungen der letzten fünfzehn bis zwanzig Jahre.«*
THE NEW YORK TIMES BOOK REVIEW

Peter Nilson
Zurück zur Erde

1996, 240 Seiten, gebunden
Aus dem Schwedischen von Jörg Scherzer

Der Anfang aller Kultur ist zugleich der Beginn der menschlichen Umgestaltung der Natur. Der Raum, in dem wir heute leben, ist das Ergebnis von Eingriffen in eine Umwelt, die der Mensch als sein Eigentum behandelt. Nilson verbindet in seinem Buch über die Erde die Beobachtung aus nächster Nähe mit der großen Perspektive, in der die Jahrtausende der menschlichen Evolution Revue passieren. So fasziniert er den Leser mit stets überraschenden Einsichten einer ebenso poetischen wie wissenschaftlich fundierten Betrachtung der Grundlagen unseres Lebens und einer ganzheitlichen Sicht auf die Welt.

»*Die Antworten, die sich in den drei Abteilungen des Buches ›entwickeln‹, machen immer wieder Staunen. ... Zurück zur Erde, das ist ein gebildetes Buch über Wiesen und Höhlen, über Pilgerwege und Brücken, über Expeditionen und Kosmogonien: ein Buch über die ganze Erfahrung der Welt.*«
SÜDDEUTSCHE ZEITUNG

John Horgan
An den Grenzen des Wissens
Siegeszug und Dilemma der Naturwissenschaften

1997, 464 Seiten, gebunden
Aus dem Amerikanischen von Thorsten Schmidt

John Horgan macht den Leser mit der Avantgarde der heutigen Forschung bekannt – darunter die Nobelpreisträger Murray Gell-Mann, Ilya Prigogine und Richard Feynman, Kosmologen wie Stephen Hawking und Fred Holye, Evolutionsbiologen wie Richard Dawkins und Stephen Jay Gould und Neurowissenschaftler wie Gerald Edelmann, Daniel Dennett und Francis Crick – und fragt, ob wir am Ende des wissenschaftlichen Zeitalters angelangt sind.

»Nach Jahrhunderten der Durchbrüche auf allen Gebieten zwischen Astronomie und Zoologie, so John Horgans provokative Behauptung, sind die meisten großen Menschheitsfragen nach Ursprung und Aufbau von Leben und Kosmos gelöst – und die übrigen als unlösbar enttarnt. ... Seit einigen Monaten sorgen Horgans Thesen in Amerika für erregte Debatten ... Inzwischen ist der Streit auf Europa übergeschwappt.« DER SPIEGEL

»Ein intellektuell fesselndes, hervorragend geschriebenes, vielfach brillantes Buch (...) An den Grenzen des Wissens ist eine wunderbare Einführung in die wichtigsten wissenschaftlichen Entwicklungen der letzten fünfzehn bis zwanzig Jahre.«
THE NEW YORK TIMES BOOK REVIEW

Die Gruppe von Lissabon
Grenzen des Wettbewerbs
Die Globalisierung der Wirtschaft und
die Zukunft der Menschheit

Mit einem Vorwort von Ernst Ulrich von Weizsäcker
1997, 224 Seiten, franz. Broschur
Aus dem Amerikanischen von Vicente Colon und Katrin Grüber

Grenzen des Wettbewerbs stellt zunächst auf allgemeinverständliche Weise die gegenwärtige Entwicklung der Weltwirtschaft dar, um dann Wege aus der »Globalisierungsfalle« zu weisen. Die Gruppe von Lissabon – 20 Experten aus zehn Ländern – widerlegt die weitverbreitete These von der Ohnmacht der Politik vor der Wirtschaft und zeigt Möglichkeiten auf, wie durch globale Verträge eine ökologisch und ökonomisch verantwortliche Kontrolle der weltweit vernetzten Wirtschaft erreicht werden kann.

»Dieses Buch enthält viele Anregungen und die nötige Orientierung für alle, die sich in einer komplizierter gewordenen Welt auf verschiedenen Handlungs- und Entscheidungsebenen für eine gerechtere Verteilung des Wohlstands, geringeren Naturverbrauch und nachhaltige Entwicklung einsetzen wollen.«
Aus dem Vorwort zu *Grenzen des Wettbewerbs* von Prof. Dr. Ernst Ulrich von Weizsäcker

»Das spannende Buch lebt davon, daß die Lissaboner es wagen, für ein globales Problem auch globale Lösungen zu suchen, an die viele Zeitgenossen nicht einmal zu denken wagen.«
DIE ZEIT